GANZHEITLICH HEILEN

W0075767

Buch

Mitte des 19. Jahrhunderts wurde eine besondere Technik der Aktivierung von universaler kosmischer Lebensenergie von dem Japaner Dr. Mikao Usui wiederentdeckt. Er nannte diese verblüffend einfache und höchst wirksame Methode Reiki und gab sie einem Kreis von Schülern weiter. Nur bestimmte Lehrer oder Meister erhielten das Wissen der Einweihung in die verschiedenen Reiki-Grade, um wiederum neue Lehrer auszubilden. Heute hat sich die Reiki-Bewegung stark verzweigt. Nur die Radiance Technik kann für sich in Anspruch nehmen, in der direkten Tradition des Begründers zu stehen und die unverwässerte Lehre weiterzuvermitteln.

Ulrike Wolf arbeitet im Rahmen dieses intakten Reiki-Systems und vermittelt in ihrem Handbuch die Grundlagen der Radiance Technik. Sie erläutert, wie mit Hilfe dieser Energiemethode Erwachsenen, Kindern, Pflanzen und Haustieren geholfen werden kann. Der Leser findet hier einen praxisbezogenen Zugang zum Authentischen Reiki.

Autorin

Ulrike Wolf ist Naturwissenschaftlerin, Sehtherapeutin und die Expertin für die Radiance Technik im deutschsprachigen Raum. Sie wurde von Dr. Barbara Ray persönlich ausgebildet und steht damit in direkter Tradition zu dem originalen, von Dr. Usui wiederentdeckten Werkzeug universaler Energie, das er Reiki genannt hat.

ULRIKE WOLF

DIE RADIANCE TECHNIK

Das authentische Reiki
Nachwort von Dr. Barbara Ray

<small></small>Ganzheitlich Heilen

GOLDMANN

Originalausgabe

Umwelthinweis:
Alle bedruckten Materialien dieses Taschenbuches
sind chlorfrei und umweltschonend.
Das Papier enthält Recycling-Anteile.

Originalausgabe Mai 1999
© 1999 Wilhelm Goldmann Verlag, München
in der Verlagsgruppe Bertelsmann GmbH
Umschlaggestaltung: Design Team München
Umschlagfoto: Bavaria/Stock Imagery
Layout/DTP: Martin Strohkendl
Druck: Presse-Druck Augsburg
Verlagsnummer: 14156
Redaktion: Ralf Lay
WL · Herstellung: Stefan Hansen
Made in Germany
ISBN 3-442-14156-7

1. Auflage

Dank

An dieser Stelle möchte ich mich bei allen von ganzem Herzen bedanken, die mir bis hierhin geholfen und mich auf meinem Weg begleitet haben. Dieser Dank gilt zunächst meinen Eltern, Geschwistern, meinem Sohn und Freunden und allen Lehrern und Helfern in meinen verschiedenen Lebensabschnitten. Besonders erwähnen möchte ich hier meine Kollegin Margarete Keppel, die mit ihrer Genauigkeit und selbstverständlichen, liebevollen Bereitschaft mitgeholfen hat, dieses Buch und besonders die Übersetzungen zu überarbeiten.

Mein immerwährender und vom Herzen kommender Dank gilt ganz besonders Dr. Barbara Ray, die mit ihrem tiefen Wissen, ihrem Mut, ihrer Geduld und ihrer unendlichen Liebe ermöglicht, daß das vollständige und intakte System Der Radiance Technik auf der ganzen Welt für alle Menschen erhältlich ist, und Marvelle Lightfields, die mich mit viel Geduld, Ausdauer und ihrer Liebe begleitet und unterstützt. Beide, Dr. Barbara Ray und Marvelle Lightfields, sind in unterschiedlicher Weise meine Lehrerinnen. Ohne sie wäre dieses Buch nicht entstanden. Danke!

Ulrike Wolf
im Winter 1998

Inhalt

Eine besondere Mitteilung

Seit 1979 bin ich Lernende Der Radiance Technik, und in den frühen achtziger Jahren begann ich sie in unterschiedlichen Ländern und Kontinenten zu unterrichten. Nach Deutschland reise ich seit mehr als zehn Jahren regelmäßig, so daß mir die Kursteilnehmer hier besonders ans Herz gewachsen sind.

Im April 1998 fanden diese Aufenthalte für mich ihren bisherigen Höhepunkt in dem kraftvollen Augenblick, da Hunderte von Studierenden und Lehrern der TRT in Berlin zusammenkamen, um Dr. Barbara Ray zu begegnen, die uns in eine transzendentale Meditation für den globalen Frieden, für die bewußte Evolution der Menschheit, für die Heilung und Ganzwerdung der Nationen sowie der einzelnen Erwachsenen, der Kinder und des Tierreichs leitete und begleitete. Über 200 Studierende aller sieben Grade Der Radiance Technik waren durch dieses Ziel miteinander vereint und erfüllt von der Herz-Zuerst-Freude.

Dr. Ray hielt sich in Berlin auf, um zu lehren und sich Menschen mitzuteilen, die aus Deutschland, Österreich, der Schweiz, Rumänien, Südafrika, den USA und anderen Ländern gekommen waren. Sie war vorher in London und fuhr von Berlin aus weiter nach Athen, um eine Reise zu vollenden, auf der sie die Herzen der Studierenden vieler Länder berührte.

Es ist mir eine besondere Freude, in diesem Buch – dem ersten einer deutschsprachigen Autorin, welches das Wissen und die Erfahrung mit Der Radiance Technik authentisch und in direkter Zusammenarbeit mit Dr. Ray wiedergibt – einige meiner in tiefen Studien erworbenen Einsichten über die weltweite Ausdehnung dieser Methode mitzuteilen.

Dr. Barbara Ray fand den Weg zur Radiance Technik aufgrund ihrer umfassenden Kenntnis als Gelehrte der alten Kulturen und Zivilisationen sowie ihres fortgeschrittenen Wissens über Energiewissenschaften, das ihr auch den Zugang zu transzendentaler Energie ermöglicht. Sie ist das einzigartige Bindeglied in der reinen und ununterbrochenen Tradition, die sie heute mit der ursprünglichen und vollständigen Wissenschaft verbindet, die seit Tausenden von Jahren existiert und im letzten Jahrhundert von Dr. Mikao Usui wiederentdeckt wurde. Sie hat heute die Namen Die Radiance Technik, TRT, Echtes Reiki oder Authentisches Reiki.

Ich bin ein Teil der weltweit wachsenden Anzahl Tausender von Menschen, welche die Tiefe der täglichen TRT-Anwendung kennen – eine Erfahrung, bei der sich universale, transzendentale Lichtenergie vermehrt, ausdehnt und unseren Alltag in einer modernen technischen Welt zu bewältigen hilft. Durch die nunmehr zwanzig Jahre lang intensiv und kontinuierlich durchgeführte Anwendung der TRT bin ich dazu gekommen, die immense Verantwortung zu erkennen, die Dr. Ray übernommen hatte, als sie Die Radiance Technik aus der Isolation und der Verschwiegenheit des letzten Jahrhunderts in die öffentliche Welt, in die Mannigfaltigkeit von Kulturen für alle Menschen aller Altersstufen gebracht hat, so daß Sie sie überall für sich selbst und in Ihrem täglichem Leben anwenden können, wo auch immer Sie auf der Erde leben mögen.

Die Geschichte Der Radiance Technik, des Authentischen Reiki, ist seit etwa 150 Jahren bis jetzt ununterbrochen geblieben: von Dr. Mikao Usui wiederentdeckt, weitergegeben über Dr. Jurijo Hayashi und Hawayo Takata an Dr. Barbara Ray. Ohne Dr. Ray stünde uns diese authentische und intakte Wissenschaft wohl nicht zur Verfügung, um sie für unser persönliches Wachstum einzusetzen und Erleuchtung anzustreben.

In dem sehr langen Zeitraum von den Tagen, als Dr. Mikao Usui das Authentische Reiki wiederentdeckte, bis heute, an der Schwelle ins nächste Jahrtausend, ist dieses kostbare und ausdehnungsfähige Werkzeug zur Erlangung von Ganzheit und Erleuchtung bewahrt worden. Dennoch sollten Sie wissen, daß das Treffen zwischen Frau Hawayo Takata und Dr. Ray kaum »zufällig« zustande kommen konnte. Als sie den Ersten Grad bei jemand anderem als Frau Takata machte, wußte sie, daß dies eine der transzendentalen Energiewissenschaften sein mußte, die sie bereits durch ihre Studien des Altertums kannte. Sie war sich im klaren darüber, daß die Person, bei der sie den Kurs besuchte, nicht das ganze intakte System innehatte. Dr. Ray war bereits außerordentlich wissend und voll erwacht. Sie wollte sofort den Menschen treffen, der die gesamte Technik kannte, und bat schließlich um ein Treffen mit Frau Takata.

Bei dem Zusammentreffen von Dr. Ray und Frau Takata ist sehr leicht zu erkennen, daß Frau Takata beides, die Legende der Geschichte der TRT und das tatsächliche System selbst, weitertrug – in Erwartung dessen, was der nächste Schritt sein könnte. Bei diesem Treffen begegneten sich die Geschichte der TRT in Gestalt Frau Takatas, und die Zukunft in Gestalt von Dr. Ray. Obgleich Frau Takata niemals vorher öffentlich über die gesamte Technik und all ihre Ebenen gesprochen hatte, erkannte sie sofort das Potential von Dr. Ray. Sie sagte oft zu Dr. Ray, daß sie in Zukunft Dinge tun würde, zu denen sie, Frau Takata, nicht fähig gewesen war.

Es bedurfte eines großen persönlichen Mutes und einer tiefen Verpflichtung von Dr. Rays Seite, Die Radiance Technik buchstäblich in die Hände der Menschen überall auf der Erde zu bringen. In der Zeit, als sie die intakten Schlüssel übernahm, gab es keine Klarheit, keine Bücher darüber und noch keine weltweite Verbreitung. Heute hat sie dort Klarheit geschaffen, wo es keine gab, sie hat Bücher in mehreren Sprachen über die TRT geschrieben, und es gibt immer mehr Menschen, welche diese Technik und ihre Wohltaten erfahren.

Marvelle Lightfields
Siebter Grad Der Radiance Technik

Einführung

Mit großer Freude und Dankbarkeit stelle ich Ihnen, liebe Leserinnen und Leser, das erste Buch über *Die Radiance Technik – Das Authentische Reiki* in unserem Sprachraum vor, das in unmittelbarer Zusammenarbeit mit Frau Dr. Barbara Ray entstanden ist. Dr. Ray hält sämtliche intakten Schlüssel dieser alten Energie-Wissenschaft in Händen und setzt die originale Tradition und intakte, ununterbrochene Linie in der Entwicklung dieses »Wissenskörpers« fort. Mit dem Buch liegt nun – von ihr autorisiert – umfangreiches Material aus ihren Werken vor, das zuvor noch nicht ins Deutsche übersetzt war.

Das Buch ist ganz speziell für Sie geschrieben! Es soll einen klaren und gut verständlichen Überblick über das vollständige und unverfälschte System Der Radiance Technik bieten. Sein praktischer Teil ist so angelegt, daß es für jedermann, der diese Methode einmal erlernt hat, zu einem verläßlichen Anwendungshandbuch werden kann. Denjenigen Lesern, die noch kein Seminar der TRT besucht haben, soll es einen umfassenden Einblick in die Vielzahl von Möglichkeiten vermitteln, die dieses Instrument ihnen im Alltag und Beruf anbietet.

Die Erfahrungen aus meiner Praxis als Sehtherapeutin, Sehlehrerin, Lebensberaterin und Heilpraktikerin mit Der Radiance Technik in Kombination mit verschiedenen anderen Methoden sollen Ihnen außerdem einen ersten Eindruck über dieses spezielle Arbeitsfeld geben.

Der Aufbau des Buches ist so konzipiert, daß Sie es kontinuierlich von vorn bis hinten lesen oder sich zunächst das heraussuchen können, was Sie ganz persönlich betrifft bzw. interessiert, und auf diese Weise nach und nach den gesamten Inhalt erfassen.

Die beiden Verzeichnisse über die im Text verwendeten Stichworte und die beschriebenen praktischen Übungen für TRT-Anwender am Ende des Buches sollen die Arbeit zusätzlich erleichtern.

Die Geschichte dieses Buches begann im Jahre 1985 mit meinem Besuch eines Seminars Der Radiance Technik. Ich war sofort begeistert und überzeugt von diesem universalen Werkzeug und begann mit seinem umfassenden und tiefgreifenden Studium. Seitdem verwende ich es in meinem Alltag, es ist in meinen Beruf integriert, und ich besuche regelmäßig Seminare für Fortgeschrittene. Inzwischen bin ich bis zum Sechsten Grad der TRT gekommen. Im Jahre 1991 eröffnete mir die Lehrerausbildung zum Ersten und Zweiten Grad mit Dr. Barbara Ray und Marvelle Lightfields weitere tiefgreifende Aspekte dieses Wissens. Schritt für Schritt wuchsen meine Neugier, meine Freude, mein Erfahrungswissen und selbstverständlich meine Verantwortung.

In den letzten Jahren trainierte und bildete Dr. Ray mich persönlich in weiteren tiefen Studien zur autorisierten Lehrerin des Radiant Dritten Grades[*] und des 3A-Grades aus. 1996 beauftragte mich die Radiance Stress Management International, Inc., den Radiant Dritten Grades und als nächsten Schritt seit 1998 auch den 3A-Grad in ihrem Auftrag zu unterrichten. Es ist eine Ehre und Möglichkeit des weiteren Lernens für mich, die Erlaubnis zu haben, auf dieser Ebene Seminare zu leiten.

Mit großer Freude mache ich Sie auf das »Nachwort« von Dr. Barbara Ray und »Eine besondere Mitteilung« von Marvelle Lightfield aufmerksam. Dr. Ray schreibt dort mit sehr eindeutigen Worten über das System Der Radiance Technik, deren neuere Geschichte, die Unterschiede zwischen »Reiki« und Der Radiance Technik sowie die Umstände bei der Wiederentdeckung dieses altbewährten universalen »Energiewerkzeugs«.

---

[*] Das englische Adjektiv *radiant* wird in der TRT-Terminologie auch im Deutschen verwendet. In Namen wie diesen wird es groß geschrieben. Das Wort *radiant* bedeutet soviel wie »strahlend«.

Wer könnte diese Themen besser erörtern als sie, die das Ganze persönlich und unmittelbar erlebt und erfahren und so direkt Kenntnis von diesem Geschehen hat?

Darüber hinaus läßt uns Marvelle Lightfields an ihren reichen Erfahrungen, ihrem umfassenden Wissen und Weitblick teilhaben. Mehr als vierzig Jahre lang arbeitet sie bereits eng mit Dr. Ray zusammen, und seit über zehn Jahren besucht sie regelmäßig Deutschland, um hier Seminare zu leiten: von daher ist sie mit der Entwicklung Der Radiance Technik in unserem Land sehr tief verbunden.

In diesem Buch wird auf unterschiedliche Art über Die Radiance Technik als ein Instrument für die Unterstützung in den verschiedenen Lebensprozessen, zur Förderung von Entwicklungen, Bewußtseinserweiterung und ganzheitlicher Heilung gesprochen. Diese Begriffe werden hier auf folgende Weise charakterisiert.

Die Erweiterung des Bewußtseins ist eine Entfaltung über unser Alltagsbewußtsein hinaus. Unser Alltagsbewußtsein befaßt sich mit Dingen unseres täglichen Lebens, dem Wahrnehmen von dem, was in unserer Umgebung und mit uns geschieht, dem Herstellen von Zusammenhängen mit Hilfe des Verstandes und den daraus folgenden Handlungen. Darüber hinaus stellen wir uns die Frage nach unserem Dasein, dem Sinn des Lebens. Wir Menschen haben im Gegensatz zum Tier die Fähigkeit zur Selbstbeobachtung und Reflexion und können uns klarwerden über unsere Seinslage in der Welt … und im Kosmos und so zu erweitertem Bewußtsein gelangen.

Genauso wie sich in der Evolutionsgeschichte die Schritte von unbelebter zu belebter Materie, von der Pflanze zum Tier und dann zum Menschen entfalten konnten, ist eine höhere Entwicklung des Bewußtseins über unser normales Bewußtsein hinaus in der Evolutionsentwicklung der Menschen zu erwarten und möglich.

Zu dieser Erweiterung des Bewußtseins gehören Prozesse, Entwicklung, Entfaltung und letztendlich Heilung im Sinne von

Ganzheit und auch die Erleuchtung. Der Begriff »Entwicklung« wird hier verwendet, um die Entfaltung und Entwicklung dessen auszudrücken, was als kosmischer Entwurf in uns als Potential angelegt ist, so wie jeder Samen den Entwurf einer ganzen Pflanze enthält. Er enthält somit Vergangenes, Gegenwärtiges und Zukünftiges. Prozesse sind Geschehen, die unterschiedlich lang dauern und zum Teil bewußt oder auch unbewußt ablaufen können. Es sind Verläufe, die ein bestimmtes Muster, ein bestimmtes Thema beinhalten, das so lange bearbeitet wird, bis es erkannt, integriert und geheilt ist.

Im Zusammenhang mit der erfolgreichen Bewältigung von Prozessen findet Entwicklung und Entfaltung statt, die zur Erweiterung des Bewußtseins führen. Dieses ist keine Ausdehnung der Wahrnehmungsfähigkeit, sondern eine Ausdehnung in etwas Unbekanntes. Die bewußte Bearbeitung von Prozessen ist eine Voraussetzung für die Entwicklung und Entfaltung unseres gesamten Potentials, was die Bewußtseinserweiterung beinhaltet, und das ist ein ganzheitlicher Heilungsprozeß, der unser gesamtes Wesen betrifft und nicht nur unseren Körper. Er führt letztendlich Schritt für Schritt auch zur Erleuchtung, was lediglich einen bestimmten Zustand des erweiterten Bewußtseins bedeutet. Die Radiance Technik, das Thema dieses Buches, ist eine von verschiedenen Methoden, uns auf diesem Weg entscheidend zu unterstützen und mit Energie zu versorgen, um diesen Weg meistern zu können.

Alles, was Sie in diesem Buch über die Anwendungen Der Radiance Technik im Alltag und Beruf, in verschiedenen Lebensbereichen und -situationen finden, ist entstanden vor dem Hintergrund meiner langjährigen und vielfältigen Erfahrungen und des konsequenten Studiums der Werke von Dr. Barbara Ray und anderer Autoren. Besonders erwähnen möchte ich in diesem Zusammenhang *The Expanded Reference Manual of The Radiance Technique*, ein Buch mit über 600 Stichwörtern von A bis Z. Dr. Ray begleitet uns darin in ganz verschiedene Lebensbereiche, sie spricht uns immer auf unsere gesamte Körper-Gefühl-Verstand-Geist-Dynamik an, und sie gibt hilfreiche Hinweise und macht sinnvolle Vorschläge, wie wir Die Radiance Technik gezielt anwenden können. Das alles und die vielen Querverweise machen das Buch zu einem wahren Fahrplan zur Unterstützung der Prozesse, die uns dazu bringen, unser Leben bewußter zu erfahren.

Ein weiteres Werk von Dr. Ray, *The Authentic Reiki – Der ›Reiki‹ Faktor in Der Radiance Technik,* ist ein besonders für den deutschen Sprachraum geschriebenes Buch. Dieses Grundlagenwerk enthält umfassende Informationen über die TRT.

In dem Ihnen nun vorliegenden Buch finden Sie mit freundlicher Genehmigung aller Autoren umfangreiches Material aller bisher erschienenen Bücher über die TRT und vor allem ausgesuchte Textstellen aus den Werken von Dr. Barbara Ray ins Deutsche übersetzt. In der Übersetzung dieser Vielzahl von Stichworten und Textstellen habe ich versucht, der besonderen Sprache, dem Stil, der Bedeutung und dem Geist der Autoren treu zu bleiben.

Ich wünsche Ihnen viel Freude, Klarheit, Neugier und Gewinn beim Lesen dieses Buches.

Ulrike Wolf
Sechster Grad Der Radiance Technik im Frühjahr 1999

Zur besonderen Beachtung:

Die Radiance Technik ist nicht allein aus einem Buch erlernbar. Sie benötigen dazu mindestens ein Seminar bei einem speziell dazu ausgebildeten und von der Radiance Stress Management International, Inc., autorisierten Lehrer.

Außerdem weise ich Sie an dieser Stelle ganz besonders darauf hin, daß Sie sich bitte bei körperlichen und psychischen Erkrankungen fachlich kompetente Hilfe bei einem Arzt, Psychologen oder anderen Therapeuten holen sollten. Die Radiance

Technik ersetzt diese Begleitung nicht. Aber sie ist eine gute, praktische, sinnvolle und ganzheitliche Unterstützung bei der Gesunderhaltung und ganzheitlichen Heilung von Körper, Geist und Seele.

Teil I

Allgemeines

Die Radiance Technik –
Ein erster Eindruck

Die Radiance Technik oder auch TRT (= The Radiance Technique) ist das Authentische Reiki. Sie ist eine alte, universale Energiewissenschaft östlichen Ursprungs, die dennoch unserem modernen Leben entspricht. Wie schon gesagt wurde, ist sie Mitte des 19. Jahrhunderts von Dr. Mikao Usui wiederentdeckt worden und in einer direkten ununterbrochenen Reihenfolge weitergegeben bis zu Frau Dr. Barbara Ray, die heute als einziger Mensch sämtliche Schlüssel dieses ganzheitlichen Systems in Händen hält und damit die direkte Tradition und direkte Linie verkörpert.

Sie wurde vollständig in das gesamte intakte System eingewiesen, um es für die Zukunft vollständig und authentisch zu erhalten und zu schützen. Sie schreibt in ihrem inzwischen auf deutsch erschienenem Buch *The Authentic Reiki – Der ›Reiki‹ Faktor in Der Radiance Technik* (Abkürzung TAR) auf S. 48: »Die Radiance Technik ist ein altes Wissen, das in die heutige Zeit gebracht wurde. Sie ist sowohl ein tiefgreifendes Werkzeug für Wachstum und Transformation als auch eine sanfte, subtile, jedoch kraftvolle Kunst und Wissenschaft für Heilung und Ganz-Werden. TRT vermittelt Ihnen einen direkten Weg, universale Licht-Energie zugänglich zu machen und anzuwenden. Worte reichen nicht aus, um die Weisheit vollständig zu beschreiben, die Sie durch die fortwährende Anwendung der TRT in Ihrem täglichen Leben gewinnen.«

Ja, Worte reichen nicht aus, und gleichzeitig sind sie hilfreich, um sich diesem Wissenskörper zu nähern. In diesem Buch wird versucht, Ihnen auf unterschiedlichste Weise einen Eindruck von der TRT, ihren Anwendungsmöglichkeiten und Auswirkungen zu vermitteln.

Zu dieser Energiewissenschaft, in der es um Schwingungen geht, gehört eine genaue und leicht erlernbare Methode, universale Lebensenergie für sich selbst, andere Menschen, Tiere und Pflanzen zugänglich zu machen. Sie benötigen weder ein spezielles Vorwissen, noch werden bestimmte Fertigkeiten vorausgesetzt. Alle Menschen jeden Alters können diese Methode erlernen und für sich in den unterschiedlichsten Situationen ihres Alltags anwenden. Auch Erkrankungen – gleich, welcher Art – sind kein Hindernis. In meinen Seminaren befinden sich oft Menschen im Alter von Anfang Zwanzig bis über siebzig Jahre in einer Gruppe. In den Kursen geht es nicht um bestimmte Ziele, die »um jeden Preis« erreicht werden sollen, sondern darum, eine einfache und jederzeit anwendbare Methode zu erlernen, anzuwenden und die ersten Erfahrungen gemeinsam zu erleben und auszutauschen.

Wir leben vor einem kulturellen Hintergrund, nach dem Werte oft an der Anstrengung gemessen werden, die zu ihrer Realisierung erforderlich war. Mit Der Radiance Technik sind Sie sofort erfolgreich, ohne sich anstrengen zu müssen. Wir können sie anwenden, Erfahrungen machen und auf diese Weise Wissen erlangen. Dr. Barbara Ray schreibt in TAR auf S. 28 dazu: »TRT ist eine Wissenschaft von universaler Radiant Energie mit einer ganz präzisen Methodik. Sie hat ein genaues System, das Sie Ihr ganzes Leben lang kontinuierlich anwenden können. Indem Sie den einfachen Schritten folgen und Ihren Fortschritt nach einer angemessenen Zeit überprüfen, können Sie die Wirkungen erfahren und die Vorteile der laufenden Anwendung der TRT auf einer persönlichen Ebene objektiv feststellen. Alle wissenschaftlichen Methoden sind wiederholbar, und gemäß ihrer Definition vermitteln sie Wissen durch Erfahrung. Genauso ist es mit der Anwendung der TRT.«

Dabei ist es nicht von Bedeutung, daß wir das Geschehen nicht sofort in seiner ganzen Tragweite erkennen und in geschliffenen Formulierungen beschreiben können. Dies muß allmählich wachsen. So sagte mir eine Teilnehmerin eines meiner Seminare einmal: »Ich weiß immer noch nicht, was das eigentlich ist, aber es wirkt! Das weiß ich, und das ist für mich die Hauptsache.«

Im Rückblick auf meine Erfahrungen mit dieser Methode in den letzten vierzehn Jahren erkenne ich einen roten Faden in meiner Entwicklung und in der Unterstützung, die ich durch TRT auf der »Reise ins Unbekannte« erhalten habe. Mein Leben hat in vielen Bereichen einen Verlauf genommen, der sich nun sehr stark von meinen früheren Vorstellungen unterscheidet. Es entfalten sich Bereiche, von denen ich nicht einmal etwas geahnt hatte. Ich hätte mir nicht träumen lassen, daß ich mit einem Leben, wie ich es jetzt führe, wirklich glücklich sein könnte.

Meine Reise mit der TRT begann im Frühjahr 1985 mit dem Ersten-Grad-Seminar. Damals war mir das alles etwas suspekt. Als Naturwissenschaftlerin hatte ich eine gehörige und, wie ich finde, auch gesunde Portion Mißtrauen. Gleichzeitig verspürte ich jedoch auch einen inneren Drang, diese Methode anzuwenden und in meinen Alltag zu integrieren. Der Drang war so stark, daß ich es seit dieser Zeit keinen Tag versäumt habe, mir meine TRT-Anwendungen zu geben. Es ist etwas ganz Natürliches für mich geworden, sie zu praktizieren. Im Laufe der Jahre machte ich dann zahlreiche Erfahrungen damit – sowohl im Privatleben als auch im Beruf als Sehtherapeutin und Heilpraktikerin.

Ich entschied mich dann noch im gleichen Jahr 1985, den Zweiten und auch den Dritten Grad 3A zu erlernen und mich für die Ausbildung zur Seminarleiterin des Ersten und Zweiten Grades zu bewerben. Diese Entscheidungen traf ich von innen heraus. Mein »äußeres Ich« wollte es überhaupt nicht, fand das alles im höchsten Maße unnötig und viel zu »abgeflippt«.

Die Menschen, die ich im Ersten-Grad-Kurs kennenlernte, machten auf mich einen eher »abgefahrenen« Eindruck. Sie erzählten für meinen Geschmack viel zu viele sensationelle Erlebnisse und ließen das Ganze so aussehen, als sei diese Art von

Ereignissen normal, üblich und notwendig. Für mich hatte das jedoch mit meinem »ganz normalen« Alltag einer alleinerziehenden, berufstätigen Mutter eines damals neunjährigen Sohnes nichts zu tun. Es war mir viel zu abgehoben, denn plötzlich sollte alles ganz einfach sein. Man sollte nur noch Freude empfinden und immer lachend durch die Gegend laufen. Krankheiten gehörten auch nicht mehr zum Leben – zumindest waren das die Botschaften, die ich bei den Äußerungen der KursteilnehmerInnen heraushörte.

Mein Leben war zu der Zeit alles andere als ein Kinderspiel. Ich wurde häufig krank und hatte überhaupt nicht diese sensationellen Heilungserfolge, die, wie ich heute aus Erfahrung weiß, sich ereignen können, aber nicht müssen. Bei mir kam es eher zu Heilungskrisen – sowohl körperlich als auch emotional –, die nicht besonders einfach zu durchleben waren. Meine täglichen TRT-Anwendungen haben mir dabei allerdings sehr geholfen. Ohne sie wäre ich heute nicht da, wo ich jetzt bin, und mir war von Anfang an bewußt, daß diese unangenehmen Prozesse zu meinem Lebensweg und zu meiner Heilung gehören.

Gleichzeitig erfuhr ich sofort die enormen Wohltaten dieser Methode. Es gab zum Beispiel immer häufiger Situationen in meinem Leben, in denen ich mit mehr Ruhe schwierige Probleme meistern konnte. Während verschiedener Begebenheiten löste sich mein damals »chronischer Streß« allmählich auf. Ich war verblüfft, daß es so etwas gibt. Manchmal kam es auch zu plötzlichen Einsichten und einer erweiterten Sicht meiner Lage, und ich konnte anders als sonst handeln. Ich war einfach nicht mehr so »verbohrt«. Allerdings waren meine Erlebnisse keineswegs sensationell.

Heute weiß ich, daß in der ersten Zeit, in der man Die Radiance Technik nutzt, sehr viel Verschiedenes geschehen kann. Sie bringt uns Harmonie und Gleichgewicht, doch zunächst bedeutet das vielfach ein Auf und Ab.

Ich erfuhr in den ersten Monaten und Jahren vor allem Veränderungen auf den verschiedensten emotionalen Ebenen. Gefühlen wie Wut, Haß, Aggressionen und auch Depressionen, Trauer und Angst fühlte ich mich nach und nach immer weniger ausgeliefert. Ich begann, diese Emotionen mit Hilfe der TRT zu beobachten und so zu lernen, sie zu empfinden, ohne gleich eins mit ihnen zu werden. Dadurch fühlte ich mich weniger zu unüberlegten Handlungen verführt. Der Prozeß, Herrin meiner Gefühle zu werden, begann. (Etwa zur gleichen Zeit fing ich an, mehr auf meine innere Stimme zu hören, was mein Leben tiefgreifend veränderte. Zum Beispiel schlug ich eine andere berufliche Richtung ein und begann dem Drang nachzugeben, mich mehr mit TRT zu beschäftigen und mich innerhalb dieses Systems weiterzubilden.) Ich lernte zum Beispiel, daß ich bestimmte eigene Defizite auf andere projizierte, und begann allmählich, diese Projektionen Schritt für Schritt zurückzunehmen. Das war und ist ein langsamer, zum Teil sehr schmerzhafter, aber gleichzeitig unglaublich befreiender Prozeß, der seit Jahren andauert. Er vermittelt mir eine Ahnung davon, was wirkliche Heilungsprozesse sind.

Außer diesen schwierigen Prozessen erlebte ich im Laufe der Jahre jedoch auch viel Freude. Ich begann wieder mehr zu lachen und die Welt wesentlich optimistischer wahrzunehmen. Mein ertragenes passives Leiden wandelte sich langsam in Aktivität und Heilung um. Dabei möchte ich keinen Tag meines Lebens missen, denn ich habe gelernt, daß Entfaltungsprozesse nach ihrem eigenen Rhythmus verlaufen und ihre Zeit brauchen. Diese hier lediglich angedeuteten Veränderungen in meinem Leben beschreiben Zyklen und Entwicklungen über viele Jahre, in denen ich die TRT konsequent angewandt habe. Heute weiß ich aus eigener Erfahrung, daß die TRT ein einfaches und hochwirksames Instrument zur Unterstützung auf unserem Weg zu mehr Ganzheit und Bewußtheit ist.

Im Jahr 1985 wurde ich sofort für die Ausbildung zur Lehrerin für den Ersten und Zweiten Grad akzeptiert und mußte dann fast fünf Jahre auf mein Abschlußtraining warten. Mein äußeres »Ich« – meine Gedanken und Gefühle – erzählten mir

immer wieder, wie »unmöglich« das ist und daß ich doch auf-
hören soll zu warten und dergleichen mehr. Mein Inneres wurde
aber nicht müde, mir deutlich zu machen, daß es sich bei dem
Ganzen um einen wichtigen Prozeß handelt und daß ich mich
auf dem richtigen Weg befindet, weil die TRT zu meinem Leben
gehört. 1991 war es dann endlich soweit. Ich wurde von Dr.
Barbara Ray persönlich zur Lehrerin des Ersten und Zweiten
Grades ausgebildet.

In der Zwischenzeit hatte es viele tiefgreifende Veränderungen in meinem Leben gegeben, und im nachhinein bin ich sehr
froh, daß ich so lange hatte warten müssen; denn dies geschah
zu meinem eigenen Schutz: Ich habe die Jahre genutzt, um
meine Praxis aufzubauen, und bin auf diese Weise nie von den
Seminaren der TRT abhängig gewesen. Außerdem lernte ich,
was es bedeutet, wirklich etwas zu wollen und mit sehr viel Ausdauer und Mut »dranzubleiben« und die Richtung nicht zu verlieren. Das sind Erfahrungen, die mir heutzutage zugute kommen.

Wie ich schon in der Einleitung andeutete, begann ich 1991,
regelmäßig an Weiterbildungsmaßnahmen mit Dr. Barbara Ray
und Marvelle Lightfields teilzunehmen. Ich besuchte Seminare
für Fortgeschrittene, die zum Vierten, Fünften und Sechsten
Grad führten. Den Sechsten Grad der TRT studiere ich seit
1995. Ab diesem Zeitpunkt wurde ich außerdem persönlich
von Dr. Barbara Ray ausgebildet und von der Radiance Stress
Management International, Inc. (RSMI) autorisiert und beauf-
tragt, den Radiant Dritten Grad und den 3A-Grad zu unterrichten. Alle Kurse zum Dritten Grad werden von der RSMI und
Radiance Seminars, Inc. organisiert und angeboten. Ich arbeite
auf dieser Ebene im Auftrag der beiden Gesellschaften.

Zu allen Zeiten der menschlichen Entwicklung hat es ganzheitliche Systeme und Methoden gegeben, um uns in unserem
Wachstum und in unserer Entfaltung zu unterstützen. Dr. Ray
erinnert uns in TAR auf S. 63: »Im alten Ägypten und Tibet war

vielleicht vor mehreren tausend Jahren das Wissen um unsere wahre Natur bekannt. Über die Jahrtausende wurde die Information, wie man mit dem Licht in Verbindung kommen kann, bewahrt und weitergegeben, in viele äußere Formen gekleidet, in Symbolen offenbart oder verborgen und übertragen durch bestimmte Klänge. TRT ist die Wiederentdeckung einer alten Technik, eine Kunst und Wissenschaft des Lichts, wieder ins Blickfeld gerückt als ein Werkzeug für Transformation in der Entwicklung der Menschheit.«

Bisher waren solche Systeme lediglich bestimmten Menschen vorbehalten. Sie waren gebunden an Geschlecht, Rasse, Religion und Kultur. Es gibt viele Möglichkeiten, viele Wege und auch zahlreiche ganzheitliche Systeme und Hilfsmittel. Die Radiance Technik, das Authentische Reiki, ist eines davon. Dieses System ist nun für alle Menschen zugänglich, unabhängig von Alter, Geschlecht, Rasse oder Religion. Es ist auch keine Glaubensrichtung, keine Religion, kein Kult. Es handelt sich vielmehr um ein ganzheitliches Werkzeug, das den Bedingungen der heutigen Zeit angepaßt wurde und in den verschiedensten Lebenssituationen unterstützend zum ganzheitlichen Wohle des Empfängers wirkt.

Wir lernen mit Hilfe der TRT im Laufe der Zeit, unserem Inneren zu trauen, wir lernen unsere eigentliche Natur kennen, die sich oft von dem unterscheidet, was den kulturellen Standards entspricht, und erleben eine Steigerung unserer Lebensqualität, viel mehr Freude und Lebenskraft, mehr Mut zu Veränderungen, mehr Vertrauen in das eigene Leben und mehr Sicherheit in die Existenz.

Für mich ist die TRT ein Mittel, das ich im Alltag einfach und schnell in jeder Situation und an jedem Ort anwenden kann. Es ist unglaublich vielseitig verwendbar. Dieses Buch soll Ihnen einen umfassenden Eindruck über diese Vielfalt geben.

Universale Lebensenergie
und die Wirkung dieser besonderen Schwingung

»Universal«, »transzendental« und »kosmisch« sind die wesentlichen Qualitäten der Lebensenergie: Es ist eine natürliche Energieform, die in allem Lebendigen enthalten ist. Sie befindet sich in uns und um uns herum. Ohne sie ist Leben nicht möglich.

Üblicherweise nehmen wir diese Energie etwa durch die Atemluft, Nahrung, durch Schlaf, Ruhe und Meditation auf. In der Regel benötigen wir aber mehr davon, als wir auf diese Weise bekommen, um uns zu entfalten und zu dem zu werden, was wir in Wahrheit sind. Die Radiance Technik ist eine ganzheitliche Methode, die die Kapazität für den Zugang zur universalen Lebensenergie wesentlich erweitert.

Ich möchte diesen Zusammenhang an einem Beispiel verdeutlichen: Stellen Sie sich eine Kastanie vor. Vergegenwärtigen Sie sich, daß in dieser Kastanie das Potential eines ganzen, großen Kastanienbaums enthalten ist. Wenn Sie sie in einen kleinen Blumentopf geben und mit Nahrung versorgen, entsteht im Laufe der Zeit ein kleiner Baum. Ein Teil ihres Potentials konnte sich mit der ihr zugefügten Nahrung und Energie entfalten. Geben Sie sie in einen etwas größeren Blumenkübel, fügen ihr somit mehr Nahrung und Energie zu, entfaltet sich wesentlich mehr von dem ihr innewohnenden Potential. Es entsteht ein etwas größerer Baum. Geben Sie die Kastanie allerdings in die Erde an einem optimalen Platz unter optimalen Bedingungen, entwickelt und entfaltet sich im Laufe der Zeit das gesamte Potential. Wir können uns dann an einem wunderschönen, riesig großen Kastanienbaum erfreuen. Es braucht jedoch Zeit, bis es soweit ist – mit dem einfachen Einpflanzen in die Erde selbst an einem optimalen Standort allein ist es nicht getan. Wir müssen einen Entwicklungs- und Entfaltungsprozeß mit all den verschiedenen Wachstumsstadien zulassen, der viel Energie, Zeit und Ausdauer benötigt.

Vergleichbar ist es mit uns Menschen. Auch wir tragen seit unserer Geburt ein bestimmtes Potential in uns, das wir zur Entfaltung bringen können. Dieser Prozeß ist in den wesentlichen Bereichen jedoch äußerlich nicht sichtbar. Wir wachsen zwar vom Kind zu einem Erwachsenen, bekommen Falten, graue Haare, sind mal dicker und mal dünner, und im Alter werden wir unter Umständen wieder kleiner. Aber die wesentlichen Bereiche unseres Potentials liegen in den emotionalen, mentalen und seelisch-geistigen Ebenen – den von außen nicht offensichtlich wahrnehmbaren.

Unser Alltag ist angefüllt mit zahlreichen Aufgaben unterschiedlichster Art, die viel Energie verbrauchen, so daß für unsere persönliche Entfaltung oft nicht genügend übrigbleibt. Die Radiance Technik ist ein ganzheitliches System, das unsere Kapazität, die universale Lebensenergie zugänglich zu machen, ganz wesentlich erweitert. Im Ersten Grad dieser Methode wird diese Kapazität in den Händen konzentriert, so daß die Energie jedesmal fließt, wenn wir unsere Hände auf etwas Lebendiges legen – uns selbst, andere Menschen, Pflanzen und Tiere. Eines der wesentlichen Werkzeuge Der Radiance Technik sind also unsere Hände, die uns naturgemäß ja immer zur Verfügung stehen. Mit ihrer Hilfe können wir unsere Energie in jeder Situation, an jedem Ort und ohne eine spezielle Ausrüstung schnell und direkt wieder ergänzen. Außerdem schaffen wir uns mit den täglichen TRT-Handanwendungen nach und nach ein Energiereservoir, das uns dann ständig zur Verfügung steht.

Eine weitere Qualität dieser universalen Lebensenergie ist ihre transzendentale Natur. Der Begriff »Transzendenz« leitet sich ab aus dem Spätlateinischen und bedeutet laut Duden »das jenseits der Erfahrung bzw. des Gegenständlichen Liegende« bzw. »das Überschreiten der Grenzen von Erfahrung und Bewußtsein«. Es ist also eine Energie, die über unsere sinnliche Wahrnehmung hinausgeht. Wir können sie weder direkt sehen noch hören, fühlen, riechen, noch schmecken, und dennoch existiert sie. Für viele Menschen ist es schwierig zu akzeptieren, daß es transzendentale Energien gibt, mit denen wir mit den entsprechenden Methoden umgehen können. Gleichzeitig ist den meisten bewußt, daß es mehr gibt als unseren Körper, unsere Gefühle und unsere Gedanken.

Jeder hat in seinem Leben irgendwann einmal transzendentale Erfahrungen gemacht. Beim Beobachten eines Sonnenuntergangs oder beim Hören von Musik oder auch in der Natur vergessen wir oft die Zeit. Plötzlich werden in unserer Wahrnehmung Minuten zu Stunden und Stunden zu Minuten. Wir »sind« dann sozusagen in der Transzendenz. Dort gibt es keine Zeit, keine Uhr. Wir erfahren Zeitlosigkeit. Oder wir erleben etwas Wunderbares, für das es keine Worte gibt, die es beschreiben könnten. Wir sind einfach »weg«, tief entspannt und fühlen uns nachher frisch und erholt, als ob wir geschlafen hätten.

Mit der Methode der TRT machen wir uns eine Energie zugänglich, die transzendent ist. Was wir dabei wahrnehmen, sind ihre Auswirkungen auf unseren Körper, unsere Gefühle und unsere Gedanken.

Eine weitere Qualität der universalen Lebensenergie ist ihre kosmische Natur; sie ist Bestandteil des Kosmos, kein Mensch kann sie von sich aus »herstellen«. Wir können sie aber für uns verwenden. Es ist gewissermaßen vergleichbar mit der Sonnenenergie. Auch diese ist eine natürliche Energie des Kosmos, die wir mit den entsprechenden Methoden für uns zugänglich machen und nutzen. Niemand kann sie »herstellen«, aber wir sind in der Lage, sie zu unserem Vorteil zu nutzen. Im Gegensatz zur Sonnenenergie ist die universale Lebensenergie, zugänglich gemacht durch die TRT, in jedem Fall nicht schädigend!

Die universale Lebensenergie hilft uns, uns zu entfalten, und unterstützt uns darin, zu dem zu werden, wer wir in Wahrheit sind. Wir benötigen Lebensenergie für unser Leben. Wie gesagt bekommen wir die Energie üblicherweise durch den Atem, die Nahrung, Schlaf und Ruhephasen. Dieses Quantum reicht aber in der Regel nicht aus, um unser gesamtes Potential zur Entfaltung zu bringen. Wir brauchen mehr! Die Radiance Technik ist eines von verschiedenen Werkzeugen, die die Kapazität, universale Energie zugänglich zu machen, ganz wesentlich erweitern. Sie verändert unseren Lebensweg nicht. Sie unterstützt uns aber in allen Situationen, ihn zu gehen, wie immer er sich gestaltet. Jedes Leben besteht aus Höhen und Tiefen, Prozessen, die Freude bereiten, und solchen, die nicht so angenehm sind. Das bleibt uns alles erhalten. Doch mit der TRT gewinnen Sie entscheidend an Qualität in Ihrem Leben.

Für mich macht es einen sehr großen Unterschied, ob ich mit Licht durch ein Tal wandere oder ohne. Das Tal bleibt, wie es ist. In dem einen Fall kann ich es erleuchten. In dem anderen tappe ich im dunkeln. Durchwandern muß ich es in jedem Fall. Mit Licht benötige ich außerdem nicht so viel Kraft wie ohne und habe noch etwas übrig für meine weitere Reise.

Weiterhin bedeutet es auch, daß diese Energie uns nicht manipuliert oder kontrolliert. Wir haben lediglich mehr Kraft für uns selbst zur Verfügung. Sie hilft uns nicht bei unseren Bemühungen, uns anzupassen, um Anerkennung zu finden oder geliebt zu werden. Sie hilft uns, uns in Richtung unserer ureigensten Natur »anzupassen«, was nichts mit Anpassung an irgendeine Kultur oder Meinung zu tun hat. Aber wer möchte nicht so werden, wie er in Wirklichkeit ist? Für mich persönlich ist es eine unglaublich interessante Entdeckungsreise, die mich im Laufe der Zeit sehr froh und frei gemacht hat. Allerdings benötigen wir Zeit, Ausdauer und Bewußtheit, um diese Reise auch zu tun.

Die Radiance Technik –
Ein Werkzeug universaler Energie

Dr. Barbara Ray schreibt im *Expanded Reference Manual of The Radiance Technique* (Exp. R. M.) auf S. 114:

>*Schwingungsenergiewissenschaften* – beziehen sich auf solche Energiewissenschaften, die eine andere Energieart zugäng-

lich machen – transzendentale Energie. Die Radiance Technik ist eine Schwingungsenergiewissenschaft und hat Qualitäten, Anwendungsmöglichkeiten und Prozesse, die sich von denen anderer Energiewissenschaften unterscheiden, wie zum Beispiel die Wissenschaften der elektrischen Energie und der Atomenergie, die Ihnen vielleicht bekannt sind. Schwingungsenergiewissenschaften geben Zugang zu einem inneren Energieprinzip, das in seiner Natur und Anwendung universal ist. Zum Beispiel sind die Wissenschaft der Chakren, die verschiedenen Arten der transzendentalen Meditation, einschließlich der TM, die Upanishaden und Die Radiance Technik alles östliche Schwingungswissenschaften, die untereinander eine Beziehung haben, obgleich jede ihre eigenen Bestandteile und Prozesse hat. Bestandteile und Prozesse Der Radiance Technik sind die universalen Symbole und die Einstimmungsprozesse, die ein Energieprinzip von spirituellem Strahlen, von Transzendenz und universaler Liebe zugänglich machen.«

Die Einstimmungsprozesse erweitern die Kapazität und den Zugang zur Lebensenergie und konzentrieren sie in den Händen. Ab dem Ersten Grad Der Radiance Technik legen wir uns unsere Hände auf unseren Körper, und die Lebensenergie/Lichtenergie wird aktiviert. Diese Energie tritt in eine Wechselwirkung mit all unseren Energieebenen – der körperlichen, der emotionalen, der mentalen und den inneren geistigen Energien. Sehen Sie sich hierzu auf S. 36 das Energiemodell des Menschen als ganzheitliches Wesen an. Die Auswirkungen dieser Wechselwirkung können wir spüren, je nachdem, wie sensibel wir sind. Die Lichtenergie wirkt immer zum ganzheitlichen Wohle des Empfängers und geht stets zu den Quellen und gleicht dort die blockierten, unterdrückten, sich im Ungleichgewicht befindenden Energien aus. Als Folge davon ändern auch die Symptome.

Ich hatte fast dreißig Jahre täglich Kopfschmerzen, morgens, mittags, nachts und abends. Ohne die ständige Einnahme von Tabletten war es mir nicht möglich, meinen Alltag zu meistern.

Ich unterzog mich zwei Schieloperationen an meinen Augen, die allerdings nur kurzzeitige Veränderungen brachten. Nach jahrelangem Ausprobieren hatte ich mich mit meinen ständigen Kopfschmerzen abgefunden. Sie gehörten zu mir. Dann besuchte ich auf dringendes Anraten einer Freundin die Seminare des Authentischen Reiki. Der Anlaß ihrer Empfehlung waren nicht etwa meine Kopfschmerzen, sondern eher die damals schon vorhandenen Heilenergien in meinen Händen. Von meinen Kopfschmerzen wußte sie nichts. Ich absolvierte den Ersten, drei Monate später den Zweiten und am Ende desselben Jahres auch den Dritten Grad 3A und machte täglich meine TRT-Handanwendungen und nutzte auch alle weiteren im Laufe der Zeit erlernten Methoden der TRT. Die Kopfschmerzen blieben mir zunächst erhalten. Aber in meinem Leben änderte sich sehr viel. Ich fing eine begleitende Körperpsychotherapie an und lernte mit Unterstützung der TRT, mich besser zu zentrieren.

Ich lernte meine Gefühle und meine Gedanken besser kennen und entschied, meine berufliche Richtung völlig zu verändern. Damals arbeitete ich als Lehrerin in einer Schule für Erwachsenenbildung, die zum Abitur vorbereitete. Wohl fühlte ich mich dort schon lange nicht mehr. Plötzlich hatte ich soviel Selbstvertrauen, dort auszusteigen, mir ein halbes Jahr Besinnungszeit zu geben, und mir wurde klar: In die Schule zurück gehe ich nicht mehr. Viele Menschen um mich herum verstanden mich nicht, denn ich hatte Verantwortung für ein Kind. Ich wußte nur, ich muß diesen Schritt gehen, sonst werde ich ernsthaft krank.

Während dieser Zeit kam mit Unterstützung der TRT-Anwendungen meine Psyche langsam und allmählich immer mehr ins Gleichgewicht. Und ganz nebenbei verschwanden nach anderthalb Jahren meine Dauerkopfschmerzen. Sie waren plötzlich einfach nicht mehr da. Ich konnte es zunächst nicht fassen, auf einmal keine Tabletten mehr zu benötigen. Mittlerweile habe ich nur noch recht selten Kopfschmerzen.

Im nachhinein ist mit der Hintergrund der ständigen Schmer-

Energiemodell

Schwingungsebenen
von Energie

Spektrum des
Bewußtseins

Transformations- und Ganzwerdungsprozeß

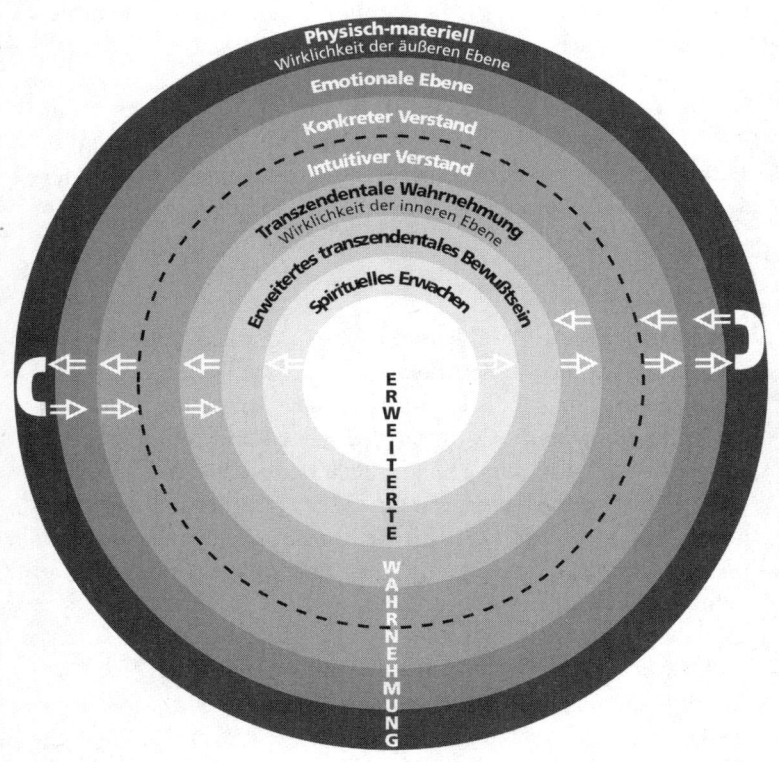

Von innen nach außen,
von der Dichte zur Erleuchtung
© Dr. Barbara Ray

Energiemodell

Schwingungsebenen
von Energie

Spektrum des
Bewußtseins

Transformations- und Ganzwerdungsprozeß

Universales kosmisches Bewußtsein
Reines Licht
Reine Ausstrahlungs-Radiance

Spirituelles Erwachen

Erweitertes transzendentales Bewußtsein

Transzendentale Wahrnehmung
Wirklichkeit der inneren Ebene

Höhere Mentalebene
Intuitiver Verstand

Mentale Ebene
Konkreter Verstand

Emotionale Ebene

(Psychische Ebenen)

Physisch-materiell
Wirklichkeit der äußeren Ebene

zen etwas deutlicher geworden: Dauernde Überforderung, Anspannung und Streß, viele nicht verarbeitete Erlebnisse meiner Kindheit und alte Verhaltensmuster haben das Symptom verursacht. Der Körper hat versucht, diese aus dem Gleichgewicht geratenen Energien in ein relatives Gleichgewicht zu bringen mit Hilfe des Schmerzes. Kopfschmerzen sind für mich ein deutliches Zeichen geworden, daß ich mit mir nicht gut umgehe, daß ich innehalten muß. Die Radiance Technik hat mir dabei sehr geholfen und mich unterstützt, das zu tun, was ich wirklich wollte. Ich weiß nicht, ob ich ohne sie den Mut aufgebracht hätte, diesen unkonventionellen Weg einzuschlagen. Es hat viel Energie benötigt, die ich mir mit Hilfe der TRT-Anwendungen täglich zuführen konnte.

Es war wie ein ständiges Wiederauffüllen, wie Dr. Ray beschreibt:

>*Bewahren* – Je öfter Sie Die Radiance Technik anwenden, desto wahrscheinlicher ist es, daß Sie beginnen, die Radiant Energie in Ihrem gesamten System zu bewahren und anzuhäufen. Gewöhnlich sind die verschiedenen äußeren Körper sogar bei Menschen, die über sich selbst denken, daß sie nicht krank sind, so entleert, daß ein Energie auffüllender, heilender/ganzmachender Prozeß unterschiedlicher Länge und entsprechend den individuellen Bedürfnissen beginnt. Dieser Prozeß des Wiederherstellens und Ausgleichens ist *fortdauernd* und entfaltet sich vielleicht über Jahre, während gleichzeitig Ihr System allmählich und zunehmend beginnt, diese universale Radiance zu bewahren.« (Exp. R. M., S. 93)

Die universale Lebens- bzw. Licht-Energie ist vollkommen harmlos im Sinne von »unschädlich« und gleichzeitig kraftvoll in ihren Auswirkungen. Wir müssen den Umgang mit ihr ausprobieren, um direktes Erfahrungswissen zu erlangen!

Die Radiance Technik –
Ein vollständiges und intaktes System

Nach Dr. Barbara Ray ist Die Radiance Technik »ihrer inneren Form nach in Kontakt mit reiner Radiant Lebensenergie … mit transzendentaler Licht-Energie. Ihrer äußeren Form nach ist TRT eine spezielle wissenschaftliche Methode der Anwendung und Ausrichtung dieser Licht-Energie. Die moderne Wissenschaft lehrt uns jetzt, daß alle Dinge Energie sind, die sich in verschiedenen Formen manifestiert«. (TAR, S. 59)

Das ganzheitliche System der TRT ist vollständig und nach wie vor intakt erhalten. Es besteht aus sieben Graden, zwölf Energieaktivierungen oder Einstimmungen und einer bestimmten Anzahl von kosmischen Symbolen. Eine Absicht oder ein Sinn dieses Systems ist, direkten Zugang und Öffnung zu den universalen Energieprinzipien zu geben.

Was bedeutet nun der Begriff »ganzheitliches System«? »Das Ganze ist größer als die Summe seiner Teile« ist eines der Ganzheitsprinzipien aus dem *Offiziellen Handbuch Der Radiance Technik* von Dr. Ray (HB d TRT). Meine ersten Erfahrungen mit diesem Prinzip machte ich während meines Biologiestudiums. Mein Hauptinteressengebiet war die systematische Botanik. Dazu gehört das Bestimmen von Pflanzen. In diesem Prozeß zerlegte ich unzählige Pflanzen mit unterschiedlichen Methoden in ihre Teile, in kleinere und größere. Manchmal genügte es, die Blätter und die Blüten auseinanderzunehmen. Ein anderes Mal mußte ich Schnitte machen, um sie mir unter dem Mikroskop anschauen zu können. Ich wollte immer wissen, was das für eine Pflanze ist und wie sie aussieht, als ob ich wirklich mehr über sie erfahren könnte, wenn ich sie bis in die kleinsten Teile zerlege. Irgendwann wurde mir plötzlich klar, daß ich im Laufe dieses Prozesses zwar genau herausbekomme, wie die Pflanze heißt, wie sie aussieht, und vielleicht, warum sie da und da vorkommt und einen anderen Standort meidet. Aber die ganze Pflanze gab es dann nicht mehr – eine scheinbar einfache und doch sehr tiefgreifende Erkenntnis. Sie hat mich nachdenklich gemacht. Sie war für mich ein Tor zu mehr Bewußtheit.

Das Ganze ist größer als die Summe seiner Teile! Dieses Gesetz gilt im Mikro- und im Makrokosmos, im Sichtbaren genauso wie im Unsichtbaren. Auf das System der TRT bezogen, heißt das: Das ganze System ist größer als die Summe seiner Bestandteile, die einzelnen Grade, Einstimmungen und kosmischen Symbole: »Ein ganzheitliches System kann seinen Sinn nur erfüllen, wenn seine Teile mit dem Ganzen und untereinander verbunden sind. Die einzelnen Teile beziehen ihre Aufgaben aus dem Ganzen, nicht aus irgendeinem Teil.« (HB d TRT, S. 24)

Auch diese Ganzheitsprinzipien lassen sich gut mit einem Beispiel aus dem Pflanzenreich erklären. Stellen Sie sich eine Rose vor. Die »Absicht« einer Rosenblüte ist es unter anderem, Bienen anzulocken, um bestäubt zu werden. Zerlegen Sie diese Rosenblüte in ihre Teile – die Blütenblätter –, kann sie ihren »Sinn« als Ganzes nicht mehr erfüllen. Das bedeutet nicht, daß die einzelnen Blütenblätter keinen »Sinn« haben. Aus ihnen können zum Beispiel Düfte gewonnen, Tees gekocht werden und anderes mehr. Es ist lediglich etwas völlig anderes geworden. Jedes einzelne Blütenblatt der »intakten« Rose erhält also seine Funktion innerhalb des Ganzen aus dem Ganzen und nicht von sich aus.

> »*Die Radiance Technik, Echtes Reiki* – Die Absicht dieser kosmischen Wissenschaft liegt *innerhalb* des *Ganzen*, und die miteinander verbundenen Teile leiten ihre besonderen Funktionen vom *Ganzen* ab, *nicht* von anderen Teilen. Intakt aktiviert Die Radiance Technik, das Echte Reiki von innen die Prozesse von Ganzheit und die Qualitäten von Ganzheit, die allem Lebendigen innewohnen.« (Exp. R. M., S. 107)

Das System der sieben Grade

Die Radiance Technik enthält sieben Grade oder auch Lernebenen, die sich durch die verschiedenen Einstimmungsprozesse unterscheiden.

> »*Einstimmen, Einstimmungsprozeß* – bezieht sich darauf, in Ausrichtung und Harmonie zu bringen. Innerhalb des Kontextes Der Radiance Technik werden die Termini ›Einstimmung‹ und ›Einstimmungsprozeß‹ verwendet, um die spezifischen Teile dieser Wissenschaft zu beschreiben, die tatsächlich die Radiance von innen aktivieren, Sie nach Ihrer inneren Ganzheit ausrichten und Ihnen direkten Zugang zu innerer, universaler, transzendentaler Energie geben. Es gibt sieben Grade Der Radiance Technik, des offiziellen Reikiprogramms, mit insgesamt zwölf ›Einstimmungsprozessen‹. Die tatsächlichen Einstimmungsprozesse sind das, was die einzelnen Grade unterscheidet.« (Exp. R. M., S. 11)

Jeder Grad erfüllt den Sinn dieses Systems, den Zugang zu universalen Energieprinzipien zu erweitern. Jedes Gradseminar ist ein in sich vollständiger Kurs, in dem die Teilnehmer Werkzeuge kennenlernen und anwenden, um universale Energie zugänglich zu machen, zu erzeugen und für sich und andere einzusetzen. Die Unterschiede liegen in der Kapazität und den Werkzeugen. Es ist nicht notwendig, nach dem Ersten Grad weitere Grade zu erlernen, um mit universaler Lebensenergie arbeiten zu können. Jeder Lernende der TRT trifft auf natürliche Weise die Entscheidung, weitere Grade zu studieren. Die folgenden Abschnitte geben einen Überblick über die einzelnen Grade und einen kurzen Einblick in die Vielfalt dieses Systems.

Der Erste Grad

Der Erste Grad der TRT ist das Tor und die Verbindung zu dem ganzen System und damit der wichtigste Grad überhaupt. In diesem Seminar erhalten Sie vier aufeinander aufbauende Einstimmungen oder Energieübertragungen, die bewirken, daß die Kapazität für universale Energie erweitert und in den Händen konzentriert wird, so daß Sie über Ihre Hände Zugang zu universaler Lebensenergie bekommen. Die Kapazität, mit den Händen diese Licht-Energie zugänglich zu machen, geht Ihr ganzes Leben lang nicht mehr verloren, selbst wenn Sie diese Technik über längere Zeit nicht anwenden. Sie können jederzeit damit wieder neu beginnen, ohne eine »Auffrischung« oder eine Wiederholung des Kurses.

Dr. Barbara Ray schreibt: »Der Erste-Grad-Kurs der TRT beinhaltet eine Reihe von vier Energieübertragungen oder Einstimmungen für jeden einzelnen Teilnehmer. Der ausgebildete und autorisierte Lehrer der TRT beherrscht einen Prozeß, Energie aus Ihrem Inneren auf harmlose Weise zu aktivieren oder einzustimmen. Der Lehrer benutzt keine persönliche Energie für diesen Aktivierungsprozeß, sondern gibt Zugang zu universaler Licht-Energie. Diese speziellen Einstimmungen benötigen kein besonderes Wissen auf seiten des Teilnehmers, sondern befähigen den einzelnen, TRT zu erlernen, um Lebenskraft auf präzise Weise einzusetzen.

Eine der besten Analogien, die ich kenne, um das Phänomen dieser Einstimmungen, die TRT aktivieren, zu beschreiben, ist die, einen Schalter einzuschalten. Ist der Zugang erst einmal gegeben, beginnt die Licht-Energie ungehindert zu fließen. Je mehr Sie TRT anwenden, um so reicher und ausgedehnter ist der Zugang zur Radiant Energie. Sie können weder Ihre Energie noch die von jemandem anderen erschöpfen, weil Sie Zugang zu ganzer Radiant Energie haben und sie von innen ausrichten. Der Fluß der Licht-Energie ist ›wie‹ elektrischer Strom, der … ›eingeschaltet‹ werden muß, bevor eine bestimmte Strommenge fließt. Sie können diesen Fluß der Licht-Energie auf vielfache Art und Weise ausrichten, entsprechend Ihren speziellen Bedürfnissen und Verhältnissen.« (TAR, S. 30 f.)

Sie lernen außerdem in diesem Seminar verschiedene Anwendungsmöglichkeiten kennen:

- die TRT-Handanwendung für sich selbst mit ihren zwölf Positionen – vier am Kopf, vier auf dem Vorderkörper und vier auf dem Rücken (siehe die Abbildung auf S. 59),
- die TRT-Anwendungen mit anderen: Familienmitgliedern, Freunden und auch Haustieren sowie Pflanzen,
- viele Hinweise und Übungen, zum Beispiel TRT in Verbindung mit anderen Methoden und Hinweise für ihren Gebrauch als Unterstützung in den verschiedensten Lebenssituationen.

Themen wie ganzheitliche Gesundheit und Wohlbefinden, Streßbewältigung, Erkrankungen, Wachstum, Transformation, Bewußtwerdung und Meditation in Verbindung mit TRT sind weitere Bestandteile dieses Grundlagenseminars.

Der Zweite Grad

Viele Menschen entscheiden sich, eine weitere Ebene dieser Energie-Wissenschaft zu erlernen. Nach dem Ersten Grad wird normalerweise empfohlen, mindestens drei Monate Erfahrungen zu machen. Auf allen Ebenen geht es vom Ersten Grad an um den erweiterten Zugang zu der gleichen Energie, der universalen Lebensenergie, die von der ersten Einstimmung des Ersten Grades an auf all unseren Energieebenen – den äußeren (»Körper, Gefühle und Gedanken«) und den inneren, den »spirituellen« – wirkt.

Es ist nicht notwendig, eine Stufenleiter hinaufzuklettern, um endlich in unser Inneres zu gelangen. Mit unseren Radiant Händen haben wir Zugang zu unserer innersten Energie – zu unserem eigenen Lichtkern –, die ab dem Ersten Grad durch das einfache Auflegen der Hände mit all unseren Energieebenen in eine Wechselwirkung tritt und eine Energie des Ausgleichs und der Harmonie bringt. Wir müssen also nicht Ebene für Ebene reinigen oder von Grad zu Grad wandern, um endlich an die feinste Schwindung von Energie zu gelangen. Wir haben vom Ersten Grad an durch die Einstimmungen den Zugang dazu. Der Unterschied ist lediglich die Kapazität, die sich von Grad zu Grad erweitert. (Siehe das Energiemodell auf S. 37)

»Der Zweite Grad der TRT umfaßt folgendes:
1. Eine besondere Energie aktivierende Übertragung/Einstimmung, die sich von den Einstimmungen des Ersten Grades unterscheidet, und das Erlernen kosmischer Symbole.
2. Eine hochwirksame Methode für das Ausrichten von heilender/ganzmachender Energie über Entfernungen, die nicht störend ist. Sie entspricht dem Lernen, Licht-Energie-Schwingung auszurichten, ganz ähnlich, wie Radio- und Fernsehsignale übertragen werden.
3. Eine besondere Technik, mit tiefsitzenden emotionalen und mentalen Problemen umzugehen, die zusammen mit der Handanwendung oder mit der ›Fernheilungs‹-Methode angewendet werden kann.
4. Eine Technik für Ihre eigene persönliche Weiterentwicklung im Erreichen Ihrer ersehnten Stufe von Ganzheit.
5. Erweiterung der einzigartigen Handanwendung und Meditation der TRT.« (TAR, S. 32)

Das Energieausrichten geschieht mit Hilfe einer bestimmten Anzahl von kosmischen Symbolen und einer präzisen Methode. Die kosmischen Symbole der TRT sind ihre Sprache. Folgende Stichworte aus dem Exp. R. M. vermitteln Ihnen einen Eindruck über kosmische Symbole.

»*Sprache* – Die kosmische Wissenschaft Der Radiance Technik basiert auf einer Sprache kosmischer, universaler Symbole, die *vom Inneren* universaler Energie her ›kommunizieren‹ und die in ihrer inneren Essenz nicht weltlich, gewöhnlich oder vom Menschen hergestellt sind. Um diese hohe Energieordnung zugänglich zu machen, *muß* die Sprache Der Radiance Technik vollständig und intakt sein, und sie *ist* es – das *innere* Netzwerk der innerlichen Wechselwirkungen muß intakt, unzerbrochen und verbunden sein –, ansonsten ist es ›etwas anderes‹.« (S. 65)

»*Symbole* – Universale Symbole sind Schwingungen innerer Ebenen – Aspekte des Ganzen –, die sich in den äußeren Ebenen offenbaren. Unterschiedliche Aspekte des Ganzen erzeugen unterschiedliche Schwingungen, die von innen verbunden sind mit der Resonanz des Ganzen, des Universums – des Kosmos. Kosmische Symbole kommen in verschiedenen Kulturen in allen Zeiten des Planeten Erde vor und repräsentieren die höhere Ordnung des menschlichen Wissens der inneren Verbindungen mit den alten Initiationsmysterien. Symbole sind Energieerzeuger, die *von innen* mit der menschlichen Dynamik in eine Wechselwirkung treten.« (S. 103)

»*Spirale* – ein universales, kosmisches Symbol, das in seiner äußeren Form eine Spirale ist. Hinter der Form, bekannt als die kosmische Spirale, ist die tatsächliche innere Schwingung dieses Symbols. In verschiedenen Kulturen aller Zeitalter ist die sich gegen den Uhrzeigersinn, nach innen drehende Spirale bekannt als der Schlüssel zu spirituellem Erwachen, der Schlüssel zur inneren Wahrheit und der Schlüssel zur Unsterblichkeit. Die kosmische Spirale ist die Spirale gegen den Uhrzeigersinn, die sich immer, egal, wofür sie verwendet wird, nach innen in Richtung Licht, Geist, Strahlen und Universalität bewegt. Die Erdspirale geht mit dem Uhrzeigersinn.« (S. 101)

Kosmische Symbole haben eine äußere Form, hinter der sich die Energie, die Schwingung, verbirgt. Das eigentliche Symbol ist die Schwingung, nicht die Form. Die kosmischen Symbole des ganzheitlichen Systems der TRT haben äußere Formen, deren dahinter verborgene Schwingungen wir ab der Einstimmung zum Zweiten Grad der TRT aktivieren und für uns nutzen können durch das »Machen« der Symbole. Den Zugang zu drei Symbolen des ganzen Systems eröffnet uns die Einstimmung zum Zweiten Grad des ganzheitlichen, vollständigen und intakten Systems der TRT. Sie können dann als Werkzeuge für Transformation, als Unterstützung in bestimmten Situationen und als fortlaufende Unterstützung in der TRT-Handanwendung sowohl einzeln als auch in Kombinationen miteinander verwendet werden. Ohne diese korrekte Einstimmung sind die äußeren Formen der kosmischen Symbole lediglich Formen und haben keine Kapazität für die beschriebenen Anwendungen. Die kosmischen Symbole der TRT sind Bestandteil des ganzen Systems, und sie sind nicht vom Menschen »hergestellt«. Das bedeutet, Menschen können sie auch nicht willkürlich verändern.

Die kosmischen Symbole der TRT entstammen alle dem universalen Licht-Kern. Sie sind unterschiedliche Schwingungsaspekte der universalen, kosmischen Licht-Energie.

Im Zweiten-Grad-Seminar erhalten alle Teilnehmer eine vertiefende Einführung in die Energieprinzipien und Anwendungsmöglichkeiten der einzelnen Symbole. Außerdem werden erste Erfahrungen gemacht und ausgetauscht.

Der Dritte Grad

Dr. Barbara Ray schreibt dazu: »Auf dieser Stufe des fortgeschrittenen Erlernens der TRT gibt es drei verschiedene Seminare. Die ersten beiden sind nur für die persönliche Entwicklung des Studierenden. Der Dritte Grad für das Lehren und/oder persönliches Wachstum (3B) ist ein Intensivkurs, der als Grad für das Unterrichten betrachtet wird.

Der Dritte Grad kann für den persönlichen Wachstums- und Transformationsprozeß des Studierenden erlernt werden und wird in zwei Kursen angeboten. Jedes Seminar dehnt die Handanwendung und Meditation der TRT aus und erforscht die kosmischen Symbole der TRT in größerer Tiefe.

1. Der Radiant Dritte Grad hat sich auf natürliche Weise entwickelt, um Studierende mit einem Seminar zu versorgen, das vor dem Dritten Grad (3A) gemacht werden kann. Dieses Seminar beinhaltet eine besondere Einstimmung über die des Zweiten Grades hinaus, welche die volle Kraft des Dritten Grades hat, und schließt das Erlernen eines kosmischen Symbols und die fortgeschrittene Anwendung verschiedener Aspekte der TRT ein, besonders die Anwendung der kosmischen Symbole und das Fernleiten von Energie. Dieser Kurs ist nicht unbedingt erforderlich.

2. Der Dritte Grad für persönliches Wachstum, erweiterte Radiance und Transformation (3A). In diesem Seminar bekommt der Studierende eine Einstimmung für die volle Kraft des Dritten Grades und erhält Anleitungen für das Erlernen eines besonderen Einstimmungsprozesses. Erweiterte und fortgeschrittene Anwendungen dieses besonderen Einstimmungsprozesses der TRT werden gelernt.

3. Der Dritte Grad für das Lehren und/oder für persönliches Wachstum (3B) erfordert den Abschluß des Dritten Grades (3A) einige Zeit zuvor. Er ist ein Grad für das Lehren, verschieden von 3A, und benötigt eine Bewerbung, ein Interview, die Zulassung und die Erfüllung anderer Erfordernisse. Die Teilnehmer werden eingestimmt in die Kapazität, andere in den Ersten und/oder den Zweiten Grad der TRT einzustimmen.« (TAR, S. 33)

Weitere Grade der TRT

»Um einen der fortgeschrittenen Grade weitergeben zu können, muß die Person die Kapazität haben, den korrekten Einstimmungsprozeß zu aktivieren, und das vollständige Wissen über diesen besonderen Prozeß, genauso wie der Lehrer die korrekte Kapazität und das korrekte Wissen benötigt, um den Einstimmungsprozeß für die Stufe des Ersten und des Zweiten Grades vollständig weiterzugeben.«

Dr. Barbara Ray ist zur Zeit der einzige Mensch auf der ganzen Welt, der alle sieben Grade unterrichtet. Sie schreibt dazu weiter: »Gegen Ende 1979 erhielt ich die vollständigen Unterweisungen für alle sieben Grade der TRT und alle Sieben Ebenen der Einstimmungsprozesse, aus denen das authentische System besteht, von Frau Hawayo Takata, der einzigen Person in der westlichen Welt, die dieses Wissen besaß. Da ich die einzige Person bin, welcher sie jemals dieses einzigartige System in seiner Gesamtheit anvertraut hat, habe ich die Verantwortung, dieses System intakt zu erhalten und seine Integrität und Fülle von reiner Radiant Kraft ganz zu bewahren, nicht Bruchstücke davon, nicht verwässert und nicht verunreinigt. Da ich die Tiefe dieser Verantwortung bewußt wahrnehme, habe ich auch Schritte unternommen, um zu gewährleisten, daß dieses lebendige System ... für zukünftige Generationen zugänglich sein wird. Es gibt jetzt andere, die von mir ausgebildet wurden, die alle sieben Grade des vollständigen Systems Der Radiance Technik intakt in die Zukunft tragen werden.

Frau Takata hat entschieden, fast vierzig Jahre lang anderen nicht zu ermöglichen, die universale Kraft des Dritten Grades oder eines anderen Grades über den Dritten Grad hinaus zu erfahren und anzuwenden. Aber unsere Welt ist anders, ein anderes Zeitalter und ein anderer Zyklus. Dadurch, daß während dieser vergangenen Jahre die Anzahl der Studierenden angewachsen ist, welche die Stufe des Dritten Grades der TRT erlernt und angewendet haben und die Vorteile dieser Stufe mehr und mehr entdeckt werden, hat sich darauf auf natürliche und organische Weise die Notwendigkeit entwickelt, den Vierten Grad, den Fünften Grad, den Sechsten Grad und den Siebten Grad für ernsthafte und fortgeschrittene Studierende verfügbar zu machen.

Die ganze Wissenschaft der Energie kann uns auf dieser Ebene der Existenz nur von Nutzen sein, wenn wir sie anwenden. Die Menschheit hat sich zu einem Punkt kritischer Entscheidung hin entwickelt, der Entscheidung über unsere zukünftige Welt, sogar über unsere zukünftige Evolution. Wir brauchen alle nichtschädigenden Techniken, die wir verwenden können, die uns helfen, Bewußtsein und Ganzheit zu erlangen, um die Entscheidung für unsere weitere Entwicklung auf dem Planeten Erde zu treffen. Die Radiance Technik, intakt und unverändert, kann ein wohltuender Faktor auf unserer Reise sein, uns selbst zu heilen/ganzzumachen, zu transformieren und zu erleuchten. In diesem Entfaltungsprozeß scheint es keinen Grund für das Zurückhalten der Möglichkeit zu geben, die anderen fortgeschrittenen Grade der TRT über den Dritten Grad hinaus zu erlernen.« (TAR, S. 34 f.)

Der Radiant Touch –
Die Handanwendung der TRT

Berührung ist ein essentieller Bestandteil unseres Lebens. Ohne Berührung verkümmert jedes Kind. Wir benötigen es, berührt zu werden, um uns zu entfalten und zu entwickeln.

Seit Anfang der siebziger Jahre ist sehr viel über die Bedeutung der Berührung, vor allen Dingen in der Entwicklung von Säuglingen und Kleinkindern, entdeckt und geschrieben worden. Auch in unserer Welt als Erwachsene hat Berührung mit den Händen einen ganz besonderen Stellenwert. Eine einfache Berührung, das Halten von Händen, das In-den-Arm-Nehmen, Sichumarmen erzeugen spontanes Lächeln, Freude, Wohlbefinden, Dankbarkeit, Erleichterung und ein Gefühl des Verstehens. Berührung ist eine Kommunikation ohne Worte und kann ein Kontakt von Herz zu Herz sein. Feindschaften werden oft durch das Händeschütteln beendet, Verträge werden auch mit einem Handschlag besiegelt, Frieden wird mit den Händen geschlossen. Wir begrüßen uns mit den Händen. Unsicherheit und Ängste werden weniger, wenn jemand uns an der Hand hält. Mit der Berührung durch die Hände wird die Welt verändert. Gleichzeitig können wir mit unseren Händen manipulieren und kontrollieren, kann unsere Berührung sensationell sein und Schaden anrichten. Es liegt immer an der Intention, der Motivation des einzelnen.

Mit der TRT haben wir ab dem Ersten Grad eine andere Qualität von Energie in unseren Händen, die durch die Berührung übertragen wird. Diese Qualität ist »nicht schädigend«. Durch die genaue Methode der Einstimmungen dieser kosmischen Wissenschaft haben wir immer und für alle Zeiten diese Qualität in unseren Händen. Auf der physischen Ebene sind unsere Hände von innen heraus verbundene Ausdehnungen unserer Herzen.

> »*Hände* – Eine der tiefgreifendsten Ausdehnungen von der inneren zu der äußeren Welt sind Ihre Hände mit dem äußeren Berührungssinn. Die Radiance Technik öffnet durch ihre inneren Systeme und Prozesse den Torweg von der inneren Hand zur äußeren Hand. In allen sieben Graden dieser Wissenschaft ist die Ausdehnung Ihrer Radiant, mitfühlenden Berührung fortwährend – denn Sie berühren *immer* etwas, das *immer* Radiant, universale Energie von Ihnen empfängt. Das Gewahrwerden dieses Prozesses und Ihr wachsendes Bewußtsein Ihrer Radiant Kraft Berührung *ist* ein essentieller Teil Ihrer sich entfaltenden Reise in das Erwachen. Meditieren Sie über Ihre Hände und Arme als eine Ausdehnung des Herzzentrums hinein in diese Welt – vom Inneren zum Äußeren.« (Exp. R. M. S. 49)

Meine Hände sind für mich wichtige Lehrer geworden. Sie lassen mich Unterschiede in der Qualität der Berührung herausfinden und lehren mich, achtsamer zu sein in meinen Berührungen. Es ist ein Reise ohne Worte, ohne Bücher. Die Hände lehren mich, dieser Energie in allem zu folgen, was ich tue. Oft nutze ich meine Hände einfach automatisch, bin mit meinen Gedanken oder Gefühlen ganz woanders und verpasse die Schönheit des Augenblicks. Meine Hände holen mich aber wieder zurück. Seit dem Ersten Grad der TRT sind sie mir wichtig, haben sie eine andere Bedeutung für mich bekommen. Ich bin wacher für sie geworden.

Am Anfang war ich fasziniert von der Idee, mit meinen Händen auf so einfache und direkte Weise Gutes tun zu können. Und die Neugierde, ob es auch wirklich stimmt, hat mich wacher gemacht. Ich wollte einfach wissen, also begann ich zu beobachten. Der Glaube allein hat mir noch nie gereicht. Ich erfuhr direkt, welchen Unterschied es macht, ob ich liebevoll vom Herzen berühre und mir der Qualität dieser Berührung bewußt oder unbewußt bin. Ganz langsam und allmählich veränderte ich mich.

Eines ist mir sofort aufgefallen: Der Streß in meinem Leben verringerte sich in den wachen Situationen ganz erheblich, und ich ging öfter liebevoller mit mir selbst um. Ein Umwandlungsprozeß begann, wobei größere Wachheit für meine Hände ein Tor war und immer noch ist. Außerdem wurde ich präsenter in dem, was ich gerade tue. Meine Hände holen mich immer wieder in die Gegenwart zurück. In der Präsenz kann ich wirklich etwas wahrnehmen, kann ich wählen. Nur in der Präsenz kann ich dieser besonderen Qualität von Energie in meinen Händen folgen und eigene Erfahrungen mit meinem Berührungssinn machen.

»*Berührung* – Eine der kraftvollsten Sinne, die Sie haben, ist die Berührung. Der Berührungssinn ist besonders signifikant im Alltag – mit Ihrem Berührungssinn treten Sie mit allem, was Ihre Hände jeden Tag berühren, in eine Wechselwirkung. Probieren Sie aus, was geschieht, wenn Sie nichts berühren – einfach ein paar Minuten lang. Dann probieren Sie mal aus, eine Liste von allem zu machen, was Sie innerhalb nur einer halben Stunde *berühren*. Berühren ist ein natürlicher Teil Ihrer Ganzheit und Ihrer täglichen Interaktionen.« (Exp. R. M., S. 108)

Vielleicht nehmen Sie sich jetzt etwas Zeit und machen eine Liste über das, was Sie in der nächsten halben Stunde mit Ihren Händen tun. Viel Freude dabei!

»*Radiant Touch* – ist universale, nichtschädigende, nichtkontrollierende, unaufdringliche, universal liebende, freudvolle, ungeteilte, nichtpolare, heilende/ganzmachende Radiant Energie ohne niedere Motive, die immer, wenn Sie irgend etwas

berühren, von Ihren Händen ausstrahlt, übertragen und aus-
gesendet wird, nachdem Sie *korrekt* in das offizielle Pro-
gramm des Ersten Grades des Echten Reiki, Der Radiance
Technik, eingestimmt sind! In der Tat ist die Kapazitätsaus-
dehnung der Strahlung in Ihren Händen – die natürlichen
Ausdehnungen vom Herzzentrum hinein in diese Welt – tiefgreifend, wenn Sie einmal in den Ersten Grad Der Radiance
Technik eingestimmt sind. Während Sie Die Radiance Technik jeden Tag hindurch nutzen und während Ihre Hände den
ganzen Tag mit Lebendigem in Kontakt sind, wächst und
dehnt sich Ihre Radiant Kraft der Berührung aus. Ihre Hände
sind eine Verbindung und ein Torweg in den äußeren Ebenen
zu Ihrem Herzzentrum von Liebe, Freundlichkeit, Ernährung,
Fürsorge, Freude, Feier und Frieden – ungeteilt und ohne Urteile. Das ist für alle Menschen wahr, für Männer und Frauen.
Durch Ihre strahlende Berührung mit bedingungsloser Energie helfen Sie allem Lebendigen in seinen vielen manifesten
Formen und werden ein wahrer Gebender des strahlenden
Lichtes über die Begrenzungen und Anforderungen des »kleinen Egos« hinaus. Der Radiant Touch Der Radiance Technik,
ausgedrückt durch Ihre Hände, ist die Brücke, das Tor, das
Ihre inneren mit Ihren äußeren Ebenen verbindet. Erinnern
Sie sich, der Torweg zur spirituellen Liebe und zum Erwachen
geht durch das Herzzentrum, und Radiant Hände sind die
verbindende Brücke.« (Exp. R. M., S. 91)

Diese besondere Qualität der Berührung liegt wie gesagt vom
Ersten Grad der TRT an in unseren Händen. Sie dehnt sich mit
jeder Berührung kontinuierlich aus. Egal, was wir berühren, wir
transportieren immer gleichzeitig universale Licht-Energie.

Für mich ist das ein Wunder. Meine Hände unterstützen mich
auf meiner Reise hin zu mir selbst.

Das Beobachten meiner Hände als Ausdehnungen meines
Herzzentrums hat mich wacher werden lassen. Ich habe durch
den Radiant Touch unendlich viel entdeckt in der Arbeit mit

dem »Ganzheitlichen Sehen«, den Augen, dem Sehen mit dem inneren Kind, in Beziehungen zu anderen Menschen, Tieren und besonders Pflanzen. Sie finden einige meiner Erfahrungen in den verschiedenen Kapiteln dieses Buches. Ich kann sagen: der bedingungslosen Energie meiner Hände, die vom Herzen kommen, zu folgen, sie als Tor zu neuen, unbekannten Erfahrungen zu nutzen und tiefer in das Wissen einzutauchen, hat mich auf verschiedenen Ebenen unendlich viel gelehrt. Darüber bin ich zutiefst dankbar.

Nach dem Besuch des Ersten-Grad-Seminars gibt es ungezählte Möglichkeiten, den Radiant Touch anzuwenden. Regelmäßig eingesetzt, führt TRT-Handanwendung auf die Dauer zu einem kontinuierlich steigenden Energieniveau in unserem ganzen Wesen (siehe dazu das Stichwort »Bewahren«, S. 38)

Mit den korrekten Einstimmungen haben Sie sicher und dauerhaft, was immer Sie tun, diese hohen Schwingung von Energie in Ihren Händen und übertragen diese bei jeder Berührung.

Der Radiant Touch geht weit über die Gefühle und Gedanken und auch über verschiedene Situationen in Ihrem Leben hinaus, denn die universale Licht-Energie ist die feinste Schwingung, die es gibt, und sie durchdringt jede andere Energieform.

Gleichzeitig gehört die TRT-Handanwendung nicht ausschließlich zur Ebene des Ersten Grades. Von Ebene zu Ebene erweitert sich die Kapazität für den Zugang zur universalen Lebensenergie in den Händen, und wir lernen neue Möglichkeiten kennen.

Die TRT-Handanwendungspositionen
für sich selbst

Bei der TRT-Handanwendung gibt es zwölf Positionen – vier am Kopf, vier am Vorderkörper und vier am Rücken (siehe die Abbildung auf S. 59ff.). Die Reihenfolge entspricht einem tieferen inneren Sinn. Wir beginnen mit den oberen Energiezentren am Kopf und gehen dann Schritt für Schritt durch alle Zentren und unser ganzes System. Sie ist eine genaue Formel, die Sie Ihr ganzes Leben lang anwenden können. Sie werden ihre Wirkungen erfahren und nach einiger Zeit überprüfen können, was geschehen ist. Auf diese Weise werden Sie die Vorteile der regelmäßigen Anwendung objektiv feststellen. In der Abbildung auf S. 62 finden Sie eine Darstellung einiger möglicher Auswirkungen der einzelnen Positionen auf den verschiedenen Ebenen.

Während einer TRT-Handanwendung wird gleichzeitig die natürliche Energie auf all unseren Ebenen aufgefüllt und ausgeglichen, das betrifft unseren Körper mit all seinen Drüsen und Organen, unsere Gefühle, Gedanken und die inneren spirituellen Ebenen sowie die feinstofflichen Energiezentren. Universale Energie wirkt immer auf allen Ebenen gleichzeitig harmonisierend und ausgleichend.

Bei der TRT-Handanwendung für sich selbst sollten Sie folgende Hinweise und Empfehlungen beachten:

- Es gibt keine festen Regeln, allerdings ungezählte Möglichkeiten.
- Sie dürfen alles ausprobieren.
- Empfohlen wird eine TRT-Handanwendung pro Tag, etwa fünf Minuten je Position (eine Stunde pro Tag).
- Nehmen Sie sich so oft wie möglich eine ganze Stunde Zeit,
- oder teilen Sie sich die Handanwendung auf. Fangen Sie zum Beispiel morgens mit den Kopfpositionen an, nachmittags führen Sie die Vorderseite – und abends die Rückenpositionen durch.
- Oder verkürzen Sie die Zeit der einzelnen Positionen. Auch zehn Minuten helfen, weniger ist immer noch besser als nichts. Bei vielen Menschen dauert es eine Weile, bis sie sich selbst wirklich eine Stunde am Tag gönnen. Wir können Schritt für Schritt darauf hinarbeiten und diese Gewohnheit langsam aufbauen.
- Sie können Ihre Hände direkt auf Ihren Körper legen oder

auch einige Zentimeter vom Körper entfernt. Bei den meisten Positionen und Situationen ist es bequemer, die Hände auf den Körper zu legen.

- Machen Sie es sich bequem. Sie können sich hinlegen, sitzen oder stehen, wie Sie möchten.
- Sie können Ihre Augen schließen.
- Enge Kleidungsstücke wie zum Beispiel Gürtel können Sie lösen.
- Hygienischer ist es, sich vorher die Hände zu waschen.
- Ob Sie dabei Musik hören, eine Kerze anzünden und Düfte verwenden, liegt an Ihren persönlichen Vorlieben.
- Sie können TRT zum Beispiel auch beim Fernsehen oder im Kino anwenden. Ich empfehle allerdings sehr, sooft es geht, mit der ganzen Aufmerksamkeit bei der TRT-Handanwendung zu sein, um möglichst viel davon mitzubekommen, was dabei geschieht.

Die TRT-Handanwendung mit anderen

Im Ersten-Grad-Seminar lernen Sie auch die TRT-Handanwendung mit anderen kennen, und es wird Ihnen die Möglichkeit angeboten, sie mit ihnen zu teilen. Die Positionen und die Reihenfolge der gegenseitigen TRT-Handanwendung sind die gleichen wie in der eigenen, lediglich die Handhaltungen unterscheiden sich.

Für die meisten Teilnehmer ist es wie ein kleines Wunder, daß sie sofort mit ihrem Radiant Touch für andere dasein können. Es gibt keine Unterschiede zwischen alten und jungen Menschen, zwischen Kranken und Gesunden. Wenn wir anderen eine TRT-Handanwendung geben, fließt durch unsere Radiant Hände die universale Lebenskraft. Wir geben dabei nichts von unserer persönlichen Energie ab. Im Gegenteil, wir erhalten gleichzeitig neue Energie. Während einer TRT-Handanwendung gehen wir mit der universalen Energie um, wir machen sie mit unseren Händen zugänglich, so daß sie nutzbar wird und wir sie miteinander teilen können. Wir funktionieren dabei nicht als Kanal, sondern sind Gebende und Empfangende zugleich. Die universale Licht-Energie ist im Überfluß vorhanden. Wir nehmen niemandem etwas weg, wir nutzen sie, und wir können keine Fehler machen!

Während einer gegenseitigen TRT-Handanwendung sind wir mit Hilfe unserer Hände mit unseren universalen Lichtkernen in uns verbunden und tauschen diese universale Energie der bedingungslosen Liebe miteinander aus, die in eine Wechselwirkung mit all unseren verschiedenen Energieebenen tritt und sie in Richtung Gleichgewicht und Harmonie unterstützt.

Je mehr Erfahrungen Sie damit machen, anderen eine TRT-Handanwendung zu geben, desto ruhiger werden Sie, und desto mehr entwickeln Sie sich zu einem Beobachter, so daß der Mensch, mit dem Sie die TRT-Handanwendung teilen, diese Energie erfahren kann – ohne Ihre Vergleiche, Bewertungen, Urteile und Vorhersagen.

Die Hinweise und Empfehlungen für Ihre eigene Anwendung gelten auch hier. Einiges ist zusätzlich zu berücksichtigen:

- Um die TRT-Handanwendung öffentlich anzubieten, müssen Sie die Gesetze zur Ausübung der Heilkunde in Deutschland beachten.
- Bitte waschen Sie sich aus hygienischen Gründen vor der Anwendung die Hände.
- Achten Sie für beide auf eine bequeme Haltung. Am angenehmsten ist ein Massagetisch oder ein Eßtisch mit einem Stuhl, auf dem der Behandler sitzt. Eine Behandlung auf dem Sofa, dem Boden oder im Bett ist aber auch möglich.
- Verwenden Sie bei der ersten Kopfposition (siehe die Abbildung auf S. 59 ein Papiertuch. In vielen Situationen (wie etwa Schweiß in den Händen, bei einem stark geschminkten Gesicht oder zu großer Helligkeit im Raum) ist es nützlich. Außerdem ist das Gesicht sehr »ichnah«. Das Tuch wirkt als Schutz, es gibt etwas Abstand.

- Legen Sie eine Rolle aus einer Decke unter das Knie, um die Wirbelsäule zu entlasten.
- Eine Decke zum Zudecken ist oft notwendig.
- Verletzen Sie während der einzelnen Positionen nie die intimen Bereiche desjenigen, mit dem Sie eine TRT-Handanwendung teilen.
- Sie müssen Ihren Schmuck nicht ablegen, es sei denn, er stört, zum Beispiel eine laut tickende Uhr oder ein Ring, der in den Haaren hängenbleibt.
- Wählen Sie nach Möglichkeit einen ruhigen Raum. Lärm stört die Energie zwar nicht. Ruhe fördert jedoch die tiefe Entspannung, das Loslassen und die meditative Wahrnehmung. Nach Absprache können Sie begleitend Musik zur Entspannung einsetzen.
- Wenn es geht, sollten Handanwendungen beim ersten Kontakt mit der TRT an drei aufeinanderfolgenden Tagen wiederholt werden.

Dies sind für alle Grade ab dem Ersten Grad der TRT lediglich Vorschläge und Hinweise. Ich lade die Lernenden Der Radiance Technik dazu ein, ihre eigenen Erfahrungen zu machen! Trauen Sie sich, es auszuprobieren!

Positionen für sich selbst
© Dr. Barbara Ray

Kopf

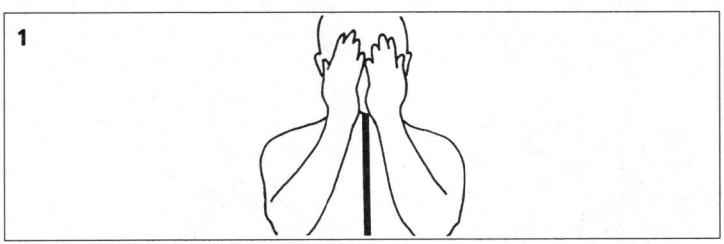

1

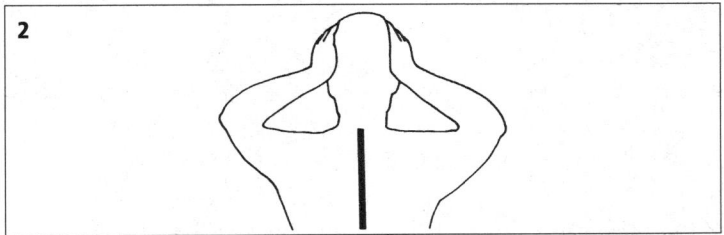

2

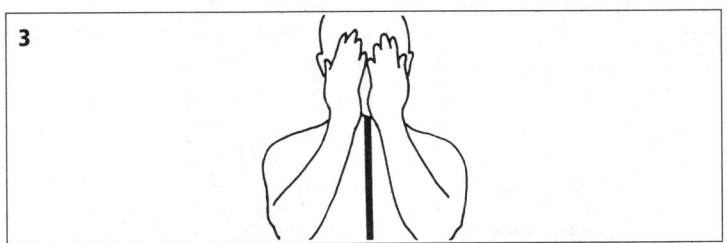

3

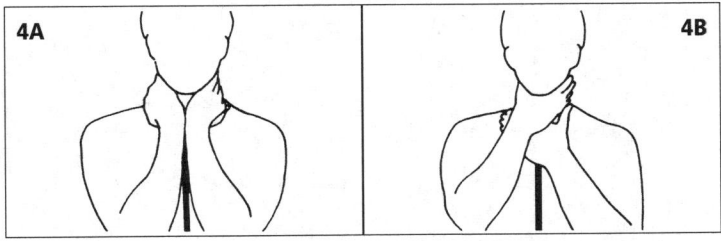

4A **4B**

Positionen für sich selbst

© Dr. Barbara Ray

Vorderseite

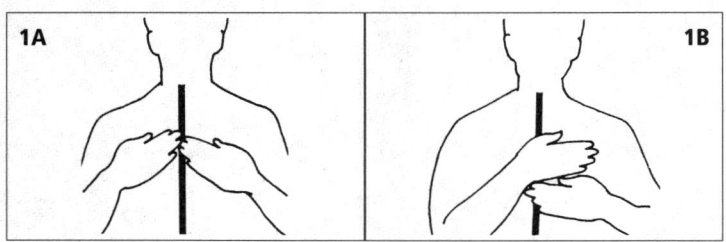

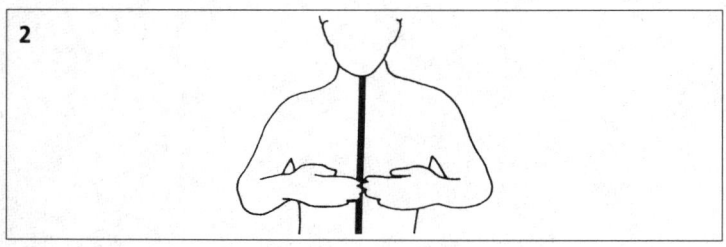

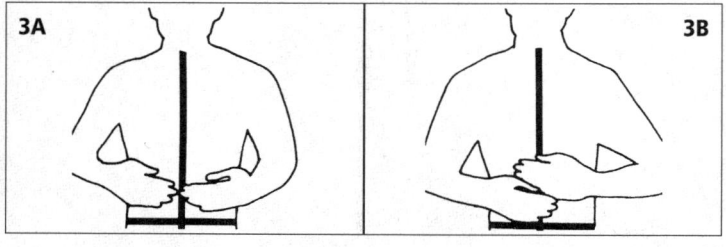

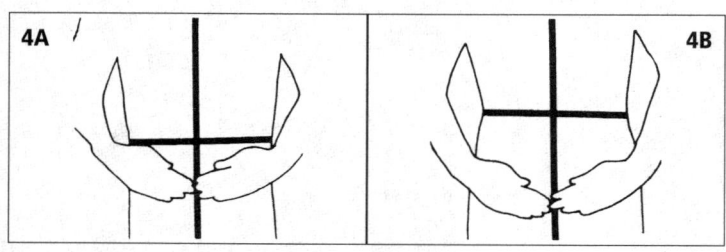

Positionen für sich selbst
© Dr. Barbara Ray

Rücken

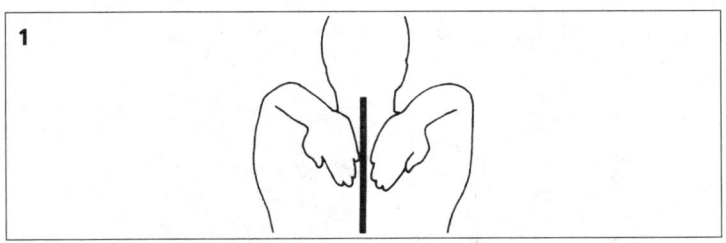

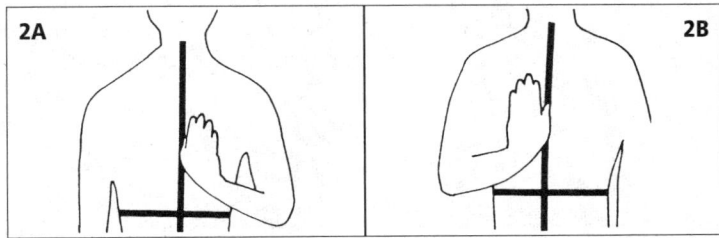

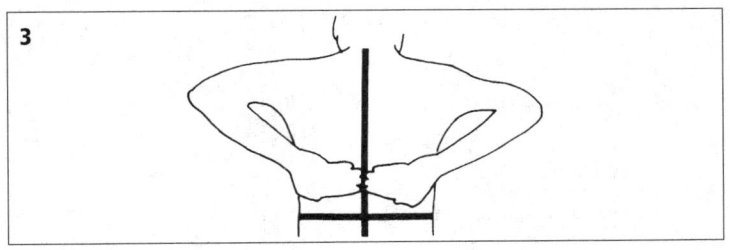

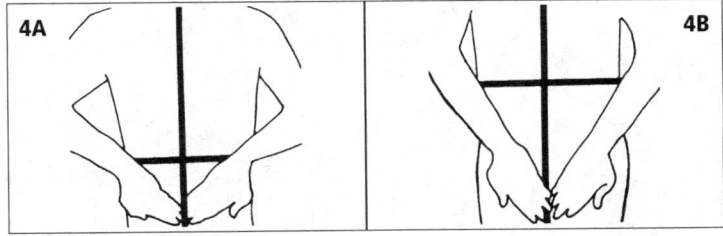

Die Auswirkungen der Handanwendungen

© Dr. Barbara Ray

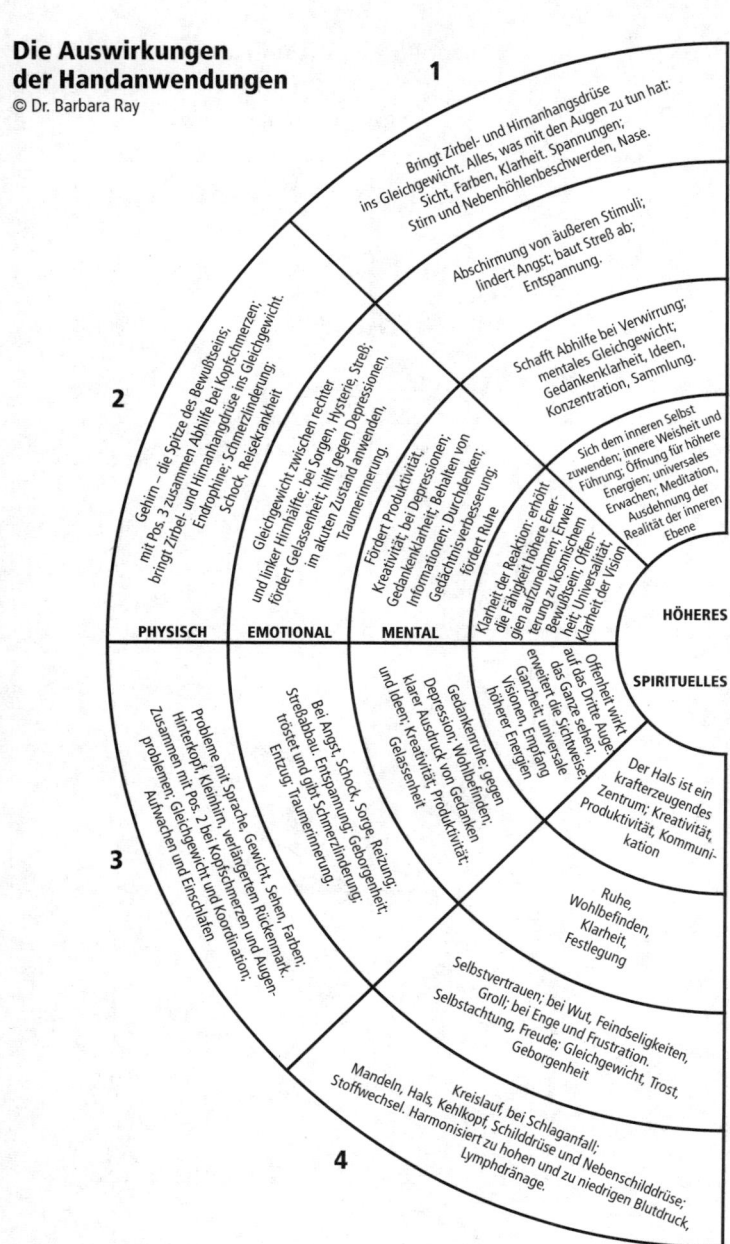

1

Bringt Zirbel- und Hirnanhangsdrüse ins Gleichgewicht. Alles, was mit den Augen zu tun hat: Sicht, Farben, Klarheit. Spannungen; Stirn und Nebenhöhlenbeschwerden, Nase.

Abschirmung von äußeren Stimuli; lindert Angst; baut Streß ab; Entspannung.

Schafft Abhilfe bei Verwirrung; mentales Gleichgewicht; Gedankenklarheit, Ideen, Konzentration, Sammlung.

Sich dem inneren Selbst zuwenden; innere Weisheit und Führung; Öffnung für höhere Energien; universales Erwachen; Meditation, Ausdehnung der Realität der inneren Ebene.

2

Gehirn – die Spitze des Bewußtseins; mit Pos. 3 zusammen Abhilfe bei Kopfschmerzen; bringt Zirbel- und Hirnanhangdrüse ins Gleichgewicht. Endorphine; Schmerzlinderung. Schock, Reisekrankheit

Gleichgewicht zwischen rechter und linker Hirnhälfte; bei Sorgen, Hysterie, Streß; fördert Gelassenheit; hilft gegen Depressionen; im akuten Zustand anwenden; Traumerinnerung.

Fördert Produktivität, Kreativität; bei Depressionen; Gedankenklarheit; Behalten von Informationen; Durchdenken; Gedächtnisverbesserung; fördert Ruhe

Klarheit der Reaktion; erhöht die Fähigkeit höhere Energien aufzunehmen; Erweiterung zu kosmischem Bewußtsein; Offenheit; Universalität; Klarheit der Vision

PHYSISCH EMOTIONAL MENTAL

HÖHERES

SPIRITUELLES

Probleme mit Sprache, Gewicht, Sehen, Farben; Hinterkopf, Kleinhirn, verlängertem Rückenmark. Zusammen mit Pos. 2 bei Kopfschmerzen und Augenproblemen; Gleichgewicht und Koordination; Aufwachen und Einschlafen

Bei Angst, Schock, Sorge, Reizung; Streßabbau. Entspannung, Geborgenheit; tröstet und gibt Schmerzlinderung; Entzug; Traumerinnerung

Gedankenruhe; gegen Depression; Wohlbefinden; klarer Ausdruck von Gedanken und Ideen; Kreativität; Produktivität; Gelassenheit

Offenheit wirkt auf das Dritte Auge; das Ganze sehen; erweitert die Sichtweise; Ganzheit, universale Visionen; Empfang höherer Energien

Der Hals ist ein krafterzeugendes Zentrum: Kreativität, Produktivität, Kommunikation

Ruhe, Wohlbefinden, Klarheit, Festlegung

Selbstvertrauen; bei Wut, Feindseligkeiten, Groll; bei Enge und Frustration. Selbstachtung, Freude; Gleichgewicht, Trost, Geborgenheit

3

Kreislauf, bei Schlaganfall; Mandeln, Hals, Kehlkopf, Schilddrüse und Nebenschilddrüse; Stoffwechsel. Harmonisiert zu hohen und zu niedrigen Blutdruck, Lymphdränage.

4

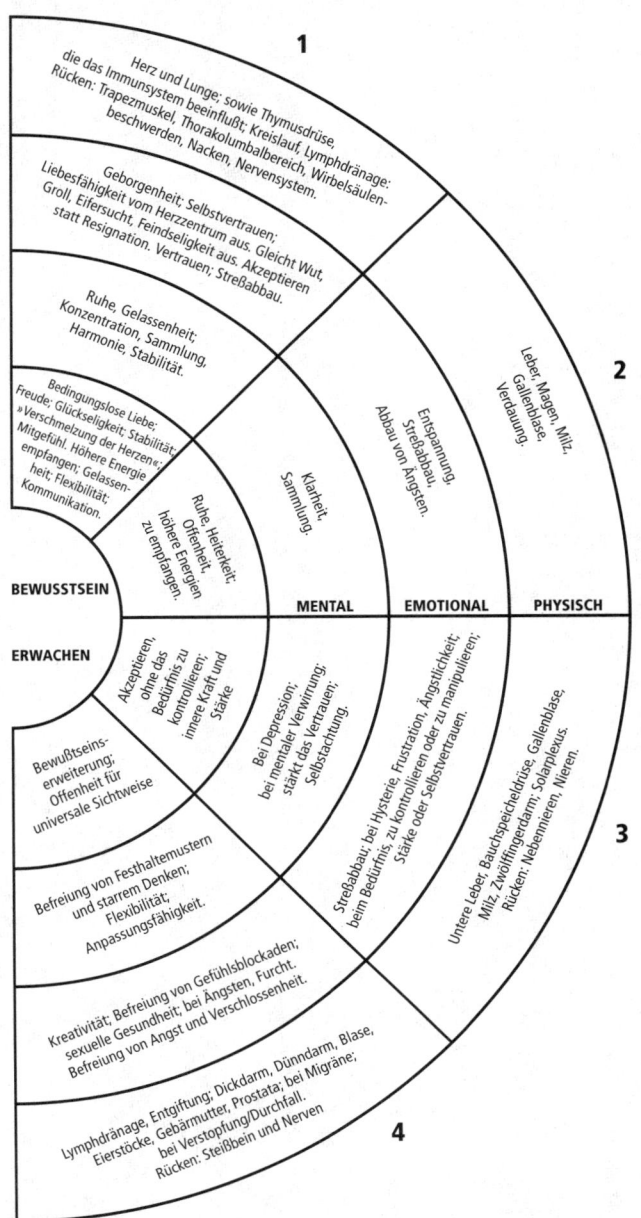

1

Herz und Lunge; sowie Thymusdrüse, die das Immunsystem beeinflußt; Kreislauf, Rücken: Trapezmuskel, Thorakolumbalbereich, Lymphdränage: beschwerden, Nacken, Nervensystem. Wirbelsäulen-

Geborgenheit; Selbstvertrauen; Liebesfähigkeit vom Herzzentrum aus. Gleicht Wut, Groll, Eifersucht, Feindseligkeit aus. Akzeptieren statt Resignation. Vertrauen; Streßabbau.

Ruhe, Gelassenheit; Konzentration, Sammlung, Harmonie, Stabilität.

Bedingungslose Liebe; Freude; Glückseligkeit; Stabilität; »Verschmelzung der Herzen«; Mitgefühl. Höhere Energie empfangen; Gelassen- heit; Flexibilität; Kommunikation.

Ruhe, Heiterkeit; Offenheit; höhere Energien zu empfangen.

Klarheit, Sammlung.

Entspannung, Streßabbau, Abbau von Ängsten.

Leber, Magen, Milz, Gallenblase, Verdauung.

2

BEWUSSTSEIN

ERWACHEN

MENTAL   **EMOTIONAL**   **PHYSISCH**

Akzeptieren, ohne das Bedürfnis zu kontrollieren; innere Kraft und Stärke

Bei Depression; bei mentaler Verwirrung; stärkt das Vertrauen; Selbstachtung.

Streßabbau; bei Hysterie, Frustration, Ängstlichkeit; beim Bedürfnis, zu kontrollieren oder zu manipulieren; Stärke oder Selbstvertrauen.

Untere Leber, Bauchspeicheldrüse, Gallenblase, Milz, Zwölffingerdarm; Solarplexus. Rücken: Nebennieren, Nieren.

Bewußtseins- erweiterung; Offenheit für universale Sichtweise

3

Befreiung von Festhaltemustern und starrem Denken; Flexibilität; Anpassungsfähigkeit.

Kreativität; Befreiung von Gefühlsblockaden; sexuelle Gesundheit; bei Ängsten, Furcht. Befreiung von Angst und Verschlossenheit.

Lymphdränage, Entgiftung; Dickdarm, Dünndarm, Blase, Eierstöcke, Gebärmutter, Prostata; bei Migräne; bei Verstopfung/Durchfall. Rücken: Steißbein und Nerven

4

Teil II

Die Radiance Technik: Erfahrungswissen und Anwendungsmöglichkeiten

Alles, was ich hier über die verschiedenen Anwendungen Der Radiance Technik schreibe, basiert auf meinem ernsthaften und tiefgreifenden Studium der TRT. Dabei nutzte ich vor allem das *Expanded Reference Manual* (Exp. R. M.) als Unterstützung, und ich machte viele positive Erfahrungen mit den darin enthaltenen Anwendungsvorschlägen. Mit der freundlichen Genehmigung von Dr. Barbara Ray sind hier zahlreiche Stichworte aus diesem Werk erstmalig ins Deutsche übersetzt.

Die Radiance Technik
speziell für Ihren Alltag

Wir sprachen bereits davon, daß Die Radiance Technik uns Zugang zu universaler transzendentaler Energie gibt, die alles Leben und Wachstum unterstützt, uns energetisch auflädt und ausgleicht. Somit bietet uns die Anwendung der TRT viele praktische Vorteile: Wir fühlen uns weniger ausgelaugt, sind ruhiger, behalten eher die Übersicht, wissen leichter, was wir wirklich wollen, und erleben mehr Freude. Wir können die TRT buchstäblich in jeder Situation unseres Alltags anwenden. Es gibt keinen Bereich in unserem Leben, den wir damit nicht unterstützen könnten. Dabei müssen wir uns wie gesagt nicht starr an »feste Regeln« halten, vielmehr steht uns eine große Zahl von Möglichkeiten zur Verfügung!

Die TRT im Beruf

Stellen Sie sich eine Berufswelt voller Radiant Energie vor: die Bankkassiererin, die Geldscheine mit universaler Lebenskraft versorgt; der Therapeut, der seine Klienten mit dieser Energie unterstützt; die Sekretärin, die ihren Kollegen damit hilft; der Bäcker, der sein Brot zusätzlich mit universaler Energie backt; der Finanzbeamte, der die Akten mit der Energie auflädt; der Gärtner und der Tierpfleger, die Pflanzen und Tiere mit universaler Energie unterstützen ... Es bestehen noch viele Veränderungsmöglichkeiten in Richtung Heilung und Ganzheit für uns Menschen auf dieser Erde!

Viele der im folgenden beschriebenen Ideen sind dem Buch

The Radiance Technique On The Job von Fred W. Wright entnommen. Eine weitere Grundlage lieferten meine eigenen Erfahrungen im Berufsalltag.

Dem Phänomenen des Streß und der Streßbewältigung mit der TRT, ein wichtiges Thema für alle Berufsgruppen, für jede Art von Beschäftigung und für alle Altersgruppen, ist ein Extrakapitel gewidmet.

Ich kann mir ein Berufsleben ohne TRT nicht mehr vorstellen. Morgens beginne ich mit einer TRT-Handanwendung in Verbindung mit Einstimmungen, um mich auf meinen Tag vorzubereiten. Den Tag über verwende ich – gleich, was ich mache, ob ich telefoniere, am Computer sitze und schreibe oder mit Klienten arbeite – meine Radiant Hände und die kosmischen Symbole. Meistens habe ich eine Hand frei und kann sie zum Beispiel auf mein Herzzentrum (Vorderseite, Position 1) legen. Man benötigt keine Vorbereitung und muß sich nicht in ein anderes Bewußtseinsstadium begeben, um den Radiant Touch sofort für sich zu nutzen. Ich bereite meine Seminare, Vorträge und Gespräche vor, indem ich außer dem Ausarbeiten von Konzepten Energie vorher darauf ausrichte. Auf meinen Reisen nutze ich TRT im Zug, Flugzeug, in Bussen und U-Bahnen. Es gibt unzählige Möglichkeiten. Einige Hinweise werden Sie hier finden. Auf jeden Fall wird ein Tor zu mehr Phantasie geöffnet. Stellen Sie sich vor: Es gibt nichts, was nicht möglich ist!

Kommunikation

Wir leben in einer Zeit, in der sich die Kommunikationsmöglichkeiten ständig erweitern. Wir kommunizieren persönlich von Mensch zu Mensch in der Familie, im Freundeskreis und im Beruf, wobei wir verschiedene Hilfsmittel verwenden können, etwa das Telefon oder den Brief. Weiterhin nutzen wir Bücher, Zeitungen, Zeitschriften, Tonträger, Radio, Fernseher, Computer, verschiedene Datennetze oder das Internet als Medium, um mit Menschen zu kommunizieren, die wir persönlich nicht kennen. Wir wollen sie mit unseren Botschaften erreichen und verfolgen dabei ganz unterschiedliche Ziele. In jedem Beruf haben wir mit einem oder mehrerer dieser Kommunikationsmittel zu tun und tauschen uns darüber mit immer mehr Menschen aus. Wie wäre es, gleichzeitig mit Hilfe der TRT universale Lebenskraftenergie zu kommunizieren?

Ich habe in den letzten Jahren viel über Kommunikation auf den verschiedenen Ebenen gelernt. Man kann liebevolle Worte verwenden und damit aggressive Energien transportieren. Man kann in einer Weise ja sagen, daß klar wird, es ist ein Nein gemeint. Auch kann man mit seinem Körper Ablehnung ausdrücken und gleichzeitig zugewandte Worte sagen oder umgekehrt. Kommunikation ist sehr vielschichtig. Sie ist Kontakt untereinander.

Mein Vater sagte früher oft zu mir: »Ulrike, der Ton macht die Musik«, wenn ich wieder mal einer Sache in einem gelangweilten oder auch aggressiven Ton zugestimmt hatte, obwohl ich eigentlich hätte absagen wollen. Mir ging es lediglich darum, ihn zufriedenzustellen, damit er mich in Ruhe läßt. Ich habe lange gebraucht, um zu verstehen und wirklich zu wissen, was er gemeint hat: Die Schwingung ist es, auf die es ankommt und die auf unser Gegenüber wirkt. Ein falscher Ton verändert die Musik!

Viele von uns haben als Kinder unter solchen widersprüchlichen Botschaften, die in der Psychologie »Doppelbindung« genannt werden, gelitten: Die Eltern oder andere Menschen, die uns erzogen haben, sagten etwas anderes, als sie meinten. Kinder hören die Schwingung noch viel klarer als Erwachsene und sind verwirrt, sie erleben den Widerspruch als Spannung und reagieren auf die unterschiedlichste Art und Weise darauf.

Es ist ein Prozeß, der längere Zeit in Anspruch nimmt, wenn man die vielen persönlichen Ebenen kennenlernen und sich selbst in die Lage versetzen möchte, ehrlich, aufrichtig und integer in der eigenen Kommunikation zu sein. Es bedeutet, das zu sagen und mit der Stimme sowie der Körperhaltung das auszudrücken, was von innen kommt und wirklich gemeint ist. Es bedeutet auch, authentisch, echt zu sein. Im Laufe dieses Prozesses hat sich die Kommunikation mit meinen Mitmenschen, Freunden und Freundinnen sehr verändert. Auch die Kommunikation mit mir selbst – meinem höheren, inneren, wahren Selbst – ist klarer und direkter geworden.

Dr. Barbara Ray begleitet uns bei diesem Prozeß auf allen Ebenen unseres Wesens mit dem Stichwort zur Kommunikation im Exp. R. M. Außerdem finden wir unter dem Stichwort »Musik« etwas sehr Wichtiges in bezug auf unsere inneren Ohren:

»*Kommunikation* – Kommunikation ist Ihre Interaktion, die den Austausch von Gedanken, Ideen und Informationen herbeiführt. Kommunikation wird über die Schwingung des Klanges des Kehlkopfzentrums (siehe die Abbildungen der Chakren auf S. 72 und Kopfpositionen 4 auf S. 59) hinaus erfahren. Jeder Ihrer Aspekte dehnt Ihre Kommunikation aus. Ihr gesamtes Wesen ist eine Geste der Kommunikation – Ihr Körper, Teile Ihres Körpers, wie die Augen, Ihre Gefühle, Ihre Gedanken, Ihre bewußten Handlungen. Viele Ihrer Aspekte erweitern Ihre Kommunikation und Wechselwirkung über den Einfluß Ihres Kehlkopfzentrums hinaus. Die TRT-Handanwendung gleicht Sie aus und unterstützt Ihre Klarheit in der Kommunikation. Um Ihre bewußte und liebevolle Kommunikation zu vertiefen, verbringen Sie längere Zeit mit Ihren Händen auf dem Herzzentrum, während Sie sprechen und mit anderen in Kontakt treten. Um Kreativität in Ihrer Kommunikation zu erweitern, kombinieren Sie Positionen, indem Sie eine Hand auf Ihr Kehlkopfzentrum und die andere auf Ihr Herzzentrum legen. Wenn Sie Angst vor Kommunikation haben, verbringen Sie extra 15 bis 30 Minuten auf dem Solarplexus, der Vorderseitenposition 3. In Ihrem erwachenden Bewußtsein wird Ihre tiefere innere Kommunikation mit Ihrem wahren Selbst durch die TRT-Anwendung auf jeder Ebene erweitert. Die innere Kommunikation Der Radiance Technik, einer Wissenschaft innerer Ebenen, geschieht durch die Schwingung der Symbole.« (S. 23)

»*Musik* – Im höheren Bewußtsein können transzendentale Schwingungen vom inneren Ohr gehört werden, wenn Sie dafür wacher werden und ein Meister in der Unterscheidung von Licht-Schwingungen des Ganzen geworden sind, die für die äußeren Ohren unhörbar sind. Diese Klänge – diese stimmlichen Schwingungen des universalen Lichtes – sind die strahlende, heilende/ganzmachende Kraft der harmonischen Ausrichtung der Teile auf das Ganze. Vor nahezu 24 Jahrhunderten hat der griechische Philosoph Plato, ein Initiierter der ägyptischen Mysterienschulen des Lichtes, sich in die ›Musik der Sphären‹ auf diesen kosmischen, transzendentalen, strahlenden Klang, der mit dem Lebensstoff des Universums verwoben ist, bezogen. Verwenden Sie die TRT-Kopfpositionen 1, 2 und 3 sowie die Vorderseitenposition 1 kürzere oder längere Zeit.« (S. 72)

Sprechen

Ein wichtiger Bereich meines Berufes und vieler anderer Berufsgruppen ist das Sprechen. Beim Telefonieren beispielsweise lege ich mir eine Hand auf mein Kehlkopfzentrum (Kopfposition 4, siehe S. 59) und »mache« innerlich universale Symbole, in Gesprächen mit Klienten verwende ich die Symbole ausschließlich auf den inneren Ebenen. Auf diese Weise bringe ich die universale Energie in die Gespräche mit hinein, die auf einzigartige Weise zu einer liebevollen und akzeptierenden Atmosphäre beiträgt, in der vieles möglich wird, was scheinbar unmöglich war. Mir fällt es zusätzlich leichter, in meinem Zentrum zu bleiben und Klarheit zu gewinnen. Ich erfahre zunehmend mehr, was Dr. Ray im Exp. R. M. zum Kehlkopfzentrum schreibt.

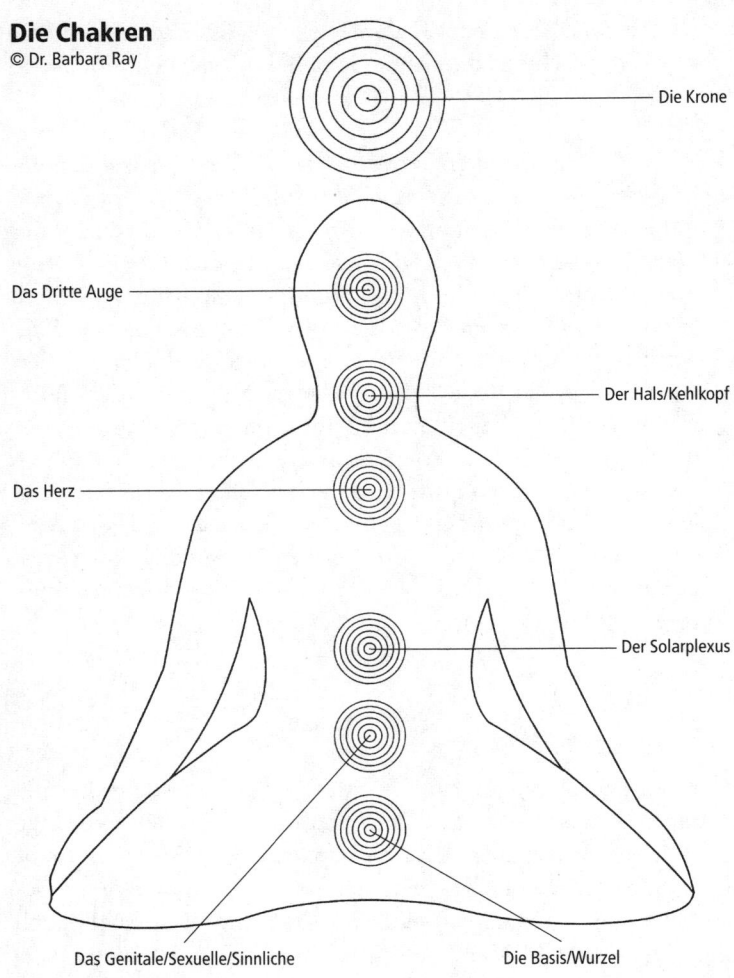

Die Chakren
© Dr. Barbara Ray

Die Krone

Das Dritte Auge

Der Hals/Kehlkopf

Das Herz

Der Solarplexus

Das Genitale/Sexuelle/Sinnliche

Die Basis/Wurzel

Dieses Modell zeigt die sieben Hauptenergiezentren/Chakren.
Die Energiezentren haben Verbindungen zur körperlichen, emotionalen,
mentalen und zu den inneren Ebenen. Alle Chakren unterscheiden sich
bezogen auf ihre Energie und sind einem bestimmten Bereich auf der
körperlichen Ebene zugeordnet. Gleichzeitig sind sie als Energieformen
jedoch nicht auf den Körper begrenzt. © Dr. Barbara Ray

»*Kehlkopfzentrum* – Eines der sieben Hauptschwingungs-
zentren innerer Ebenen, das in einer Wechselbeziehung mit
dem physischen Bereich der Kehle steht und sich über ihn
ausdrückt und ausstrahlt. Das Kehlkopfzentrum ist eines der
kraftvollsten, bezogen auf äußeren Ausdruck, denn Sie sprechen oft – zum Beispiel indem Sie den Atem nutzen, um eine
bestimmte Schwingung in diese Welt und die Umgebung, die
Sie und andere umgibt, zu bringen. Sie kreieren mit Worten
Energie mit, die, von *Ihrem Kehlkopfzentrum* ausgehend, wei-
terströmt und alle Dinge außerhalb berührt. Um die Energie
hinter Ihren Worten und mündlichen Äußerungen wie zum
Beispiel Singen mit Radiance umzuwandeln und zu unterstützen, nutzen Sie die Kopfpositionen 4 längere Zeit.« (S.
107)

»*Sprechen* – ist eine Interaktion der Schwingung aus Ihrem
Inneren durch eines Ihrer sieben Hauptenergiezentren oder
Chakren jedesmal, wenn Sie sprechen. Sie können durch Ihr
Kehlkopfzentrum mit der Welt das kommunizieren, was Sie
sagen wollen. Erweitern Sie die Ganzheit in Ihrem gesamten
Prozeß des Sprechens auf natürliche Weise durch Ihre täglichen TRT-Anwendungen. Um die Radiant Kraft innerhalb
Ihrer stimmlichen Resonanz zu unterstützen, probieren Sie
auch aus, mit einer Hand auf Ihrem Kehlkopfzentrum und
der anderen Hand entweder auf dem Herzzentrum oder Solarplexus zu sprechen.« (S. 100)

Wir sprechen, atmen, singen und tauschen auf diese Weise Energie mit unserer Umgebung aus. Beim Sprechen möchten wir etwas Bestimmtes sagen, etwas ausdrücken. Wir suchen Worte,
die am besten das transportieren, was in uns ist, denn Worte
transportieren Energie. Wie gesagt: Manchmal hören wir Worte
und empfinden gleichzeitig etwas anderes. Die Worte stimmen
mit der Energie hinter den Worten nicht überein. Die TRT-Anwendungen haben mich sehr sensibel für die Energien hinter

den Worten gemacht. Ich »höre« die Schwingung sowohl bei mir selbst als auch bei anderen klarer.

Eine der tiefsten Erfahrungen mit der Energie hinter den Worten habe ich während der Übersetzung bzw. Überarbeitung von Dr. Barbara Rays Buch *The Authentic Reiki – Der ›Reiki‹ Faktor in Der Radiance Technik* (TAR) gemacht. Als ich 1991 begann, zu Seminaren von Dr. Ray in die USA zu reisen, konnte ich lediglich etwas Schulenglisch. Und auch das war durch eine kräftige Blockade für mich nicht erreichbar. Ich fuhr hin, verstand fast nichts und konnte mich kaum verständigen. Während der Seminare arbeitete ich dann aber mit der TRT, legte mir die Hände auf, »machte« die kosmischen Symbole und Einstimmungen und »lauschte« auf die Energie. Manchmal »verstand« ich plötzlich einen Satz oder einige Wörter. Ich merkte, alles für mich Wichtige bekam auch deutsche Begriffe. Außerdem erfuhr ich, daß nichts mehr lief, sobald ich meinen Verstand einschaltete und krampfhaft übersetzen wollte. Auf diese Weise lernte ich, der Energie hinter den Worten zuzuhören. Von Jahr zu Jahr wurde mein Englisch besser, und ich entdeckte deutsche Worte für die Energie, die Dr. Ray mit ihren Worten ausströmen ließ.

Selbstverständlich war mir mein Schulenglisch eine Hilfe. Meine Erfahrung des Wiedererlernens dieser Sprache ist vergleichbar mit der Sprachentwicklung eines Kindes. Ein Kind hört die Worte, versteht die Energie und lernt erst viel später das Sprechen. Inzwischen übersetze ich Seminare und war beteiligt an der Übersetzung bzw. Überarbeitung ihres ersten Buches für den deutschen Sprachraum (TAR). Während der Arbeit daran wiederholte sich der Vorgang. Sobald ich versuchte, mit meinem Verstand zu übersetzen, wurde der Fluß unterbrochen, der Fluß der Energie. Ich empfand, verspürte die Energie und fand dann deutsche Worte dafür. Meine Kollegin Margarete Keppel machte es sehr ähnlich. Auf diese Weise ist eine Übersetzung entstanden, die so viel von der Energie hinter den Worten transportiert, wie wir zu erfassen in der Lage waren.

Die Energie hinter den Worten ist das eigentliche Wort, der Sinn. Es ist das, was wir kommunizieren. Mit der TRT haben wir ein einfaches Mittel, die Energie hinter den Worten zu klären und so mit unseren Worten klar und direkt zu sein.

Wir sprechen ständig miteinander, tauschen Informationen aus. Probieren Sie es mit TRT. Es ist eine Entdeckungsreise.

Schreiben

Viele Menschen haben in ihrem Beruf mit dem Schreiben zu tun – von der Schreibkraft im Büro bis zum Schriftsteller und Journalisten. Schreiben ist eine weitere wichtige Kommunikationsform, wie Dr. Ray im Exp. R. M. ausführt, und keineswegs nur eine mentale Tätigkeit:

»*Schreiben* – Diese kreative Fertigkeit hat viele äußere Formen und ist tief mit dem verbunden, was in Ihnen geschieht. Ob Sie Ihr Tagebuch für sich selbst oder eine Geschichte für andere schreiben, die Energie Ihrer mentalen Ebene ist beim Schreiben lediglich ein Aspekt Ihrer kreativen Kapazität. Durch das Schreiben kommunizieren Sie mit Worten; und die Energie hinter den Worten, die Sie wählen, ist wichtig für Sie und für Ihre Leser. Vertiefen Sie Ihre Bewußtheit der inneren Bedeutung – bezogen auf Energie – Ihrer Wortwahl, während Sie Die Radiance Technik täglich anwenden. Sie können durch die Meditation mit den Kopfpositionen 2 und 3 (siehe die Abbildung auf S. 59), Vorderseitenpositionen 1 und 3 sowie der Rückenpositionen 3 das erforschen, was sich hinter der äußeren Form Ihres Schreibens befindet.« (S. 116)

Wir können Energie auf verschiedene Weise durch das geschriebene Wort transportieren. Vielleicht haben Sie selbst schon die Erfahrung gemacht, daß Sie manche Briefe lieber in Empfang nehmen als andere, ohne ihren Inhalt zu kennen. Ich selbst nehme die Briefe, die ich schreibe, in meine Hände, arbeite mit den kosmischen Symbolen und Einstimmungen, bevor ich sie abschicke. Auf diese Weise können zum Beispiel auch Schreibkräfte, die ein TRT-Seminar besucht haben, mit dazu beitragen, daß Briefe – gleich, welchen Inhalts – zusätzlich universale Energie transportieren. Auch beim Schreiben dieses Buches war das Nutzen der TRT eine unschätzbare Hilfe.

Ich verwendete meine Radiant Hände, die kosmischen Symbole und Einstimmungen sowohl, um mich auf das Schreiben vorzubereiten, als auch während des gesamten kreativen Prozesses und anschließend in der Zeit des Überarbeitens. Meine wichtigsten Erfahrungen waren die erlebbare Steigerung meiner Kreativität und Intuition. Manchmal empfand ich es so, als ob das Buch sich von selbst schreibt. Ich »fand« die Ideen, die mir richtig erscheinenden Worte, die Textstellen, die dazu passenden Erfahrungen und die Reihenfolge – es war, »wie wenn sich ein Faden abspult, ich mit etwas Größerem verbunden bin – als ob ich ein Instrument für etwas bin«. Außerdem hat die TRT mir enorm geholfen in der Zeit des dauernden Überarbeitens, die die Ausdauer und den Mut nicht zu verlieren – ja, sie half mir, diese Qualitäten noch zu steigern.

Kreativität

In allen Lebensbereichen benötigen wir Kreativität. Die meisten Menschen denken, Kreativität sei lediglich etwas für Künstler. Meine Erfahrung ist anders. Ich erlebe meine Kreativität und meine Intuition in den unterschiedlichsten Situationen, vom Wohnungputzen über das Kochen bis hin zu dem Vorbereiten von Konzepten für Vorträge und Seminare, in der Arbeit mit den Klienten und jetzt beim Schreiben dieses Buches. Mit Kreativität und Intuition etwas schaffen ist für mich wie schwanger sein und gebären. Wir gehen mit Ideen schwanger, lassen sie wachsen, lassen uns auf etwas Neues, etwas Unbekanntes ein

und wissen nie, was dabei letztendlich herauskommt. Irgendwann in dem kürzeren oder längeren Prozeß wird die anfängliche Idee manifest. Manches geht sehr schnell, anderes dauert länger. Die längeren Prozesse sind oft etwas schwieriger, da unsere Widerstände größer sind und wir mehr Disziplin und Durchhaltevermögen benötigen.

In jedem Abschnitt solch eines kreativen Prozesses ist die TRT für mich eine unbezahlbare Unterstützung. Sie hilft mir, Ausgeglichenheit und Ruhe zu finden. Außerdem unterstützt sie mich dabei, die vielen Widerstände zu überwinden, und in Situationen, in denen ich sehr lange auf den »richtigen« Einfall warten muß. Der Zugang und das Vertrauen in meine Kreativität und Intuition sind mir zunehmend deutlicher geworden. Im Laufe der letzten Jahre habe ich gelernt, daß ich mich auf sie wirklich verlassen kann. Ich muß lediglich Bedingungen schaffen, unter denen ich sie wahrzunehmen vermag. Die TRT-Anwendungen sind dabei das Effektivste, was ich bisher gefunden habe.

Dr. Barbara Ray gibt folgende Hinweise im Exp. R. M. zu Kreativität und Intuition und wie wir sie mit der TRT fördern können:

»*Kreativität* – Eines der Merkmale von Gesundheit, positivem Wohlbefinden, Ausgeglichenheit und Ganzheit offenbart sich in den für uns natürlichen Energien. Wenn wir negativ stark gestreßt sind, ist unser kreativer Fluß gewöhnlich blockiert, und davon ist unser ganzes Wesen betroffen. Eine ganze TRT-Handanwendung täglich befähigt Sie, Ihre natürliche Kreativität voll zu erfahren und energieabziehende Barrieren in bezug auf Ihren eigenen Sinn für Wohlsein und Ganzheit zu vermeiden. Wann immer Sie an Projekten in der Firma oder zu Hause arbeiten, wenden Sie Kopfposition 2 und 3 (siehe Abbildung auf S. 59) sowie Rückenposition 3 an, um die Kapazität für Kreativität auszugleichen und zu unterstützen. Experimentieren Sie auch mit einer Kombination: eine Hand auf dem Dritten Auge (Kopfposition 1) und die andere auf dem Herzzentrum (Vorderseitenposition 1). Erforschen Sie auch die Kopfposition 4, um die Qualitäten von ›Nichtschädigen‹ mit Ihrem Kehlkopfzentrum zu steigern. Um tiefer für Ihre Kreativität auf allen Ebenen wach zu werden, meditieren Sie längere Zeit, während Sie diese strahlende und unterstützende Energie auf allen vier Kopfpositionen und zusätzlich länger auf dem Herzzentrum anwenden.« (S. 25)

»*Intuitive Ebene* – ist ein Teil Ihres Wesens mit einer anderen und höheren Schwingung als die mentale Ebene. Sie gibt uns Einsichten und eine Art Wissen ohne bewußte Begründungen oder Denkprozesse. Im höheren Bewußtsein ist diese Ebene weiter ausgedehnt, formloser und weniger begrenzend als die physische, emotionale und mentale Ebene, und sie funktioniert anders in Übereinstimmung mit ihrer ihr innewohnenden Natur. Die intuitive Energie ist Teil des Ganzen und wird durch die Radiance der universalen Energie, die durch Die Radiance Technik zugänglich gemacht wird, unterstützt und ausgedehnt. Um die Wahrnehmung Ihrer intuitiven Kräfte zu schärfen, wenden Sie für ein paar Minuten oder längere Zeit besonders die Kopfpositionen 2 und 3 an.« (S. 57)

Arbeiten am Computer

Wir können uns unsere Arbeitswelt nicht mehr ohne Computer vorstellen. Zahlreiche Menschen arbeiten viele Stunden des Tages mit diesem Instrument. Dabei kann es zu Haltungsschäden und vor allen Dingen zu Sehproblemen kommen. Wir sind oft gezwungen, über Stunden auf den Bildschirm zu starren. Wir vergessen, daß es noch andere Dinge gibt als den Monitor oder den Cursor. Manchmal ist es wie verhext. Es scheint so, als ob der Computer Macht über uns hätte, er uns benutzte und wir nicht länger ihn.

Durch die Arbeit am Computer sind wir auch gezwungen, oft lange Zeit in einem bestimmten Abstand zu sehen. Das ist äußerst anstrengend für die Augen. Unsere Augen entspannen sich beim Schauen in die Ferne. In der Nähe sind unter anderem die Ziliarmuskeln angespannt, und längere Anspannung führt zu Sehstreß. Es ist auffällig, daß weitaus mehr Menschen als früher eine Kurzsichtigkeit ab Mitte Zwanzig oder Anfang Dreißig entwickeln, denn immer mehr Menschen arbeiten am Computer oder an vergleichbaren Arbeitsplätzen. Aus Streß und erhöhtem Druck wird vergessen, den Blick zwischendurch in die Ferne schweifen zu lassen, um die Augen zu entspannen. Aus diesem angestrengten Sehverhalten kann eine Kurzsichtigkeit resultieren. Mehr als 50 Prozent der Menschen haben inzwischen Sehprobleme. Trägt die »falsche« Art, unsere Augen zu benutzen, zu der Verschlechterung des Sehens bei? Es ist nicht unwahrscheinlich! In unserer heutigen Arbeitswelt brauchen wir die Computer. Es geht hier nicht darum, sie grundsätzlich abzulehnen, sondern die Bedeutung der richtigen und natürlichen Nutzung der Augen an PC-Arbeitsplätzen herauszustellen und dafür gute und sinnvolle Methoden wie die TRT anzubieten. Nach den Arbeitsschutzbestimmungen in der EU und in Deutschland für Computerarbeitsplätze stehen jedem Menschen an einem PC-Arbeitsplatz fünf Minuten Pause pro Stunde zu. Nutzen Sie diese Pausen sinnvoll für sich!

79

Nach meiner Erfahrung hat der Computer eine eigene Schwingung, die auf uns wirkt. Für mich ist es sehr hilfreich, ab und zu aufzustehen, meine Hände auf das Herzzentrum zu legen und eine Übung zu machen, die Dr. Ray »Zentrieren mit dem Universum« genannt hat und im HB d TRT beschrieben steht. Es ist ein ganz natürliches Recken und Strecken – dem Universum entgegen.

»Zentrieren mit dem Universum« – als Sehübung am Computerarbeitsplatz

Sie beginnen mit Ihren Händen auf dem Herzzentrum, schließen einen Moment Ihre Augen, um sich etwas zu sammeln und die Energie unter Ihren Händen wahrzunehmen. Dann nehmen Sie die Handflächen vor sich zusammen und führen sie vom Herzzentrum über das Kehlkopfzentrum und das Dritte Auge bis zum Kronenzentrum oberhalb des Scheitels Ihres Kopfes. Dort falten Sie Ihre Hände, bringen die Handinnenflächen nach außen und strecken sie, so weit Sie können, dem Universum entgegen und tauschen so mit dem Universum Energie aus.

Ganz nebenbei recken und strecken Sie Ihren gesamten Körper. Manchmal kommt es dabei zu einem spontanen Gähnen, lassen Sie es ruhig zu. Es entspannt den ganzen Körper, und zusätzlich ist das Gähnen gut für Ihre Augen.

Dann bringen Sie Ihre Handflächen wieder zusammen und führen Ihre Hände bewußt zum Herzzentrum zurück. Machen Sie die Übung dreimal hintereinander. Es dauert höchstens einige wenige Minuten. Sie können sie sowohl im Sitzen direkt an Ihrem Arbeitsplatz als auch im Stehen durchführen

Weitere Sehübungen für Computerarbeitsplätze

- Der Radiant Touch der Kopfposition 1 ist eine der wichtigsten Sehübungen, die ich kenne. Sie ähnelt dem Palmieren.* Legen Sie Ihre Hände auf Ihre geschlossenen Augen, und stellen Sie sich vor, wie Ihre Augen sich entspannen können. Lassen Sie sie einfach in ihre dunklen Höhlen fallen, die Ihren Augen Schutz und Geborgenheit bieten. Nehmen Sie sich ein paar Minuten. Sie brauchen dazu nicht einmal Ihren Arbeitsplatz zu verlassen.

- Machen Sie es sich zur Gewohnheit, Ihren Blick, sooft es geht, in die Ferne schweifen zu lassen. Denken Sie einfach einen Moment nach. Anstatt auf den Computer zu starren, nutzen Sie diesen Augenblick und lassen Ihren Blick in der Ferne ruhen. Manchmal ist es am Anfang unbequem, da Sie vielleicht in der Ferne und dann auch wieder in der Nähe einige Zeit benötigen, um wieder deutlich zu sehen. Es ist zunächst alles verschwommen. Das ändert sich in der Regel nach einiger Zeit. Es ist, als ob Sie mit Ihren Augen etwas Sport treiben. Muskeln und Sehnen, die lange nur einseitig genutzt wurden, brauchen etwas Zeit, um ihre Beweglichkeit wiederzuerlangen.
- Beim Nachdenken legen Sie Ihre Hände auf den Hinterkopf (Kopfposition 3). Schließen Sie entweder die Augen oder lassen Sie den Blick in der Ferne ruhen, starren Sie auf keinen Fall auf den Computer. Er hat keine Antworten! Mit dieser Position unterstützten Sie Ihre Augen und fördern Ihre Intuition.

Bewegen Sie sich ab und zu, stehen Sie auf, machen Sie eine von den Übungen, die Sie hier oder in den weiteren Abschnitten finden. Entfernen Sie sich hin und wieder aus der Nähe des Computers, um aus seinem Energiefeld herauszukommen.

Untersuchungen haben ergeben, daß solche kleinen Übungen, die jeweils lediglich wenige Minuten Zeit beanspruchen,

---

* = Das Palmieren (vom lateinischen *palma* = »flache Hand«) ist eine therapeutische Maßnahme, bei der beide Augen mit den Handflächen bedeckt werden (siehe auch S. 130).

die Effektivität fördern. Wir denken oft, daß wir uns gerade jetzt keine noch so kleine Pause leisten können. Das Gegenteil ist der Fall. Wir müssen sie machen, um unsere Konzentrationsfähigkeit und damit unsere Effektivität zu steigern. Nutzen Sie in diesen Pausen den Radiant Touch der TRT.

Weitere Hinweise zum Sehen finden Sie im Abschnitt über die Erfahrungen mit der TRT in meiner Praxis als Sehlehrerin, Sehtherapeutin und Lebensberaterin (ab. S. 127)

Dienstleistungen

»*Service Dienst* – bezieht sich auf Handlungen, die Aktivitäten unterstützen, etwas erreichbar machen, helfen und anderen etwas geben. Es gibt auf der Welt viele Arten von Dienstleistungen und viele Wege zu dienen. Beim Anbieten und Austauschen von Dienstleistungen auf den äußeren Ebenen ist die Energie, mit der das getan wird, sehr wichtig. Verwenden Sie Die Radiance Technik, um die Qualität zu unterstützen und um strahlend die Dienstleistungen zu unterstützen, die Sie anbieten, genauso wie die, die Sie dauernd erhalten. Es gibt auch einen höheren Dienst einer inneren Qualität. In dem täglichen Gebrauch Der Radiance Technik gibt es zahllose Wege, wie Sie dieses universale Strahlen als einen Akt des selbstlosen Dienstes ausrichten können, der frei ist von den Forderungen des Ego, bemerkt zu werden. Sie können in Ganzheit dienen und wirklich ein Lichtträger werden in Ihrem sich öffnenden Wachstumsprozeß des täglichen Lebens.« (Exp. R. M., S. 99)

In allen sozialen Berufen – als Krankenschwestern, Ärzte, Sozialarbeiter bis hin zu Psycho- und Physiotherapeuten – hat man mit Menschen zu tun, die Hilfe benötigen. Es handelt sich um Tätigkeiten, in denen es oft schwierig ist, die eigenen Grenzen zu finden und sie dann auch zu setzen. Wir verlieren den natürlichen Zugang zu uns selbst, passen uns den äußeren Anforderungen weit über unsere Grenzen hinaus an. Oft sind wir nach einiger Zeit dann so ausgebrannt, daß wir uns nur noch umdrehen und alles »abschneiden« könnten.

Die täglichen Anwendungen der TRT helfen uns dabei, die eigenen Grenzen zu finden und ausgelaugte Energien wieder zu erneuern. Wir lernen, die Grenzen in dem Moment zu erkennen und deutlich zu machen, ohne andere zu verletzen, ohne »aus unserem Herzen zu gehen«. Es ist darüber hinaus ein Entdeckungsprozeß, ein interessanter Weg zu unserer Ganzheit.

Das Ausgebranntsein ist eine extreme Form des Stresses, das zu vielen schweren Erkrankungen führen kann und in allen Berufen vorkommt.

> »*Burn-out, Ausgebranntsein* – bezieht sich auf durch lang andauernden Streß entstehende physische, emotionale und/oder mentale Erschöpfung. Diese Erschöpfung wird oft begleitet von erdrückenden Gefühlen, oder es fehlen Kreativität oder Lust an der zu erledigenden Arbeit. Die tägliche und fortdauernde TRT-Handanwendung unterstützt ein natürliches und strahlendes Ausgleichen und eine tiefe Entspannung der gesamten physisch-emotional-mentalen Dynamik von innen, um eine Reduzierung des Stresses herbeizuführen. Dehnen Sie Ihre TRT-Handanwendung auf zweimal täglich aus, und fügen Sie Ihrem Tag einige strahlende Unterbrechungen hinzu, um die TRT in Ihrer Arbeitsumgebung anzuwenden. Probieren Sie den Tag über besonders alle vier Kopfpositionen (siehe die Abbildung auf S. 59) in Kombination mit der Vorderseitenposition 1 und/oder 3 aus.« (Exp. R. M., S. 17)

In meinem Leben mußte ich einige Erfahrungen mit dem Burnout-Syndrom und extremem Streß machen. Als alleinerziehende und berufstätige Mutter war ich dafür anfällig. Ich stand ständig unter dem Druck – sowohl als Lehrerin wie auch später als Heilpraktikerin und Therapeutin –, allen gerecht werden zu wollen, top in meiner Arbeit und gleichzeitig eine gute Mutter zu sein. Das ist ein Spagat, der nur selten wirklich gelingt. Lange Zeit war ich gefangen in dem »Entweder-oder«, eine gute Mutter oder erfolgreich im Beruf zu sein. Viele Schuldgefühle, abgelöst von Aggressionen, rieben mich auf. Atemnot, Rückenschmerzen, Schlafstörungen und Depressionen waren einige der Folgen. Durch die kontinuierlichen TRT-Handanwendungen lernte ich langsam kennen, wie sich ein Leben ohne Streß anfühlt. Meine Kreativität, Intuition und Lebensfreude wurden wieder wach. Nach und nach erkannte ich auch viele Zusammenhänge, die zu dem Streß geführt hatten, und begann mein Leben und vor allen Dingen meine Haltung zu meinem Leben entscheidend zu verändern.

Zusätzlich zu den hier genannten gibt es in allen sozialen Berufen genauso wie in anderen Branchen ungezählte Möglichkeiten, nach einem Ersten-Grad-Seminar die TRT mit den bereits erlernten Techniken zu kombinieren. In jeder Berührung – ob bei Massagen, beim Waschen, beim Untersuchen, beim Trösten, beim Handhalten – wird die universale Radiant Energie immer mit übertragen. Die Qualität der Berührung verändert sich ganz entscheidend. Wir können unseren Radiant Touch auch bewußter einsetzen, indem wir zum Beispiel während einer Massage die Hände einen Augenblick länger an den betroffenen Stellen liegen lassen oder jemandem etwas öfter unsere Hand reichen und dergleichen mehr. Lassen Sie Ihrer eigenen Kreativität Raum, sich zu entfalten. Die universale Lebenskraft stört keine Methode oder Therapie, im Gegenteil, sie ist eine hervorragende Ergänzung!

Die TRT im Haushalt

Hausfrauen werden in unserer Kultur nicht besonders hoch geschätzt. »Ich bin *nur* Hausfrau«, hört man oft sagen ... Dabei ist die Tätigkeit einer Hausfrau eine der komplexesten und verantwortungsreichsten, die es gibt. Eine Hausfrau trifft ebenso wie ein Manager einer großen Firma täglich viele und oft lebenswichtige Entscheidungen.

> »*Entscheidungsprozeß* – Dieser Prozeß beinhaltet die Faktoren des Wählens und der Klarheit, die durch den Gebrauch der ganzen TRT-Handanwendung erweitert werden. Diese strahlende, universale Energiewissenschaft unterstützt Entscheidungen, ohne an Polaritäten anzuhaften und in Dualitäten verwickelt zu sein. Wenn Sie ›Entscheidungen treffen‹ müssen, reflektieren Sie über das Thema und meditieren Sie dann längere Zeit mit den Kopfpositionen 2 und 3 (siehe die Abbildung auf S. 59), den Vorderseitenpositionen 1 und 3 und der Rückenpositionen 3.« (Exp. R. M., S. 29)

In der Regel gehört es zu dem Aufgabenbereich der Hausfrau, die Kinder zu betreuen, das Haus in Ordnung zu halten, den Kontakt zum Freundeskreis zu fördern und das Familieneinkommen zu verwalten. Es ist eine Tätigkeit, die ein hohes Maß an Flexibilität, Anpassung und Kreativität verlangt. Da diese Aufgabe in unserer Gesellschaft geringgeschätzt, ja manchmal sogar verachtet wird, ist die Hausfrau zusätzlich damit konfrontiert, die Anerkennung und Wertschätzung aus sich selbst zu schöpfen. Von ihr wird es als selbstverständlicher Liebesdienst für ihre Familie erwartet, als ob es sozusagen zum Frausein gehörte, diese Arbeiten auch noch gern zu verrichten, ob es von anderen gesehen und geachtet wird oder nicht!

Die TRT kann Sie auf vielfältige Weise unterstützen. Selbstvertrauen ist eine Fähigkeit, die alle Menschen benötigen.

Hausfrauen mit ihrem geringen gesellschaftlichen Status weisen besonders oft gerade in dieser Hinsicht einen Mangel auf. Dr. Ray schreibt dazu:

> »*Selbstvertrauen* – Indem Sie die Radiance Technik täglich anwenden, beginnt ein Prozeß der Ganzwerdung ... der Ihre Integration auf allen Ebenen aufrechterhält und unterstützt. Während Sie die strahlende Ausdehnung in sich selbst erfahren, steigert sich die Bewußtheit Ihrer eigenen Ganzheit. Verbringen Sie längere Zeit mit den Kopfpositionen 2 und 3, vorne 1 und 3 und hinten 3, um weiter Ihr Selbstvertrauen zu erforschen und auszudehnen und für Ihre eigenen Fähigkeiten zu erwachen. Es ist wichtig, ein ›Wahrnehmungs-Tagebuch‹ zu führen, das ein Kontinuum mit Ihren Entdeckungen unterstützt und einen Ort für Ihre eigene Kommunikation mit Ihren neuen Einsichten schafft. Klare Beobachtungen und ein fortlaufendes Sammeln von Erfahrungen über Sie selbst in einem Tagebuch unterstützt die Integration der neuen Art und Weise Ihres Wesens.« (Exp. R. M., S. 98)

Kochen war etwas, was ich immer gerne gemacht habe. Gleichzeitig hatte ich, als mein Sohn noch ein Kind war, meistens viel zuwenig Zeit, um meinen Ansprüchen gerecht zu werden. So war das Kochen mehr zu einem ständigen Wettlauf mit der Zeit geworden als eine angenehme kreative Tätigkeit.

Unmittelbar nach dem Besuch des Ersten-Grad-Seminars der TRT begann ich, vieles auszuprobieren. Ich war zwar sehr skeptisch, aber ich dachte bei mir, schaden kann es ja nicht. Ich fing an, meinen Kochstil etwas zu verändern. Ich nahm die Lebensmittel vorher zumindest kurz in meine Hände, zerschnitt das Gemüse mit mehr Wachheit und begann gegen den Uhrzeigersinn zu rühren, denn die sich gegen den Uhrzeigersinn bewegende Spirale ist ein altes kosmisches Symbol. Ich verband mein Kochen, das Rühren der Spirale, die Behandlung der Lebensmittel mit dem, was ich in dem Seminar zum Ersten Grad gelernt hatte. Dabei fielen mir dann die alten Sprüche »Liebe geht durch den Magen« und »Mit Liebe gekochtes Essen schmeckt besser« wieder ein. So nach und nach wurde mir auch klar, daß ich vorher meinen Streß mit in das Essen »hineingekocht« hatte. Ich wurde wacher.

Interessant hierbei ist, daß das Kochen insgesamt vielleicht fünf Minuten länger gedauert hat, ich aber allein durch dieses bewußte Tun viel ruhiger wurde. Es hat entscheidend dazu beigetragen, meinen Streß zu reduzieren. Ich tue etwas für mich, wenn ich etwas für andere tue!

Eine meiner Großmütter war übrigens gelernte Köchin. Auch sie sagte immer, gute Köche rühren links herum. Ich kann also mehr tun, als gute Zutaten verwenden. Ich kann universale Lebenskraft mit in das Essen bringen und mit meinem Radiant Touch von Herzen kochen.

»*Lebensmittel* – Verwenden Sie Die Radiance Technik in unterschiedlicher Weise mit allen Lebensmitteln, die Sie vorbereiten und/oder essen. Verwenden Sie beim Vorbereiten, Säubern oder Kochen die universale Energie mit Ihren Händen. Wird die Radiance Technik für wirkliche Lebensmittel verwendet, kann sie sie revitalisieren und ausdehnen, was auch immer an ›ganzer‹ Energie in ihnen enthalten ist, und Radiance und Lichtschwingungen in die Lebensmittel hineinbringen, die Sie zu sich nehmen und mit Ihrem Körper aufnehmen.« (Exp. R. M., S. 41)

In meinen Pausen bei der Hausfrauentätigkeit setze ich mich oft hin und lege mir da die Hände auf, wo ich möchte. Manchmal tanze ich auch und verbinde das Tanzen mit einer TRT-Anwendung. Dazu wähle ich Musik, die mir gefällt, mache spiralige Bewegungen, zum Beispiel mit meinen Armen und Händen, und nach einer Weile lege ich dann die Hände für ein paar Augenblicke auf eine Position, während ich mich weiter bewege, und

so weiter. Ähnlich mache ich auch manchmal eine schnelle TRT-Handanwendung zwischendurch.

Die TRT in Beziehungen und Partnerschaften

Wir leben alle in einem sozialen Beziehungsgefüge mit anderen Menschen. Das beginnt mit der Beziehung zur Mutter, zum Vater und eventuell zu Geschwistern. Von Jahr zu Jahr erweitern wir unser Spektrum: Wir lernen Beziehungen verschiedener Qualität und auf verschiedenen Ebenen kennen. Für die meisten von uns sind unsere Partnerschaften die wichtigsten im Leben. Sie sind ein bedeutendes Lern- und Entwicklungsfeld für die unterschiedlichen Ebenen von Liebe, Freiheit, Unabhängigkeit, Vertrauen, Mitgefühl und vielem anderen mehr. Für mich ist es eine Kunst, in einer Partnerschaft zu leben und sich und dem Partner die eigene Entwicklung zuzugestehen. Ein Element auf diesem Weg ist die Art der Kommunikation. Mit Hilfe der TRT ist es mir gelungen, aufmerksamer dafür zu werden und sie entscheidend zu verändern.

Wir leben in einer Gesellschaft, in der es üblich ist, die eigene Meinung zu sagen, Wertungen und Urteile auszudrücken. In Partnerschaften – ob Liebesbeziehungen, Ehen oder engen Freundschaften – kann das zu erheblichen Schwierigkeiten führen, die etwas in »Pingpong«-Auseinandersetzungen deutlich werden, in denen Sätze wie »Du hast ..., du sollst ..., du hast nicht ..., du ..., du ..., du ...« überwiegen. Es entstehen Kampfsituationen anstelle einer Atmosphäre des gegenseitigen Verständnisses und der Akzeptanz. Derartige »Du-Botschaften« können sehr verletzend sein, und sie geben dem Partner lediglich die Chance, sich zu verteidigen oder zurückzuschlagen. Es kommt schnell zu den gegenseitigen Schuldzuweisungen und dem gegenseitigen Beschämen.

Ich habe irgendwann in meinem Leben begonnen, genauer zu beobachten, was ich wann sage. Dabei sind mir die vielen »Du-Botschaften« aufgefallen. Mit Unterstützung der TRT ist es mir gelungen, die Motivation hinter diesen Du-Botschaften zu klären. Meistens waren es Verteidigungsmechanismen. Eigentlich fühlte ich mich verletzt, nicht verstanden oder nicht gesehen. Oft war ich auch einfach unsicher und hatte Angst. Anstatt auszudrücken, wie es mir wirklich geht und was in mir geschieht, habe ich die Schuld bei dem Partner gesucht oder mich verteidigt. Ich bin sicher, daß alle dieses Muster kennen. Mir begegnet es in meiner Praxis jeden Tag.

Weiter wollte ich wissen, woher diese Verteidigungsmuster und die Gefühle von Unsicherheit, Angst, Verletzung und auch Wut resultieren. Wieder arbeite ich intensiv mit der TRT.

Viele meiner Verteidigungsmuster sind wie bei allen anderen Menschen auch in meiner Kindheit entstanden. Erst wenn ich etwas wirklich erkenne, kann ich mich entscheiden und eine Wahl treffen. Ich kann wählen, mich in einer unbequemen Auseinandersetzung mit meinem Partner so oder so zu verhalten. Nach einem langen Weg entschied ich mich für das konsequente Verwenden von Ich-Botschaften. Zunächst war es sehr ungewohnt, sehr unbekannt, aber gleichzeitig höchst interessant. Ich mußte buchstäblich meinen Kopf unter den Arm nehmen und vor mir selbst und dem anderen meine Gefühle eingestehen. Und, welche Freude, es entstand in der Regel ein besserer Kontakt. Mit der Zeit bin ich immer sicherer im Umgang mit dem Ich-Botschaften geworden. Auch wurde mir deutlich, wie unterstützend es wirkt, sich nicht dauernd nur das zu sagen, was man nicht mag oder was noch nicht stimmt, sondern mehr das zu betonen, was schön ist. Es ist eine Reise in das Unbekannte. Mir ist bewußt, ohne die Unterstützung der TRT hätte ich nicht den Mut, das Durchhaltevermögen und die Ausdauer aufgebracht, mir Schritt für Schritt einige meiner Verhaltensmuster anzuschauen, zu verändern und ins Unbekannte zu gehen.

» *Unbekanntes* – bezieht sich auf das, was Sie *nicht* wissen. Wirkliches Lernen und Ausdehnung beinhaltet einen Prozeß der *Bewegung* von dem, was Sie schon kennen, hin zu etwas, was Sie noch *nicht* kennen. Oft wird eine *Illusion* erzeugt, indem Sie das Unbekannte nehmen und versuchen, es einzuordnen, es zu definieren und/oder zu kategorisieren in Übereinstimmung mit dem, was Sie schon kennen. Dieser begrenzende Prozeß ist charakteristisch für die gegenwärtige westliche Mentalität und vereitelt die Möglichkeit, tatsächlich etwas Neues, etwas mehr zu lernen – und verhindert jede Bewegung in das Unbekannte. Das Unbekannte ist *keine* Ausdehnung oder Fortsetzung dessen, was schon bekannt ist – das Unbekannte ist etwas anderes. Die Radiance Technik ist eine kosmische Wissenschaft, die Sie hineinnimmt in das Unbekannte der inneren Mysterien der Existenz, aber Sie müssen sich in die gleiche Richtung wie diese höhere Ordnung von Energie bewegen, um authentisches, direktes Lernen und die Ausdehnung ins Unbekannte zu erreichen. Während ›Unbekanntes bekannt‹ wird, bewegen Sie sich in immerwährender Ausdehnung in der Spirale des Lebens hin zu neuem Unbekannten. Um Ihre Bewußtheit über den Prozeß der Bewegung in das Unbekannte zu vergrößern, nutzen Sie längere

Zeit als Meditation die Kopfpositionen 1 und 3 (siehe Abbildung auf S. 59), die Vorderseitenpositionen 1 und 3 sowie die Rückenpositionen 1 und 4. Führen Sie ein Tagebuch, um sich in der Reise der Ausdehnung in das Unbekannte zu unterstützen.« (Exp. R. M., S. 113)

Auseinandersetzungen

Die Übung, die ich am liebsten nutze, um mir klar über Auseinandersetzungen zu werden, ist die folgende.

TRT und die Klärung unklarer Situationen

Nehmen Sie sich etwas Zeit (15 bis 20 Minuten). Setzen oder legen Sie sich hin, und legen Sie Ihre Radiant Hände auf Ihr Herzzentrum. Ab dem Zweiten Grad können Sie vorher Energie auf die Situation, mit der Sie arbeiten möchten, leiten und/oder die Energie der kosmischen Symbole unter Ihre Hände bringen.

Dann stellen Sie sich vor, die Situation mit Ihrem Partner entsteht unter Ihren Händen.

Sie schauen sich alles genau an, beobachten, was dort geschieht und geschehen ist.

Nehmen Sie auch wahr, was Sie gesagt haben, was Ihr Partner gesagt hat, was Sie gehört haben – und auch wie Ihr Partner Sie verstanden hat.

Trauen Sie sich, wahrzunehmen, wie Sie sich gefühlt haben, was in Ihnen geschehen ist. Stimmt das, was in Ihnen passierte, mit dem überein, was Sie ausgedrückt haben, ob mit Worten oder mit Ihrem Körper?

Nehmen Sie wahr, was Sie nicht gesagt haben. Seien Sie ehrlich zu sich selbst!

Seien Sie sich bewußt, daß die universale Radiant Energie Sie während der ganzen Zeit unterstützt.

Dann beenden Sie in Ihrem eigenen Tempo und Rhythmus diese kleine Innenschau. Anschließend machen Sie sich Notizen.

Mit dieser Übung unterstützen Sie sich selbst dabei, sich Ihre Situation und Ihre Erlebnisse von einem Beobachtungsposten aus anzuschauen, so als ob Sie nicht selbst daran beteiligt wären; und Sie bleiben auf diese Weise nicht in den Details verhaftet. Durch das Beobachten erkennen Sie schließlich das ganze Bild. Nach mehreren dieser Erkundungen kommen möglicherweise Fragen zu den Hintergründen Ihres Verhaltens, bei deren Beantwortung die folgende Übung hilfreich ist.

TRT und die Beantwortung von Fragen

Nehmen Sie sich wieder Zeit für sich, setzen oder legen Sie sich bequem hin. Beginnen Sie mit Ihren Händen auf dem Hinterkopf (Kopfposition 3). Sie können später auch zur Herzposition wechseln. Ab dem Zweiten Grad verwenden Sie universale Symbole und richten auch auf diese Frage Energie aus.

Bleiben Sie ein paar Minuten in der Kopfposition, und stellen Sie dann Ihre Frage nach innen. Entspannen Sie sich in der universalen Energie, und öffnen Sie sich so für Antworten. Hören Sie mit Ihren inneren Ohren zu – Sie bekommen eine Antwort, allerdings nicht unbedingt beim ersten Mal und auch nicht so, wie Sie es sich vielleicht vorgestellt haben: Manchmal wissen Sie die Antwort sofort, manchmal finden Sie sie »zufällig« ein paar Tage später in einem Buch oder hören sie in einem Gespräch …

Die Radiance Technik gibt uns die Antworten nicht, sondern sie hilft uns, unsere äußere Energie auf die innere auszurichten und sie auszugleichen. Wenn alle unsere Energieebenen wirklich ausgeglichen sind, ist unsere Weisheit überall, wir erweitern unsere Sicht und »wissen« die Antwort, die schon die ganze Zeit existierte. Wir waren lediglich nicht in der Lage, sie zu sehen. Dr. Barbara Ray schreibt dazu:

»*Ausgleich* – bezieht sich auf Gleichgewicht, Proportion und beschreibt in höherem Bewußtsein die harmonische Resonanz mit universaler Energie. In Der Radiance Technik, wenn diese universale, Radiant Energie einmal zugänglich gemacht ist, führt die Anwendung zu einer *Interaktion* eines Energieprinzips einer höheren Ordnung mit dem einer niederen Ordnung und erlaubt einen Prozeß der Ausdehnung, Transformation und Harmonisierung der niederen (dichteren) Energie in Richtung einer höheren Öffnung – ein Tor für Sie, das zu sein, was Ihre Natur *wirklich* ist. Zum Beispiel unterscheidet sich ein Verstand, der sich in Harmonie und Ausgeglichenheit mit strahlender, universaler Energie befindet, von dem unnatürlichen, verunreinigten, gebrochenen, aus der Ordnung geratenen Verstand. Sie können Die Radiance Technik täglich zu jeder Zeit anwenden, um den Ausgleich und die harmonische Resonanz mit Ihrer Körper-Gefühl-Verstand-Geist-Dynamik wiederherzustellen. Sogar ein paar Minuten sind dabei für Sie hilfreich und unterstützend, besonders die Kopfpositionen 2, 3 und 4, die Vorderseitenpositionen 1 und 3 sowie die Rückenpositionen 1, 2 und 3.« (Exp. R. M., S. 15)

Sich selbst und den Partner besser kennenlernen

Auf dieser Reise, sich besser kennenzulernen, geschieht es oft, daß wir auch unsere Partner besser kennenlernen. Es eröffnen sich neue Aspekte seines/ihres Wesens. Manchmal gefallen sie uns und manchmal nicht. Möglicherweise entdecken wir, daß dieser Partner doch nicht der richtige für uns ist und die einzige wirkliche Verbindung die Projektionen, die alten aufeinander eingespielten Verhaltensmuster waren. Oder wir entdecken, wie abhängig wir von dem Partner sind, wie sehr wir uns gegenseitig an der Entfaltung hindern. Was auch immer uns deutlich wird, wir haben die Wahl, bewußter zu handeln.

» *Wahl* – bezieht sich auf die Kraft oder Handlung des Wählens. Im höheren Bewußtsein bezieht sich ›Wahl‹ auf Ihre Fähigkeit, das Höhere vom Niederen, das Ganze vom Teil, das Begrenzte vom Unbegrenzten, das Dichte vom Lichteren und die inneren von den äußeren Energien zu unterscheiden. Die Reise des Erwachens – der Prozeß der Bewegung von einem äußeren zu einem inneren Bewußtsein, der Bewegung vom Tod zur Unsterblichkeit – ist eine Reise, die Ihre Meisterschaft der klaren Unterscheidung der verschiedenen Energiearten und die Entwicklung Ihrer Kraft/Fähigkeit der *bewußten Wahl* einer höheren Ordnung benötigt. Diese Entwicklungsstadien werden ›Initiationen‹ genannt und markieren die Passagen einer Reise von dem gewöhnlichen menschlichen Bewußtsein bis zur Erleuchtung. Mit der fortgesetzten Anwendung der TRT wird der ernsthaft und hingegeben Lernende fähig sein, diese Kräfte der Unterscheidung zu meistern. Auf dem Weg kann jeder, der die TRT anwendet, sich der Kraft der *bewußten Wahl* im Alltag bewußt werden. Verwenden Sie besonders die Kopfpositionen 3 und 4 sowie Vorderseitenpositionen 1 und 3.« (Exp. R. M., S. 22)

Beziehungen werden aus unterschiedlichen Gründen eingegangen. Meine Erfahrung ist, daß es in der Regel sowohl positiv unterstützende als auch negative Muster sind, die Verbindungen schaffen. Ein Motor für Beziehungen kann ein Mangel an Zuwendung, Anerkennung, Geborgenheit und Liebe sein. Wir erwarten von unseren Partnern oft all das, was uns unsere Eltern als Kinder nicht geben konnten. Der Partner soll dann jeden unserer Wünsche erfüllen.

Sich den eigenen Mustern zu stellen, bedeutet auch den Weg in ein erfüllteres Leben. Wir können dann eine Beziehung eingehen, die getragen wird von gegenseitiger Liebe in Freiheit, Achtsamkeit, Freude und Überfluß. Partnerschaften sind immer reiche Lernfelder, da unsere Partner auch Spiegel für uns sind. Wir haben die Chance, uns kennenzulernen, mehr Verantwortung für unser Leben zu übernehmen und uns aus Abhängigkeiten und Anhaftungen zu befreien. In Partnerschaften können wir lernen, uns gegenseitig in unserer Entfaltung zu unterstützen und zu erfreuen. Partnerschaften können zusätzlich ein wichtiges Lernfeld in unserer spirituellen Entwicklung sein.

Gleichzeitig ist eine Partnerschaft wie all die anderen verschiedenen Beziehungen zu Menschen keine Zwangsgemeinschaft. Es ist ein soziales Gefüge, in dem wir leben und uns entfalten. In diesem Gefüge ist es unsere eigene Verantwortung, darauf zu achten, wann wir erstarren, uns nicht mehr bewegen und in Illusionen, Projektionen und Übertragungen verhaftet sind. Jeder für sich hat die Wahl, in der Erstarrung weiterzuleben oder sich zu bewegen, etwas zu verändern.

Jede Beziehung enthält auch ein Potential zur Veränderung. Es ist ein Potential, das gelebt werden kann, aber nicht muß. Wir machen uns in Partnerschaften, vor allen Dingen den »Liebesbeziehungen«, oft sehr abhängig voneinander, kleben in alten Mustern fest, beginnen zu leiden und hindern uns gegenseitig an der Entwicklung. Irgendwann wird eine Grenze erreicht, an der ein Partner ausbricht. Es kommt zu Krisen, die tiefgreifende Veränderungen in den Beziehungen ermöglichen. Manche Menschen trennen sich bei der ersten Krise. Sie empfinden es zu unbequem, in den eigenen Spiegel zu schauen. Sie entscheiden sich bewußt oder unbewußt, diese Umwandlung nicht zu diesem Zeitpunkt und nicht mit diesem Partner zu durchleben. Ein möglicher Entwicklungsprozeß wird »abgeschnitten«. Viele Menschen wundern sich dann darüber, daß sie immer wieder das gleiche mit unterschiedlichen Menschen erleben, und vergessen, sich selbst als den Faktor anzuschauen, der diesen Kreislauf bewirkt und auch verändern kann. Der einzige Mensch, den ich wirklich ändern kann, bin ich selbst!

Andere Menschen durchleben Krisen gemeinsam und wachsen aneinander und miteinander. Wieder andere haben so viel Angst vor Trennungen und vor dem Unbekannten, daß sie sich lieber anpassen, sich verbiegen und damit unbewußt ihr eigenes

Wachstum verhindern. Die Folgen sind oft Öde und Leere, manchmal auch Erkrankungen, Sprachlosigkeit und sicher eine innere Unzufriedenheit.

Es gibt kein Patentrezept für Partnerschaften. Jede ist anders und birgt in sich ein anderes Potential und eine andere Aufgabe. Wir haben immer die Wahl! Es ist wie gesagt ein vielfältiges Lernfeld!

Die Beziehung verbessern

Auf den folgenden Seiten finden Sie zu ausgewählten Fragen, Problemen und Lernmöglichkeiten, die oft in Beziehungen auftreten, einige Hinweise und TRT-Anwendungsmöglichkeiten aus dem *Expanded Reference Manual* von Dr. Barbara Ray. Unter jedem der Stichworte gibt Dr. Ray Empfehlungen, wie Die Radiance Technik zu nutzen ist, um sowohl die Beziehung zu verbessern und die Probleme zu lösen als auch einen Weg in das eigene höhere Bewußtsein zu finden.

In der Beziehungspflege geht es gleichzeitig bewußt oder unbewußt um das Leben im Alltag sowie um die spirituelle Entwicklung – die alltägliche Verbindung zu unserem höheren Selbst. Außer den Hinweisen, die TRT für sich zu verwenden, nutzt Dr. Ray ihr umfassendes Wissen für Hinweise auf das Geschehen in den äußeren Ebenen bis hin zu den inneren, spirituellen Ebenen. Es ist jedesmal aufs neue eine Reise von etwas Bekanntem hin zu etwas Unbekanntem.

» *Verhaltensmuster* – beziehen sich auf Verhaltensweisen, die Personen sich zu eigen machen, die tatsächlich ›äußeren Modellen‹ entstammen wie zum Beispiel aus ihrer Familie oder ihrem Kulturkreis. Oft sind diese Verhaltensmuster unterhalb der Ebene von Bewußtheit versteckt und trotzdem stark eingebunden in jede Interaktion. Wenn Sie TRT anwenden, beginnen Sie einen tieferen Prozeß des Gewahrwerdens über sich selbst, in dem Sie das Universale in sich berühren und die Bewußtheit der untereinander verbundenen Muster in Ihren äußeren Ebenen unterstützen und ausdehnen. Wenn Sie sich selbst für Ihre tägliche TRT-Handanwendung vorbereiten, legen Sie ein Tagebuch neben sich, so daß Sie ein Kontinuum mit Ihren Beobachtungen über sich selbst erhalten. Nutzen Sie die Kopfpositionen 1 und 3, um Ihre ›Erinnerungen‹, zu unterstützen, wenn Einsichten auftreten.« (S. 84)

»*Akzeptanz* – bezieht sich als eine Energie höheren Bewußtseins auf Ihre Kapazität, wirklich in dem Moment des Hier und Jetzt *präsent* und fähig zu sein, klar zu sehen, ›was ist‹ – ohne Illusionen (Interpretationen, Projektionen, Vermutungen, Vorurteile). Akzeptanz erlaubt Ihnen, sich zu bewegen und ›öffnet das Tor‹ auf der (sich nach oben, gegen den Uhrzeigersinn bewegenden) Evolutionsspirale Ihres spirituellen Entfaltungsprozesses. Akzeptanz erlaubt Ausdehnung und Bewegung, Wachstum, *Transformation* und Erleuchtung. Um die Energie von ›Akzeptanz‹ *in Ihnen* auszudehnen, verwenden Sie Kopfpositionen 2, 3 und 4, vorne 1 und 3 sowie hinten 2 und 3. Erforschen Sie auch andere Positionen und Kombinationen.« (S. 7)

Zur Beziehungspflege gehört das »Nähren« einer Partnerschaft, wie es im folgenden beschrieben ist:

»*Nähren* – Die Energie in uns und lebenden Dingen, die Wachstum und Leben nähren, unterstützen und erhalten uns. Die Radiant Energie, die durch die TRT zugänglich wird, enthält die *Qualität* des Nährens auf allen Ebenen Ihres Seins. Nutzen Sie besonders Kopfpositionen 3 und/oder vorne 1 und 3 längere Zeit, um Ihre Bewußtheit Ihrer angeborenen nährenden Kapazitäten zu vergrößern, um von *innen* her Ihre nährenden Energieprinzipien auszudehnen und um sich selbst und andere zu nähren.« (S. 75)

»*Haltung* – bezieht sich auf die Körperpositionen oder die Art, wie Sie sich halten, die Ihre Stimmung oder einen Zustand Ihrer Gedanken oder Gefühle in bezug auf eine Person oder eine Sache ausdrückt. Die Haltung wird Ihr Bezugspunkt dafür, wie Sie mit dieser Person oder Sache in eine Wechselwirkung treten. Da Ihre Haltungen die Kultur, in der Sie aufwuchsen, widerspiegeln, bleiben sie oft unbemerkt. Während Sie Die Radiance Technik täglich nutzen, werden Sie sich der äußeren Muster, die Sie mit sich tragen, mehr bewußt, und Sie können tief nach innen schauen, um zu sehen, ob eine bestimmte Haltung etwas ist, was Sie behalten, ausdehnen, verändern oder ablegen wollen. Ihre bewußte Entscheidung hinsichtlich der Beziehung zu sich selbst und anderen unterstützt Ihre Ausdehnung und Umwandlung. Wann immer Sie klarer sehen möchten, wie Ihre Haltungen wirklich sind, experimentieren Sie mit den Kopfpositionen 2, 3 und 4 sowie der Vorderseitenposition 1 als Meditation.«(S. 11)

»*Arroganz* – vermittelt einen gewissen Stolz darauf, daß man ›es nicht nötig hat‹, zu lernen oder Anteil an dem zu nehmen, was gerade geschieht. Bei einem ernsthaft Studierenden des höheren Bewußtseins kann Arroganz die Bewegung verhindern, die dazu führt, die eigenen Muster klarer zu erkennen, und kann das Teilnehmen an den tatsächlichen Erfahrungen des Lebens einschränken. Die täglichen TRT-Anwendungen unterstützen Sie, tiefer in Ihre eigenen Verhaltensmuster zu schauen, ohne sie zu analysieren oder zu verurteilen.« (S. 10)

»*Eifersucht* – Diese Gefühle sind oft sehr intensiv und verbunden mit Gefühlen von Furcht, Verlustängsten, Neid oder Verbitterung. Wenn immer Sie diese Gefühle erleben, nutzen Sie so bald wie möglich die ganze TRT-Handanwendung, um sich selbst auf der emotionalen Ebene wiederherzustellen und eine ausgleichende und ganzheitliche Energie in eine Wechselwirkung mit sich selbst zu bringen. Zusätzlich können Sie länger die Kopfpositionen 1, 3 und 4, die Vorderseitenpositionen 1 und 3 sowie die Rückenposition 3 erforschen. Wenn Sie etwas entdecken, was mit Ihren Gefühlen zusammenhängt, schreiben Sie es in Ihr Tagebuch. Sie können sich Ihrer äußeren Ebenen – physisch, emotional, mental – bewußter werden, indem Sie beobachten, wie Ihre gesamte Dynamik sich gegenseitig beeinflußt, und von *innen* heraus erkennen, welche Entscheidungen Sie über das Loslassen irgendeines Ihrer Verhaltensmuster treffen möchten.« (S. 61)

»*Vergeben* – Die Radiance Technik verleiht Zugang zu universaler, ganzheitlicher Energie, die das Loslassen verschiedener niederer, nicht ganzheitlicher Energien unterstützt, ob sie positiv oder negativ sind. Vergeben ist ein Prozeß des Loslassens, des Freigebens. Die Radiance Technik wird diesen Prozeß und die Umwandlung niederer Energien in eine höhere Schwingung unterstützen.« (S. 41)

»*Güte* – bezieht sich auf Ihre Kapazität der Fürsorge und des Kümmerns um sich selbst und andere. Güte ist charakteristisch für die äußeren Ebenen, wenn Sie sich in Harmonie mit universaler Energie befinden und Ganzheit ausdrücken. Um das Strahlen in Ihrer Güte zu vergrößern und Ihre Kapazität für Freundlichkeit auszudehnen, verwenden Sie die TRT-Vorderseitenposition 1.« (S. 62)

»*Zärtlichkeit* – Immer wenn Sie sich sensibel und sanft fühlen, können Sie Ihre liebevolle Kapazität gegenüber sich selbst vergrößern. Die Radiance Technik ist eine liebevolle und sanfte Unterstützung, die Sie überall durch Ihren Radiant Touch mit sich tragen. Erweitern Sie Ihre zärtlichen, sanften und liebevollen Erfahrungen mit sich selbst und mit anderen, indem Sie längere Zeit mit den Kopfpositionen 1 und 3 sowie den Vorderseitenpositionen 1 und 3 verbringen.« (S. 107)

» *Liebevoll* – Um Ihre Kapazität, zu lieben und liebevoll zu sein, zu erweitern, nutzen Sie universale Radiance, zugänglich gemacht durch TRT, solange und sooft Sie möchten. Verwenden Sie besonders Vorderseitenposition 1 und 3 jeden Tag über längere Perioden, um sich selbst die Öffnung für erweitertes strahlendes Lieben zu erlauben.« (S. 66)

» *Liebe* – hat den Aspekt der menschlichen oder brüderlichen Liebe, der sich auf Liebe des äußeren Herzens bezieht – Liebe zu einem Objekt. Diese Art Liebe ist das warme Gefühl von Zuneigung, die in dem Bereich der Brust/des Herzens gefühlt oder empfunden wird – Liebe der niederen Ebenen. Diese Art der Liebe unterscheidet sich von der Art Liebe, die als göttliche, spirituelle, universale, strahlende Liebe bekannt ist, die einfach *existiert* – ohne äußere Stimulanz oder Objekt. Sie können die TRT verwenden, um beide Arten der Liebe auszudehnen, indem Sie sich längere Zeit als eine Meditation auf die Vorderseitenpositionen 1 und 3 fokussieren und zusätzlich die Kopfpositionen 2 und 3 verwenden – für tiefere Einsichten in die Schwingung der wahren Liebe.« (S. 66)

» *Universale Liebe* – Als eine tiefgreifende Technik für persönliches Wachstum, Erweiterung des Bewußtseins und Transformation wirkt Die Radiance Technik als ein Aktivator, Freisetzer und Umwandler von den Energien, die Sie von Ihrem eigenen Sinn für Integration und Ganzheit absperren. Durch die tägliche Anwendung der TRT fördern Sie Ihre Kapazität, höhere Energien durch Ihre physischen und psychischen Körper zu empfangen. Während Sie Ihr Bewußtsein von der Grenze der bedingten zur bedingungslosen Liebe – zur universalen Liebe – erweitern, werden Sie durch einen einzigartigen Prozeß der persönlichen Umwandlung gehen. Erfreuen Sie sich an einer täglichen vollständigen TRT-Handanwendung, und verbringen Sie speziell längere Zeit auf der

Vorderseitenposition 1 und der Rückenposition 2. Erfinden Sie während der ›herzöffnenden Positionen‹ Affirmationen wie ›Ich werde liebevoller‹, ›Ich erweitere meine Fähigkeit zu lieben‹, ›Ich öffne mein Herz, um alles zu lieben‹. Zusätzlich können zwei oder mehrere Menschen einen ›Herzverschmelzer‹ formen, indem jeder eine Hand auf das eigene Herzzentrum legt und die zweite auf das Herzzentrum der anderen Person und gleichzeitig die Affirmation sagt und/oder meditiert und alle eine tiefgreifende Erfahrung der ›offenen Herzen‹ miteinander teilen. Aus den Energien universaler Liebe kommt die Energie von Mitgefühl.« (S. 113)

»*Lebenslust* – Eines der Merkmale für Gesundheit, Ausgeglichenheit und positives Wohlbefinden offenbart sich in einem gewissen Maß an natürlicher Lebenslust bei Ihren alltäglichen Aktivitäten. Eine TRT-Handanwendung einmal am Tag ermöglicht Ihnen, trotz der Anforderungen und Härten des modernen Lebens eine positive Ebene der Lebenslust aufrechtzuerhalten. Zusätzlich wird über den Tag verteilt jeweils für einige Minuten die Anwendung der Kopfpositionen 2 und/oder 3, der Vorderseitenpositionen 2 und/oder 3 sowie der Rückenposition 3 die vitale Energie, die sich entleert hat, wiederherstellen. Ihre *Lebenslust* kann gesteigert und ausgedehnt und Ihre strahlende Kraft kann vergrößert werden!« (S. 116)

Die TRT mit Kindern

Kinder jeden Alters können Die Radiance Technik erlernen. Sie haben einen ganz natürlichen Zugang zu dieser Energie. Ihre Freude am Entdecken ist noch ungebrochen. Sie probieren es einfach aus.

Als ich 1985 begann, mit diesem universalen Werkzeug zu arbeiten, war mein Sohn neun Jahre alt. Einige Wochen nach meinem Seminar zum Ersten Grad wollte er ihn auch erlernen. Nach einigem Widerstand ermöglichte ich es ihm schließlich. Für mich war es ein sehr tiefgreifendes Erlebnis. Wir konnten völlig gleichberechtigt TRT-Handanwendungen miteinander teilen. Das brachte eine ganze neue Qualität in unsere Beziehung. Mein Wissen darüber, daß mein Sohn ein eigenständiger Mensch ist und nicht »nur« mein Sohn, erweiterte sich ganz wesentlich.

Einige Monate später, mit knapp zehn Jahren, wollte er dann unbedingt auch den Zweiten Grad erlernen. Ich gab schließlich nach in dem Wissen, daß dies das Beste ist, was ich meinem Sohn ermöglichen kann, und meldete ihn an. Es ergab sich, daß er den Zweiten-Grad-Kurs am gleichen Wochenende belegte wie ich den des 3A-Grades. Es ist unbeschreiblich, was in mir vorging. Es war und ist eine Begegnung mit einer ausgedehnten Qualität auf den inneren Ebenen – völlig gleichberechtigt. Tiefe empfundene Freude, Dankbarkeit und Liebe erfüllten mich. Er wandte die TRT dann auf seine Weise an. Ich drängte ihn zu nichts. Die Öffnung, diese Energie zugänglich zu machen, hat er für sein gesamtes Leben, ob er sie anwendet oder nicht.

Alle Mütter oder Begleitpersonen wie LehrerInnen und ErzieherInnen verwenden ihre Hände im Umgang mit kleinen Kindern ganz selbstverständlich. Wir nehmen die Kinder in unsere Arme und streicheln ihnen den Kopf oder den Rücken. Mit Der Radiance Technik können Sie sich die natürlichen Berührungen bewußter machen und sie noch mehr und gezielter in den verschiedensten Situationen wie bei kleineren Unfällen, Einschlafproblemen, Kinderkrankheiten, Kummer und dergleichen einsetzen. Verwenden Sie Ihre Radiant Hände so, wie Sie es natürlich empfinden.

Für Kinder ist in der Regel eine ganze TRT-Handanwendung zu lang. Sie wissen intuitiv, was sie benötigen, sie kommen zu Ihnen und gehen wieder, wenn sie genug haben. Es ist keine »verstandesmäßige Instanz« dazwischen, die bestimmt, was

»man« macht und was nicht. Ist Ihr Kind krank, läßt es in der Regel eine ganze TRT-Anwendung zu, manchmal sogar noch länger. Die Radiance Technik aktiviert die Selbstheilungskräfte, und so erholen sich die Kinder mit Hilfe der TRT meistens sehr schnell. Wichtig zu wissen ist: *Die TRT ersetzt nicht die ärztliche Behandlung und schützt auch nicht vor Ansteckung!*

Oft kommen die Kinder mit irgendwelchen kleinen Verletzungen wie aufgeschlagenen Knien nach Hause. Die TRT ist eine Selbsthilfetechnik und kann in jeder Situation sofort eingesetzt werden. Sie können Ihre Hände auf die Verletzung oder ein paar Zentimeter darüber legen, je nach der Situation. Meistens hört die Wunde recht schnell auf zu bluten, und der Heilungsprozeß beginnt sofort. Gleichzeitig geben Sie Ihrem Kind die Unterstützung auf allen Ebenen, die es in dem Moment braucht. Auch kleine Verletzungen können einen Schock verursacht haben, der Heilung benötigt. Wird die psychische Situation eines Kindes nicht beachtet, können sich diese Energien zu einer Blockade entwickeln und sich auf das ganze Leben auswirken. Dazu ein Beispiel:

Ich hatte zeit meines Lebens sprichwörtlich panische Angst vor Hunden. Groß geworden bin ich in einer ländlichen Umgebung inmitten von Bauernhöfen, wo natürlich Hunde lebten. Ich hatte ständig eine unvorstellbare Angst, an diesen Höfen vorbeizugehen. Auch ist es geschehen, daß bei den üblichen Auseinandersetzungen zwischen den Nachbarskindern die Bauernsöhne ihren Hund losließen, der dann hinter mir herjagte, denn ich wußte mir nicht anders zu helfen, als wegzurennen. Ich lief angezogen durch Flüsse, nur um einem Hund zu entkommen.

Irgendwann fragte ich dann meine Eltern, ob sie wüßten, woher diese panische Angst rühre, denn sie belastete mich zunehmend mehr. Sie erzählten mir dann, daß mich als Zwei- oder Dreijährige ein Dackel laut kläffend in einem dunklen Flur angesprungen habe und ich hingefallen sei. Ich kann mich an dieses Erlebnis nicht erinnern. Es muß ein tiefgehender Schock gewesen sein, der mein Leben bis heute beeinflußt. Ich habe zwar nicht mehr diese panische Angst und wechsle auch nicht mehr vor jedem Hund, der mir in Berlin begegnet, die Straßenseite, aber eine tiefe innere Vorsicht und Unsicherheit ist geblieben.

Gleichzeitig liebe ich Tiere und fühle mich ihnen wie allen Lebewesen sehr tief verbunden. Oft wünsche ich mir, ich könnte einfach über meinen Schatten springen, aber es geht nicht. Es ist ein Prozeß, der schon viele Jahre dauert und sich weiter bewegt.

Das war ein »kleines Erlebnis« mit einem Hund – er hat mich nicht einmal gebissen – mit großen Folgen. Ein wichtiger Schritt in dem Heilungsprozeß war die Erkenntnis, daß nach dieser Erfahrung meine emotionale Reaktion auf Tiere natürlich ist. Lange Zeit fand ich mich unnatürlich und nicht normal und beschämte mich selbst wegen meiner Ängste, anstatt mitfühlend und liebevoll mit mir umzugehen.

Dieses Erlebnis zeigt sehr deutlich, daß es nicht nur um die körperliche Heilung geht, sondern immer um die Heilung auf allen Ebenen. Die Radiance Technik ist wie gesagt eine ganzheitliche Heilungstechnik, sie tritt in eine Wechselbeziehung mit all unseren Energieebenen und bringt sie in eine harmonische Resonanz mit dem Ganzen (siehe das Energiemodell auf S. 36).

Doch zurück zu meinem Sohn. Inzwischen ist er erwachsen und lebt mit seiner Freundin zusammen. Wenn ich auf die letzten Jahre zurückblicke, dann weiß ich, wie sehr mir die TRT geholfen hat, die verschiedenen Phasen und Prozesse in der Begleitung meines Kindes zu durchleben. Oft gab es Situationen, in denen ich mir zum Teil nicht unbegründete Sorgen machte. Das Gewaltpotential an den Berliner Schulen, die Pubertät, die Suchtproblematik, der Schulabschluß, die Lehrstelle, die Arbeitslosigkeit und vieles andere mehr. Ich fühlte mich oft allein und überfordert, mit all diesen Problemen fertig zu werden. Manchmal wußte ich einfach nicht, was ich tun sollte. Die folgende Übung mit der TRT unterstützte mich sehr.

Sorgen

*TRT in Situationen, die Sie sehr beschäftigen
oder die Ihnen Sorgen machen*

Suchen Sie sich einen ruhigen Platz, setzen oder legen Sie sich hin, legen Sie Ihre Radiant Hände auf die Herzposition (Vorderseitenposition 1, siehe die Abbildung auf S. 60), und werden Sie sich der Radiant Energie unter Ihren Händen bewußt. Lassen Sie zu, daß die Situation, die Sie gerade beschäftigt, in Ihrem Herzzentrum unter Ihren Radiant Händen deutlich wird.

Schauen Sie sich vor Ihrem inneren Auge alles an, und hören Sie allem, was gesagt wurde, zu. Gibt es etwas, was Sie nicht gesagt haben? Was für Gedanken und Gefühle nehmen Sie wahr? Versuchen Sie einfach zu beobachten. Nehmen Sie auch Ihren Körper wahr. Wir fühlt er sich an? Geben Sie sich für jede Ebene etwas Zeit. Möglicherweise erscheint die Situation in einem anderen Licht, und Sie nehmen etwas wahr, das Sie vorher übersehen haben.

Versuchen Sie, nichts zu bewerten oder zu vergleichen. Wenn sich Schuldgefühle, Aggressionen oder Ängste einstellen, bleiben Sie dabei, sie zu beobachten. Manchmal kommt es aus einer erweiterten Sicht zu plötzlichen Einsichten. Anschließend schreiben Sie Ihre Erfahrungen auf.

Diese Übung kann helfen, mehr Gelassenheit zu bekommen. Wir beobachten von einem ganzheitlichen Standpunkt aus und lernen die verschiedenen Ebenen kennen. Wir lernen, das Ganze zu sehen und nicht nur einzelne Teile, und verändern damit unsere Sichtweise und den Ausgangspunkt unserer Handlungen. Dr. Barbara Ray gibt uns dazu sehr wertvolle Hinweise:

»*Beobachter* – Im höherem Bewußtsein bezieht sich ›Beobachter‹ auf jemanden, der die Geschicklichkeit und Meisterschaft in der Kraft des Beobachtens erreicht hat, die ein Teil der Reise ins Erwachen ist und der Fähigkeit, zu unterscheiden und bewußt von innen heraus die Unterschiede zwischen den Schwingungen der Ebenen der Existenz zu ›wissen‹. Um Ihre Kraft der Klarheit zu vergrößern – fähig zu werden, von innen heraus zu sehen, ›was ist‹, ohne Illusionen, ›Maya‹ (= Täuschung) und Vorlieben – nutzen Sie Die Radiance Technik täglich längere Zeit als Meditation mit den Kopfpositionen 1, 2 und 3 sowie vorne 1 und 3. ›Beobachter werden‹ ist ein schwieriger Teil der Reise ins wahre Licht, gleichwohl ist dieses Ringen, von innen klar zu sehen, die Öffnung und das Erwachen des Zentrums vom Dritten Auge.« (Exp. R. M., S. 79; siehe auch die Abbildung der Chakren auf S. 72)

Schwangerschaft und Geburt

Während der Schwangerschaft können wir mit unserem Radiant Touch mit den ungeborenen Kindern in innigem Kontakt sein. Die universale, transzendentale Energie innerer Ebenen unterstützt und stabilisiert die Energien, die zwischen Mutter und Kind zirkulieren. Die TRT fördert unsere natürliche Entwicklung und unser Wachstum. Es wirkt immer in Richtung Ganzheit und zum Wohle des Empfängers, also auch zum Wohle des ungeborenen Kindes. Außerdem unterstützen die TRT-Anwendungen das natürliche »Bonding« (siehe unten, Stichwort »Bonding«) zwischen Mutter und Kind, denn sie erweitern den tiefen inneren Kontakt zwischen den beiden.

Ich hatte einmal die Gelegenheit, eine Frau über die gesamte Schwangerschaft und während der Geburt zu begleiten. Sie selbst hatte den Radiant Dritten Grad inne und verwendete von Anfang an alle ihr bekannten Werkzeuge der TRT, um sich und ihr Kind auf diesem Weg zu begleiten. Sie wollte das Kind zu Hause in ihrer vertrauten Umgebung gebären.

Die Geburt des kleinen Mädchen gestaltete sich sehr schwierig. Sie dauerte sehr lang. Ich blieb die ganze Zeit dort und unterstützte den Prozeß mit der TRT. Es war ein einmaliges Erlebnis, ein Wunder – die Geburt eines Kindes. Eine Seele kommt auf diese Welt und tritt ihre Reise auf der Erde, der Welt der Materie an.

Gleichzeitig gestaltete es sich hochdramatisch. Das kleine Mädchen kam blau zur Welt. Der Geburtsvorgang hatte zu lange gedauert. Die Hebamme machte am Schluß einen riesigen Dammschnitt, und trotzdem hatte die Mutter einen Darmriß. Beide mußten umgehend ins Krankenhaus, wo die Mutter sofort operiert wurde und das kleine neugeborene Mädchen in den Brutkasten kam. Sowohl die Mutter als auch ich hatten mit der Neugeborenen ständigen inneren Kontakt durch das Energieleiten, Einstimmungen und die kosmischen Symbole. Ich unterstützte die Mutter weiterhin mit der TRT. Auch andere Freundinnen von ihr beteiligten sich an einem Netzwerk.

Die Mutter überstand die Operation so gut, daß sie schon am nächsten Morgen wenige Stunden nach der OP zu ihrer Tochter ging und darauf bestand, sie stillen zu dürfen. Da ihre Wunde ungewöhnlich schnell und ohne weitere Komplikationen verheilte und auch die Tochter sich gut entwickelte, konnten beide recht schnell das Krankenhaus verlassen. Inzwischen ist die Kleine drei Jahre alt und ein aufgewecktes Kind. Zwischen mir und dem Kind ist ein besonderes inneres Band entstanden.

Dr. Barbara Ray gibt uns wertvolle Informationen und Hinweise zur Geburt und zu der natürlichen Verbindung zwischen uns und allem Lebendigen:

»*Geburt* – Die Radiance Technik wird oft als eine strahlende Energiequelle verwendet, um bei dem Prozeß der Geburt den Babys, die in diese physische Welt kommen, zu helfen und zu assistieren. In einem natürlichem Geburtsprozeß kann die Mutter Die Radiance Technik auf viele Weisen anwenden – Kopfpositionen, Herz- und Bauchbereich und andere, die sie selbst wählt. Andere TeilnehmerInnen können diese strahlende, unterstützende Energie für die Mutter während ihres

Prozesses der Entbindung anwenden. Es ist ein besonderes Wunder und eine Freude, ein Neugeborenes mit strahlenden und liebevollen Händen zu berühren – ein Willkommen mit wahrem Licht und echter Liebe.« (Exp. R. M., S. 16)

»*Bonding* – ist ein Terminus, der im ›normalen‹ Bewußtsein für das, was mit anderen verbunden ist, verwendet wird. In Ihrer eigenen Entwicklung gibt es natürliche und biologische Stadien innerhalb Ihrer Lebenszyklen, wo dieses ›Bonding‹ Gelegenheit hat zu entstehen, wie zum Beispiel mit Ihrer Mutter bei der Geburt oder später mit der natürlichen Welt in Ihrer Umgebung, dann noch später im Laufe Ihres Wachstums und Ihrer Entwicklung mit anderen außerhalb Ihres Zuhauses und der jeweiligen Umgebung. Tiefe innere Verbindungen – ›Bondings‹ – ereignen sich in jedem Leben innerhalb der kleinsten Partikel wie subatomare Teilchen oder innerhalb der großen Energien der Galaxien und des Universums. Ihr natürlicher Prozeß des Bondings ereignet sich *nicht* immer in den angemessenen Entwicklungsstadien, und wenn Sie ein unverbundener Mensch bleiben, zeigt sich möglicherweise das, was Joseph Chilton Pearce als ›abhängiges Verhalten‹ bezeichnet *(magical child matures)*. Anstatt in Harmonie mit der intuitiven und unsichtbaren Verbindung in allem Leben zu sein, haben Sie vielleicht das Bedürfnis für besondere offenkundige Signale, die Ihnen deutlich machen, daß Sie leben, da Sie sich Ihrer eigenen inneren Kraft nicht bewußt sind, um Ihre eigenen Bedürfnisse zu befriedigen und der ›Wissende‹ zu werden. Die Radiance Technik macht direkt universale, transzendentale Energie zugänglich, um Ihre Reise des Erwachens zu unterstützen und um Ihr Wissen der inneren Verbindung auszudehnen. Ihre tägliche Beziehung zur Radiance Technik öffnet Ihnen ein Tor, das ›Bonding‹ mit der natürlichen Welt zu erforschen und sich von dem Stadium Ihres Entwicklungsprozesses hinein in andere ›Bondings‹ zu bewegen, wenn sie sich entfalten.« (Exp. R. M., S. 16)

Die TRT mit Pflanzen und Tieren

Pflanzen und Tiere sind wie wir Bewohner dieses Planeten Erde, mit denen wir uns den Lebensraum teilen. Energetisch gesehen benötigen wir sie, und sie benötigen uns, denn alle Lebewesen sind miteinander verbunden. Immer mehr Pflanzen- und Tierarten sterben im Zusammenhang mit der zunehmenden Umweltverschmutzung aus. Ökologische Forschungsberichte und das Wissen um das mit- und voneinander abhängige Leben in Ökosystemen zeigen uns eindrücklich, wie sehr das Verschwinden von Pflanzen- und Tierarten auf das Ganze und damit auch auf uns Menschen zurückwirkt. Das Aussterben von ganzen Arten ist immer ein Zeichen dafür, daß sich etwas Entscheidendes in den Umweltbedingungen wie den Boden-, Luft- und/oder Wasserverhältnissen verändert hat, das auch uns beeinflußt.

Stellen Sie sich nur einmal vor, was geschieht, wenn beispielsweise unsere Honigbiene, dieses kleine, »fleißige« Insekt, durch einen Schädling angegriffen würde, der durch das Aussterben einer Tierart keine natürlichen Feinde mehr hätte und überhandnähme. Er kann den Bestand der Honigbiene so gefährden, daß sie ausstirbt. Es gäbe keinen Honig mehr, und alle bisher von Bienen bestäubten Blüten würden nicht bestäubt – mit der Folge, daß es viele Früchte nicht mehr gäbe! Und das »nur«, weil die Bienen ausgestorben wären. Einige mögen jetzt vielleicht denken, wir müßten dann halt den Schädling bekämpfen, um die Honigbiene zu erhalten. Aber so »leicht« geht das nicht, denn das Ökosystem ist ein komplexes, miteinander verbundenes Netz. Der Schädling der Honigbiene kann beispielsweise gleichzeitig in der Nahrungskette wiederum für ein anderes Lebewesen sehr wichtig und nützlich sein, so daß seine Ausrottung weiteren Schaden verursachen würde. Wir könnten diese Gedanken unendlich fortsetzen. Dieses Beispiel soll uns hier lediglich wieder ins Bewußtsein rücken, wie sehr alles Leben auf der Erde in komplexen Systemen miteinander und untereinander verbunden ist. Was für den einen Nützlinge sind, können für den anderen Schädlinge sein.

Das Sterben der Regenwälder und seine katastrophalen Auswirkungen auf das Wetter wird viel diskutiert. Ein weiteres Beispiel sind unsere Ozeane, die wir schon seit vielen Jahren als Müllplatz für die schädlichsten Gifte mißbrauchen, was zum Beispiel Auswirkungen auf die Fischbestände hat.

Wir könnten noch viele Beispiele für dieses kurzsichtige Verhalten anführen, das langfristig tiefgreifende Veränderungen der Lebensbedingungen auch für die Menschheit hat, unter Umständen nehmen wir uns unseren gesamten Lebensraum.

Die ökologische Betrachtungsweise bringt uns zu einer erweiterten Sicht der Vernetzung und läßt uns achtsamer werden für die Einheit, das Verbundensein mit allem Lebendigen auf der Erde und letztendlich allem Leben in unserer Galaxie und im Universum. Auch die Erde ist ein lebendiges Wesen, mit dem wir verbunden sind, wie Dr. Barbara Ray unter dem Stichwort »Bonding« (siehe S. 108) beschreibt. Alles Lebendige ist von innen miteinander »vernetzt« und bedingt sich gegenseitig. Jeder einzelne von uns kann etwas zur Entwicklung des Gesamten beitragen, denn gleich, was wir machen, es hat immer Auswirkungen auf das Ganze. Die Radiance Technik kann uns in der Einsicht unterstützen, mit allem Leben achtsam umzugehen, in allem Lebendigen das Leben zu sehen und nicht nur die Kosten-Nutzen-Faktoren. Sie verbindet uns bewußt oder unbewußt mit dem Innersten einer jeden Kreatur, von der kleinsten bis zu der größten. Alle Lebewesen unterscheiden sich voneinander, und doch sind wir über unseren Lichtkern miteinander verbunden. Wir können also die Einheit in der Vielfalt finden!

Wir brauchen lediglich dem Radiant Touch unserer Radiant Hände mit unserer Aufmerksamkeit zu folgen; ihn beobachten und von ihm lernen ist eine Entdeckungsreise. Für mich ist diese Reise täglich aufs neue ein Wunder, das mich mit tiefer Dankbarkeit erfüllt. Die Erfahrung der Einheit und Verbundenheit mit allem Lebendigen läßt sich mit Worten nicht beschreiben.

Ich fühlte mich schon als Kind trotz meiner Ängste vor Hunden mit der Natur verbunden. Mit dem Radiant Touch hat sich das Wissen darum sehr vertieft. Gerade wenn ich niedergedrückt oder auch sehr gestreßt bin, richtet mich die Natur wieder auf. Ich gehe dann durch die Straßen Berlins und schaue mir die Bäume an oder höre den kleinen Vögeln zu. Ich teile mit ihnen entweder den Radiant Touch und/oder richte Energie aus bzw. teile mit ihnen Einstimmungen. Eine unbeschreibliche Freude durchströmt mein Herz. Ich bin nicht allein, ich bin verbunden mit allem um mich herum. Auch nehme ich wahr, was es bedeutet, einfach zu »sein«. Die Pflanzen und Tiere sind einfach da, sie leben und »geben ihr Bestes« in jeder Situation, und nichts scheint sie daran hindern zu können,.

Auch aus den Großstädten läßt sich »die Natur« nicht verdrängen. Die meisten Menschen leben inzwischen in Städten, daher wird es zunehmend wichtiger für uns, uns auf die innere Verbindung mit allem Leben zu besinnen. Mir hilft zum Beispiel das Bewußtsein der nur scheinbar banalen Erkenntnis sehr, daß auch in Metropolen wie Berlin jeden Tag die Sonne auf- und wieder untergeht. Ich habe in meiner Wohnung ein Bild von einem Sonnenaufgang über Berlin, der mich immer daran erinnert, daß ich mich auch hier, in einer Großstadt mit mehr als vier Millionen Menschen auf meiner Reise des Erwachens befinde. In einer Stadt zu leben bedeutet lediglich, daß wir etwas aufmerksamer sein und etwas genauer hinschauen müssen, um diese Zusammenhänge beobachten zu können. Hierzu möchte ich von einer Erfahrung berichten, die ich nie vergessen werde:

Der Winter 1994/95 war in Berlin und Brandenburg besonders streng und lang – mit Dauerfrost von November bis März. Der Boden war zwei Meter und mehr durchgefroren, viele Wasserleitungen waren gebrochen, sämtliche Böden und Bäume blieben bis in den April hinein braun, kein Grün war zu sehen. Ich hatte zum ersten Mal das Empfinden, als ob es nie wieder grün würde ...

Für mich ist der Botanische Garten vor allen Dingen im Frühjahr ein beliebtes Ausflugsziel, denn dort finde ich alles, was in der jeweiligen Jahreszeit blüht, in einem überschaubaren Areal. Außerdem kann ich hier buchstäblich mit meinen Radiant Händen und Füßen über die ganze Erde wandern und so meinen Dienst für den Weltfrieden tun (siehe dazu auch das Kapitel über die Friedensprojekte). In diesem Jahr ging ich Anfang April um Ostern herum in den Botanischen Garten. Ich dachte, der Frühling muß doch wenigstens dort ausgebrochen sein. Ich kam hin, aber nichts – alles war braun, scheinbar wie tot. Gleichzeitig fühlte und roch ich, wie die Natur erwachte. Ich ging dort umher mit den Symbolen, Einstimmungen und dem Radiant Touch, ich ließ mich leiten. Plötzlich fand ich mich an einem unscheinbaren Platz. Die Sonne schien, und aus dem brauen Boden waren mit aller Kraft wunderschöne, strahlendgelbe Blumen etwa 15 Zentimeter hoch gewachsen. Freude, Dankbarkeit und Liebe durchströmten mich, Tränen traten in meine Augen, und ich begann mit den Werkzeugen der TRT zu arbeiten. Diese kleinen strahlendgelben Blumen wurden in dem Moment zu meinem Meister. Sie berührten mich tief. Sie »gaben ihr Bestes«, nichts konnte sie abhalten, einfach dazusein, sich aus diesem Boden heraus zu gebären. Kein »Jammern« über den langen Winter, kein »Sauersein« darüber, nichts dergleichen …

Für mich war und ist das eine der wichtigsten Unterweisungen meines Lebens. Sein Bestes geben, was immer geschieht und was immer es ist, zu jeder Zeit, an jedem Ort und in jeder Situation – und ohne irgend etwas dafür zu erwarten, einfach aus dem Sein heraus. Mir wurde in diesem Moment vieles bewußt. Es war im wahrsten Sinne des Wortes ein erleuchtender Augenblick. Anschließend begann meine Reise, bei der sich diese Erfahrung Schritt für Schritt in meinen Alltag integrierte.

Die Radiance Technik hilft mir täglich, mir diese Verbindungen auf allen Ebenen bewußtzumachen. Sie hat mir ermöglicht, in der enormen Artenvielfalt der Pflanzen- und der Tierwelt die Einheit und die Verbindung mit allem Leben zu erfahren.

Zunächst fiel es mir schwer, wirklich alle Menschen mit einzubeziehen und mir klarzumachen, daß auch sie als Teil der Natur untereinander und mit allen anderen Lebewesen verbunden sind. Für mich ist es eine der größten Herausforderungen, wirklich in allen Menschen die Seele und den Lichtpunkt wahrzunehmen. In den Situationen, in denen es mir wirklich gelingt, verändert sich sofort der Umgang mit mir selbst und meinem Gegenüber. Auch das ist eine Reise. Die TRT und meine natürliche Verbundenheit zur Natur helfen mir dabei sehr. Ich muß lediglich meinen radiant Händen folgen. Dr. Barbara Ray gibt uns hilfreiche Hinweise, die zu solchen Einsichten führen können:

> »*Einheit* – In jedem von uns liegt unabhängig von den vielen äußeren Unterschieden ein strahlender Lichtpunkt der Ganzheit, der Einheit und der universalen Liebe. Die Radiance Technik macht diesen ausstrahlenden Punkt in uns zugänglich und weitet ihn aus. Auf Ihrer fortlaufenden Reise in höheres Bewußtsein und Erwachen wird sich Ihre Erkenntnis und Ihr ›Wissen‹ über die wesentliche Einheit aller lebenden Wesen ausdehnen. Wenden Sie besonders längere Zeit die Kopfpositionen 1 und 3 (siehe die Abbildung auf S. 59), die Vorderseitenpositionen 1 und 3 und/oder die Rückenpositionen 1, 2 und 3 an.« (Exp. R. M., S. 113)

Die Radiance Technik kann uns also helfen, die Einheit mit der Natur wieder zu erfahren und von ihr zu lernen. Außerdem ist sie ein hervorragendes Werkzeug, um Pflanzen und auch Tiere in ihrem eigenen Wachstum und ihrer Entwicklung zu fördern.

TRT mit Pflanzen

TRT mit Pflanzen zu teilen gehört mit zu meinen schönsten Erfahrungen. Mit der TRT übermitteln wir bei jeder Berührung universale Lebensenergie, die Energie der universalen Liebe. Die

Pflanzen, ob in der Wohnung, im Garten oder in der freien Natur, danken es uns. Auch sie stellen Beziehungen her zu den
Menschen, mit denen sie zusammenleben.

Vor zirka dreizehn Jahren bekam ich eine etwa einen Meter
große und sehr schlanke Palme geschenkt. Ich begann, ihr regelmäßig TRT-Anwendungen zu geben, sowohl mit meinen
Händen als auch mit den kosmischen Symbolen. Ich nahm ihren
Wurzelballen in die Hände, indem ich den Blumentopf anfaßte,
berührte die Erde, gab dem Wasser vorher Einstimmungen und
strich immer wieder mit meinen Händen durch ihre Aura. Ich
begann diese Palme mehr und mehr zu lieben. Sie spendete mir
Trost, gab mir Ruhe und Geborgenheit in den Wechselbädern
meines Lebens. Im Laufe der Zeit wurde sie so groß, daß ich
mich bei ihr unterstellen konnte. Ihr Platz war in einem sehr
schönen und großen Raum, in dem sie etwa 12 Quadratmeter
für sich beanspruchte. Alle Menschen, die mich besuchten, be-

wunderten diese riesige Pflanze. Als ich dann umzog, konnte ich die Palme leider nicht mitnehmen. Sie war zu groß für die neue Wohnung. Ich verschenkte sie an Radiant Freunde mit einer geräumigen Wohnung. Jetzt spielen Kinder unter ihren Blättern.

Pflanzen reagieren sehr stark auf liebevolle Zuwendung. Sie kennen sicher alle einen Menschen mit dem sogenannten grünen Daumen, der eine solche besondere Verbindung zu Pflanzen hat. Fast alles bringen sie zum Gedeihen. Dr. Barbara Ray gibt uns auch diesbezüglich Hinweise:

> »*Garten* – Alle Mitglieder des Pflanzenreichs können von den Anwendungen der TRT profitieren, die sich mit ihren inneren Ebenen verbindet und die natürliche Entfaltung und das Wachstum der Pflanzen, Büsche und Bäume unterstützt. Verwenden Sie die TRT-Handanwendung für die vollentwickelten Pflanzen, um ihr ganzheitliches Wachstum in Ihrem Garten zu unterstützen und auszudehnen, indem Sie Zeit mit Ihren Händen auf den Blättern, dem Stamm oder den Stengeln oder in der Nähe des Wurzelsystems auf der Erde verbringen. Probieren Sie einmal aus, zusätzlich Ihre TRT-Handanwendung bei den Samen oder Sämlingen vor dem Einpflanzen einzusetzen. Verwenden Sie Ihre Radiant Hände, wenn immer es möglich ist – beim Beschneiden oder Umtopfen, Bestellen des Bodens und beim Düngen. Die TRT ist kein Ersatz für ausreichenden Sonnenschein, Nahrung oder Wasser. Aber sie arbeitet harmonisch mit dem Universum, um die unterstützende, wohlwollende, ganzheitliche Energie in Ihrem Garten zum ›Blühen‹ zu bringen.« (Exp. R. M., S. 45)

Die TRT-Handanwendung mit Bäumen ist für mich immer wieder ein besonderes Erlebnis. Zunächst schaue ich mir den Baum an und tausche mit ihm TRT über universale Symbole und Einstimmungen aus. Es entsteht ein Kontakt von meinem innersten Kern zu seinem innersten Kern. Es ist ein erhabener Augenblick

wahrzunehmen, daß dieser Baum über viele Jahrzehnte, oft Jahrhunderte an der gleichen Stelle steht. Er kann sich bekanntermaßen nicht fortbewegen, hat aber dennoch sehr viel erlebt und trägt viel Weisheit in sich. Bäume lehren mich Geduld und Ausdauer.

Ich lege meine Hände auf den Stamm und verbinde mich mit ihm. Oft schließe ich dazu die Augen. Manchmal spreche ich auch innerlich mit ihm. Bäume haben unendlich viel zu erzählen. Wir müssen lediglich mit unseren inneren Ohren hinhören. Diese Art des Hörens unterscheidet sich von dem Hören mit unseren äußeren Ohren. Manchmal hören wir wirklich eine Stimme, manchmal wissen wir einfach, was der Baum erzählt. Es ist ein Austausch von Energie, nicht von Worten. Mit Bäumen habe ich erfahren, was Geben und Nehmen wirklich ist. Bäume geben immer, sie nehmen uns auf und reichen ihre Kraft weiter, bieten Schutz, Geborgenheit und Sicherheit. Manche Erfahrungen sind für mich wie im Märchen. Versuchen Sie es! Gerade in einer Zeit materieller Unsicherheit oder bei Existenzängsten unterstützt mich der direkte Kontakt zu Bäumen dabei, die Wurzeln, die Sicherheit in mir selbst zu finden. Die Bäume zeigen mir, daß ich leben werde, was auch immer geschieht.

»*Pflanzen* – Sie ehren den inneren Lebensprozeß, wenn Sie diese strahlende, universale Energie drinnen oder draußen mit irgendeiner Pflanze oder einem Baum teilen. Während Sie das Erblühen und das Wachstum von Pflanzen beobachten, werden Sie ein tieferer Beobachter Ihrer eigenen Kapazität für das ›Erblühen‹, Wachstum und Erwachen auf Ihrer Reise ins höhere Bewußtsein.« (Exp. R. M., S. 85)

Die TRT mit Tieren

Viele Menschen leben mit Haustieren oder haben eine besondere Beziehung zu wilden Tieren und möchten wissen, was sie speziell für ihre Freunde tun können. Marvelle Lightfields hat ein Buch darüber geschrieben: *The Radiance Technique® and The Animal Kingdom*. Durch das Lesen dieses Buches wurde mir die Welt der Tiere in einer Weise nahegebracht, die ich nicht für möglich gehalten hätte. Außer Erfahrungsberichten aus aller Welt über den Umgang mit Tieren in unterschiedlichsten Situationen und Orten, enthält es Informationen über das Tierreich in Verbindung mit der TRT, die für mich einmalig sind.

Auf S. 1 schreibt sie: »Eine der schönsten Entdeckungen für Sie als Lernende Der Radiance Technik ist, daß Sie jeden Grad, den Sie erlernt haben, mit Ihren Freunden aus dem Tierreich nutzen können. Es gibt keine Begrenzungen, diese universale, strahlende und unterstützende Energie mit den Mitgliedern des Tierreichs zu teilen. Wie Sie in Ihrem Seminar des Ersten Grades schon gelernt haben, ist Die Radiance Technik unschädlich und wohltuend und kann mit Tieren, Pflanzen und jedem lebendigem System angewandt werden.

Dr. Barbara Ray hat in Kapitel 12 des Buches *The Authentic Reiki – Der ›Reiki‹-Faktor in Der Radiance Technik* über die Anwendung der universalen Energie mit Pflanzen und Tieren geschrieben. Dort erinnert sie uns, daß ›Tiere und Pflanzen ein integraler Bestandteil unseres planetarischen Systems sind und ihr Schicksal mit dem unseren verbunden ist‹. Viele Kursteilnehmer Der Radiance Technik haben für sich selbst diese wichtige ›innere‹ Verbindung mit Tieren entdeckt, sie fanden Wege, die Radiant Energie zu nutzen, um Tiere als ihre Freunde zu Hause oder in der Wildnis zu unterstützen und zu ehren. Dieses Akzeptieren und Respektieren der Unterschiede zwischen Menschen und Tieren ist ein vitaler Teil des ›Bondings‹ mit der natürlichen Welt in unserem Leben.

Für uns ist es ein außerordentliches Glück, daß wir besondere Tiere einladen können, unser Heim mit ihnen zu teilen. In diesem Zusammenleben gibt es grenzenlose Möglichkeiten der praktischen Anwendungen. Es gilt aber auch, eine natürliche Beziehung untereinander zu beachten: Tiere sind keine Menschen, obgleich wir sogar sehr gut zusammenleben können. Wir müssen uns stets daran erinnern, daß wir die größere Verantwortung tragen.

In Ihrer Beziehung zu Tieren die Radiance Technik anzuwenden ist eine tiefgreifende Erfahrung und macht auch viel Freude. Wenn Sie die Radiance Technik einsetzen, helfen Sie Ihrem Haustier oder den wilden Tieren auf unterschiedliche Art und Weise.«

> »*Helfen* – Wir befinden uns während unseres Lebens oft in Situationen, in denen wir die Gelegenheit haben, uns selbst, anderen und/oder Haustieren, Wildtieren und Pflanzen zu helfen. Sie können TRT jederzeit, an jedem Ort und in jeder Situation als Hilfe verwenden. Die Radiance Technik ist vollkommen *sicher*, leicht zu erlernen und kann auch Kindern beigebracht werden. Sie ist eine der effektivsten Selbsthilfetechniken des modernen Lebens.« (Exp. R. M., S. 50)

Ab dem Ersten Grad können Sie sofort TRT-Anwendungen mit Tieren teilen. Die Dauer kann sich von Tag zu Tag je nach den Bedürfnissen Ihres Tieres ändern. Steigern Sie langsam die regelmäßigen Zeiten der Berührung, indem Sie es streicheln und es in seinen Ruhephasen berühren. Es gewöhnt sich sehr schnell an Ihre Radiant Hände und kommt zunehmend mehr zu Ihnen. Es weiß instinktiv, was es benötigt. Sie brauchen Ihr Tier zu nichts zu zwingen. Warten Sie mit Ihren Handanwendungen nicht, bis es erkrankt oder einen Unfall hat, denn seine Gesundheit und sein Wohlbefinden wird durch regelmäßige Handanwendungen unterstützt und aufgebaut, was für Tiere genauso wichtig ist wie für uns Menschen. Bei den Anwendungen be-

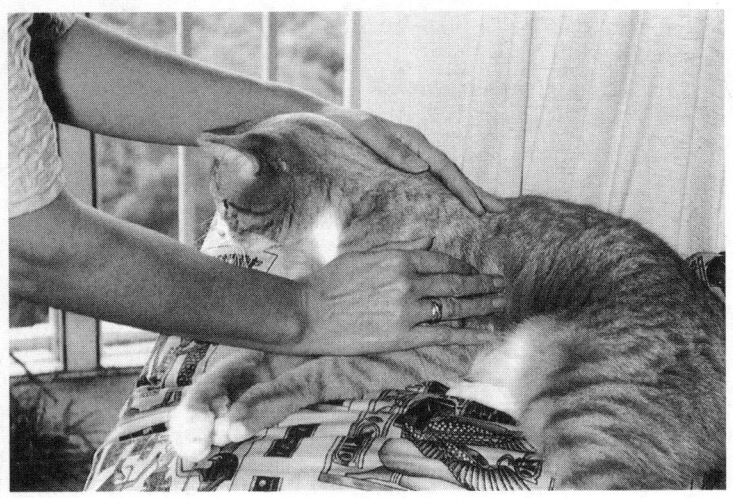

decken Sie bitte nie die Augen Ihres Tieres, denn sie dienen ihm zur Verteidigung.

Wenn Sie viel reisen, können Sie sich mit dem Zweiten Grad der TRT täglich mit Ihren tierischen Freunden innerlich verbinden und so durch die inneren Dimensionen den Kontakt und die Kommunikation aufrechterhalten.

Die TRT ändert das Zusammenleben mit Ihren Freunden aus dem Tierreich ganz erheblich. Sie bringt eine andere Qualität, viel Freude, gegenseitige Unterstützung, Klarheit und Achtsamkeit in Ihre Beziehung. Versuchen Sie es!

Anfang 1998 hatte ich die Gelegenheit, einige Tage mit einer Radiant Freundin zu verbringen, die mit zwei wunderbaren Katzen und einem Kater zusammenwohnt. Alle drei leben von klein auf bei ihr, und jedes für sich ist ein einzigartiges Individuum mit einem völlig eigenen Charakter. Für mich war diese Begegnung ein besonderes Geschenk. Endlich konnte ich mit Tieren das erleben, was ich mir schon immer gewünscht hatte – eine längere, wirkliche Begegnung von Lebewesen zu Lebewesen ohne Angst und ohne Unsicherheit.

Es war vom ersten Tag ein vorsichtiges und achtsames Miteinander, als ob die Katzen »wußten«, daß ich besondere Umsicht benötige. Jede einzelne Katze näherte sich mit auf unterschiedliche Weise. Der Kater, ein Tonkinese und der Jüngste von den dreien, ein kleiner Draufgänger, kam sofort und warb um mich. Ich schaute in seine wunderbaren blauen Augen, hielt ihm meine Hände hin und streichelte ihn. Er kam und ging wieder, je nach seinen Bedürfnissen. Aber auch er achtete stets meine Grenzen. Die beiden weiblichen Katzen begegneten mir wieder ganz anders. Sie waren noch vorsichtiger und unabhängiger, eine von den beiden auch ein wenig scheu. Aber alle stellten zu mir einen individuellen Kontakt her – jeweils auf individuelle Weise.

Mit ihnen zusammenzusein mit dem universalen Werkzeug der TRT – dem Radiant Touch, Symbolen und Einstimmungen – machte diese Begegnung zu einem unvergeßlichen Erlebnis. Es war eine Begegnung in universaler, bedingungsloser Liebe, in der jede Angst und Unsicherheit zu grenzenlosem Vertrauen wurde und in der ein Energiefluß in beide Richtungen entstand, ein Kontakt von Lichtkern zu Lichtkern, an dem jeder Unterschied zu existieren aufhörte. Tiefe Dankbarkeit erfüllt mich. Es war eine große Ehre für mich, diesen Lebewesen so nahe gekommen zu sein. Sie haben mir sehr geholfen, mich unterstützt und begleitet, mein Herz – meine Liebe – für Tiere auch nach außen zu leben, es mit ihnen zu teilen. Ich weiß jetzt, es ist möglich! Diese Erfahrung war der Beginn einer grundlegenden Veränderung in meiner Beziehung zu Tieren.

Um mit wilden Tieren diese universale Energie zu teilen, empfiehlt sich der Zweite Grad Der Radiance Technik. Für mich ist es ein besonderes Geschenk, daß ich mit Hilfe der Symbole auch sie erreichen kann. Oft spüren sie es und heben ihren Kopf, oder sie richten die Ohren auf. In dem oben erwähnten Buch von Marvelle Lightfields gibt es eine Fülle solcher Erfahrungsberichte über ganz unterschiedliche Situationen.

Wir können uns außerdem an Projekten beteiligen, die sich mit bedrohten Pflanzen- oder Tierarten beschäftigen. Wir müssen nicht an Ort und Stelle des Geschehens reisen, wir können jederzeit mit der Radiant Energie Unterstützung leisten. Suchen Sie sich Ihr persönliches Projekt, und arbeiten Sie damit. Wie das geschehen könnte, lesen Sie in dem Kapitel über Friedensprojekte.

Die TRT in Kombination mit anderen therapeutischen Methoden

Als ein Werkzeug universaler Energie läßt sich Die Radiance Technik mit allen anderen therapeutischen Methoden kombinieren. Universale Energie, zugänglich gemacht durch die TRT, unterstützt uns hier auf der Erde bei unserer Reise in Richtung universales Bewußtsein – unabhängig von den äußeren Bedingungen.

Meine Erfahrung und diejenige vieler anderer Menschen ist, daß die Wirkung einer Therapie durch die Kombination mit der TRT oft verstärkt wird. Ich arbeite seit vielen Jahren in meiner Praxis sowohl mit Klienten, die mindestens den Ersten Grad der TRT erlernt haben, als auch mit solchen, die nicht mit diesem universalen Werkzeug umgehen. Ich erlebe immer wieder, daß psychotherapeutische Prozesse durch die TRT tiefgreifend unterstützt werden, Klienten mit Hilfe Der Radiance Technik schneller auf der emotionalen und mentalen Ebene ins Gleichgewicht kommen, tiefere Klarheit erlangen, mutiger werden und Entscheidungen treffen können, die zu positiven Veränderungen in ihrem Leben führen.

Die TRT ist in verschiedener Hinsicht das Basiswerkzeug in meinem sich ständig erweiternden Beruf geworden, wo mir viele verschiedene Methoden begegnet sind, von denen ich einige weiterhin verwende und andere nicht. Ich habe nie aufgehört, Neues auszuprobieren und mich auf diese Weise weiter zu entfalten.

In diesem Kapitel stelle ich Ihnen einige solcher Möglichkeiten vor. Manche können Sie allein ausprobieren, bei anderen

sollten Sie sich zumindest am Anfang eine kompetente Begleitung suchen. Es gilt wie bei allen psychischen und körperlichen
Beschwerden, daß die TRT keinesfalls die grundsätzliche Behandlung durch einen Arzt, Psychologen oder Heilpraktiker unnötig
macht.

Bei Kombinationen ist zu beachten, daß wir die Methode,
mit der wir Die Radiance Technik verbinden wollen, wirklich
beherrschen müssen. Das Anwenden von universaler Energie,
zugänglich gemacht durch die TRT, ersetzt keine Ausbildung in
einer anderen »Disziplin«! TRT ist auch keine Diagnose- oder
körperliche Heilungsmethode, wie sie aus der Schulmedizin
oder Physiotherapie bekannt sind. Wir können sie zum Beispiel
begleitend bei allen Techniken, die mit Berührung zu tun haben,
verwenden, wie Massagen, Shiatsu, Feldenkrais, Augenarbeit
und dergleichen. Auch die schulmedizinischen Behandlungen
können wir durch unsere TRT-Handanwendung tiefgreifend
unterstützen. Aber die TRT-Handanwendung ersetzt wie gesagt
nicht die ärztliche Behandlung. Ein Seminar der TRT, Ihren gesunden Menschenverstand und Ihr Wissen, daß es bei TRT-Anwendungen keine strikten Bedingungen einzuhalten gibt, damit
sie wirkt, ist alles, was Sie benötigen, um auf Entdeckungsreise
zu gehen, Ihre eigenen Erfahrungen zu machen und selbst die
Entscheidung zu treffen, bei welcher Therapieform Sie Die Radiance Technik unterstützend zum Einsatz bringen.

Einige Kombinationsmöglichkeiten wurden in den vorhergehenden Kapiteln schon angedeutet. Im folgenden sind besonders die Methoden in Verbindung mit der TRT beschrieben, die
ich in meiner Praxis und auf meiner Reise zu mir selbst schon
seit vielen Jahren anwende. Danach finden Sie einen besonderen
Abschnitt über TRT und Streßbewältigung, die in unserer modernen Gesellschaft zunehmend an Bedeutung gewinnt. Die Radiance Technik ist dazu eine hervorragende Methode!

Erfahrungen aus der Praxis

Wie ich schon an anderer Stelle sagte, hat mir das universale Werkzeug Der Radiance Technik im Laufe der Zeit auf mannigfaltige Art in unterschiedlichen Lebensbereichen zu neuen Einsichten und Erkenntnissen verholfen.

In meinem beruflichen Alltag habe ich täglich in ganz verschiedenen Situationen mit Menschen zu tun. Sie kommen ins Radiance Zentrum, um Einzelstunden zu nehmen und Seminare oder Informationsveranstaltungen zu besuchen. Manche von ihnen begleite ich über einen längeren Zeitraum, andere begegnen mir nur auf einer Veranstaltung. Zusätzlich reise ich zu Seminaren in andere Städte und Länder. Nebenbei gibt es noch viele Dinge in meinem Büro zu erledigen. Jeder Tag ist vielfältig, neu und entfaltet sich anders.

Mindestens eine ganze TRT-Handanwendung täglich, das Energieleiten und nicht zuletzt Einstimmungen nutze ich als Vorbereitung zu meiner Arbeit. Sir bringen mir Vitalität und Klarheit. Im Zusammensein mit den Menschen während der Beratungen und Begleitung der unterschiedlichen Prozesse unterstützt mich die TRT, eine Energie aufzubauen, in der sich Vertrauen, Achtsamkeit, liebevolle Akzeptanz und Mitgefühl entfalten können. Durch die universale Energie von Ganzheit wird das besonders tiefe und vertraute Energiefeld zwischen dem Klienten und mir verstärkt. Ich nutze in den Stunden sowohl den Radiant Touch als auch die Symbole und von Zeit zu Zeit Einstimmungen, um meine Kapazität in dem Moment zu erweitern. Die Radiance Technik gibt mir wirklich in jedem Augenblick und in jedem Bereich die Möglichkeit, etwas Nützliches zu tun. Sie ermöglicht mir, jederzeit universale Lebensenergie mit der Qualität von Ganzheit in meine Handlung hineinzubringen.

In Entscheidungsprozessen und in Problemsituationen scheint die TRT mich auszudehnen, so daß es mir besser gelingt, das

Ganze klarer zu sehen und einen größeren Überblick zu bekommen. Anstatt mich selbst – meinen Verstand – anzustrengen, krampfhaft eine Lösung zu finden, vertraue ich meinen Erfahrungen, daß sich in dem Radiant Energiefeld alles entfaltet und auch Lösungen sichtbar werden. Das bedeutet nicht, die Verantwortung abzugeben und nicht mehr zu handeln. Es ist eine »aktive Passivität« und ermöglicht eine Handlung dann, wenn sie erforderlich ist. In der Vergangenheit habe ich fast ausschließlich mit meinem Verstand gelernt. Jetzt lerne ich mit meinem ganzen Wesen und bekomme mehr und mehr Zugang zu meiner Intuition, meiner Kreativität, Flexibilität und zu innerem Wissen!

Für mich ist die Erweiterung der Kapazität dieser Qualitäten eine essentielle Unterstützung in allen Begleitprozessen mit Einzelklienten und in meiner Arbeit mit Gruppen. Es entsteht ein strahlendes Energiefeld, in dem spielerische, kreative Interaktion ermöglicht wird.

Marvelle Lightfields drückt dies in ihrem Beitrag zum Buch *The Radiance Technique On The Job* von Fred W. Wright auf S. 87f, sehr treffend aus: »Durch den aktiven Gebrauch dieser strahlenden Energie haben sich die Beziehungen in meinen Beratungen in tiefere transpersonale Bereiche verlagert. Ich habe sehr leicht Zugang zu meinem intuitiven Verstand, um die Sitzung zu unterstützen, indem ich tief in mir selbst oder der anderen Person Orientierung erlange, um Licht in die Schwierigkeit, an der wir arbeiten, hineinzubringen. Sie erleben die Energie-Unterstützung und bewegen sich kreativ in persönliche Erkenntnisse hinein. Tiefere emotionale und mentale Muster werden klar erkannt … Wir gehen weiter und tiefer in kürzerer Zeit. Gleichwohl wird die Zeit empfunden, und sie ist ewig und ganz, während wir in der Sitzung sind. Diese Ausdehnung wird in jeder Sitzung offenbar und auch in dem Verhalten und der Arbeit nach der Sitzung. Sogar wenn wir an einem *Teil* der Person arbeiten und diesen besonders beleuchten, sind wir fähig, die Beziehung zu dem *Ganzen* zu erhalten.« Ob wir dabei an Träumen arbeiten oder nach innen reisen, auf den verschiedenen Ebenen des Sehens arbeiten oder an der Streßbewältigung, »die Licht-Energie unterstützt uns in den neuen Runden auf der Spirale des Selbst-Entdeckens. Die Sitzungen sind lebendig! Die Freude, Die Radiance Technik zu nutzen, ist, daß diese transzendentale Energie ausdehnungsfähig ist. Sie befähigt mich, den Augenblick der Entdeckung auszudehnen – um den Faden stetig loszuwickeln, der dem Individuum ermöglicht, Licht in sich selbst zu sehen, wo nur wenige Momente vorher Dunkelheit zu sein schien. Ausdehnung ist ein wirklicher Schlüssel zur Umwandlung.«

Die Radiance Technik und »Ganzheitliches Sehen«

Das »Ganzheitliche Sehen« beschäftigt sich mit dem Sehen auf all unseren Ebenen, dem »optischen« Sehen mit dem Organ Auge und dem »Sehen« auf der emotional-mentalen Ebene sowie auf den spirituellen Ebenen. Im folgenden wird das Sehen auf unterschiedliche Weise betrachtet und angesprochen. Zunächst finden Sie einen kurzen Überblick über den Beruf des Sehlehrers, seine Möglichkeiten und über Sehübungen in Verbindung mit TRT. Danach wird näher auf das innere Sehen – die kreative Imagination in Verbindung mit TRT – eingegangen. Abgeschlossen wird das Ganze mit einem Abschnitt über das Sehen mit dem »inneren Kind«, der die Arbeit auf allen Ebenen des Sehens verdeutlichen soll.

Diese Ausführungen erheben nicht den Anspruch, eine vollständige und umfassende Bearbeitung dieses Fachgebietes zu sein. Vielmehr will ich damit einen Einblick in integrale Bestandteile meiner Arbeit als Sehtherapeutin in Verbindung mit der TRT geben.

Ich arbeite seit mehr als vierzehn Jahren in diesem Beruf in meiner eigenen Berliner Praxis. Dieses sehr breit gefächerte Arbeitsgebiet enthält den Bereich der Gesundheitsvorsorge – die Sehübungen zur Erhaltung und Verbesserung der Sehkraft und der Qualität des Sehens. Außerdem beinhaltet es die psychische Dimension des Sehens – das »Verdrängungsorgan Auge«, die Klärung des psychosomatischen Hintergrundes von Augenerkrankungen. Ein weiterer Bereich ist die spirituelle Dimension des Sehens – die Augen als Tore zu unserer Seele. Wir können unsere inneren und äußeren Augen nutzen, um Zugang zu den inneren Ebenen zu bekommen. Unsere äußeren Augen haben auf der körperlichen Ebene eine Korrelation zum Dritten Auge, dem Energiezentrum, das zwischen den Augenbrauen liegt (siehe Abbildung der Chakren auf S. 72). Es eröffnet uns auf den inneren Ebenen den Zugang zur inneren Weisheit und klaren Sicht.

Der Schwerpunkt meiner Arbeit liegt sowohl in den Seh- und Entspannungsübungen als auch im psychisch-seelischen Bereich, der umfassender und tiefer ist. Wir erforschen emotionale Hintergründe, um auch positive Veränderungen des Sehens herbeiführen zu können.

Es geht dabei vor allem um eine Verbesserung der Lebensqualität, eine gelassenere und zufriedenere Grundhaltung oder auch Sichtweise. In meiner Arbeit geht es nie um »Dioptrien-Quantität«, sondern vielmehr um die Qualität des Sehens. Ich bin andererseits auch keine Vertreterin des »Weg-mit-der-Brille«-Dogmas. Es geht mir um das Sehen-Schauen im weitesten Sinn.

Die Radiance Technik ist hierbei eine sehr gute und umfassend unterstützende Methode. Sie wirkt auf allen Ebenen – sie trägt zur Entspannung der Augen bei, hilft den Sehstreß »loszulassen«, fördert das Sichtbarmachen von alten Verhaltensmustern und das Beobachten, gleicht die Energieblockaden auch in bezug auf das »physische« Sehen aus und gibt Zugang zu den inneren Ebenen.

Die Arbeit am besseren Sehen und mit den Augen gewinnt immer mehr an Bedeutung. Inzwischen haben in der westlichen Welt mehr als 50 Prozent der Menschen Sehprobleme, Tendenz steigend. Gleichzeitig leben wir in einer visuellen Welt, in der wir unsere volle Sehkraft benötigen. Dabei nutzen wir in der Regel unsere Augen in einer Weise, die für sie sehr anstrengend ist (stundenlanges Sehen in einer gleichbleibenden nahen Entfernung: Computer, Fernseher, Buch und dergleichen), oder wir setzen uns sehr extremen visuellen Reizen aus. Untersuchungen mit Kindern in Japan haben beispielsweise ergeben, daß die extremen und schnell aufeinanderfolgenden Blitzeffekte im Fernsehen sowohl das Sehen als auch das Gehirn beeinflussen und zu Erkrankungen führen können.

Unsere Augen haben sich seit der Steinzeit nicht verändert. Sie sind an die Bedürfnisse dieser Zeit – Gefahren möglichst scharf schon in größerer Entfernung zu erkennen – optimal angepaßt. Unsere Augen entspannen sich beim Sehen in die Ferne, und beim Nahsehen sind bestimmte Muskeln dauernd angespannt. Das ständige In-die-Nähe-Schauen kann unter anderem zu Augenbrennen, Kopfschmerzen und chronischen Verspannungen führen, die oft in Kurzsichtigkeit mündet.

Wir müssen also wieder neu lernen, wie wir mit unseren Augen »natürlich« sehen. Dazu gehört, sich ihnen zu widmen und zu erfahren, wie sie sich wann anfühlen. Die meisten Menschen nehmen ihre Augen erst dann wahr, wenn sie nicht mehr so funktionieren, wie sie sollten. Vorsorge ist besser. Dabei geht es hier nicht darum, die Errungenschaften unserer Zeit wie etwa den Computer zu »verteufeln«. Vielmehr wollen wir verdeutlichen, daß wir lernen müssen, mit diesen Instrumenten so umzugehen, daß wir unsere Augen nicht schädigen. Manche Firmen und Institutionen bieten ihren Mitarbeitern an Bildschirmarbeitsplätzen inzwischen Seminare zur Augenschulung als Maßnahme zur Vorbeugung und Reduzierung des Sehstresses an.

Die Radiance Technik kann hier als hervorragendes Werkzeug eingesetzt werden. Sie hilft den Streß auf allen Ebenen, so auch beim Sehen, zu reduzieren, und ist gut geeignet, in Verbindung mit den Sehübungen zum »natürlichen« Sehen zurückzufinden und/oder sich dieses zu erhalten:

» *Augen* – Nutzen Sie besonders längere Zeit die Kopfpositionen 1, 2 und 3 (siehe die Abbildung auf S. 59). Erinnern Sie sich: Die äußeren Augen leiten sich ab von dem inneren Auge, dem Dritten Auge, und haben dazu eine Beziehung. Der Prozeß der Erleuchtung beinhaltet das Erwachen des inneren Auges – zu echten *Einsichten*. Verwenden Sie diese Positionen auch, um sich sofort zu entspannen, sich zu zentrieren, die Vitalität zu erhalten, den Druck zu mildern und die Energien auszugleichen.« (Exp. R. M., S. 38)

Bei meiner Arbeit mit den Klienten wende ich mich zunächst dem Organ Auge mit Hilfe von Entspannungs- und Sehübungen zu, die auch zu Hause gemacht werden können. Die wichtigste Sehübung ist das Palmieren.

Palmieren

Zum Palmieren (siehe auch die Anmerkung auf S. 81) setzen oder legen Sie sich hin, schließen die Augen und legen Ihre Hände auf Kopfposition 1. Dabei können Sie die Hände so aufs Gesicht legen, daß die Handteller Ihre Augen bedecken, um möglichst viel Licht von außen auszuschließen und Ihren Augen Schutz und Geborgenheit zu geben. Vor Ihren Augen darf es jetzt dunkel werden. Und wenn es nicht dunkel wird, dann ist das, was jetzt entsteht, auch ganz in Ordnung. Lassen Sie geschehen, daß Ihre Augen sich jetzt lockern und lösen. Im Liegen können Sie sich dabei vorstellen, wie Ihre Augen in die dunklen Höhlen einsinken, als ob sie in einem Sofa mit vielen weichen Kissen ruhten. Ihre Augen bewegen sich möglicherweise etwas nach hinten – lassen Sie es geschehen. Machen Sie das Palmieren im Sitzen, hilft die Vorstellung, daß Ihre Augen in einer Hängematte ruhen.

Nach einiger Zeit nehmen Sie Ihre Radiant Hände von den Augen, gewöhnen sich zunächst mit geschlossenen Augen an das Licht und öffnen sie dann mit viel Blinzeln. Unsere Augen benötigen Zeit, sich an das Licht zu gewöhnen!

Machen Sie diese Übung mehrmals am Tag wenige Minuten lang oder auch wesentlich länger – zu Hause oder auch am Arbeitsplatz. Ihre Augen sind für jede Minute dankbar.

Wenn Sie mehr Zeit haben, können Sie das Palmieren mit Visualisierungen von Farben, Landschaften, angenehmen Situationen oder der Vorstellung, wie Sie optimal sehen, verbinden und/oder auch Entspannungsmusik hören.

Ihre Augen ruhen sich in der Dunkelheit aus und bilden Sehkraft! Hierbei unterstützt sie die universale Lebensenergie, die durch Ihre Radiant Hände fließt, ganz entscheidend.

Marvelle Lightfields beschreibt ihre Erfahrungen mit Computerarbeit und dem Palmieren in Fred W. Wrights Buch *The Radiance Technique On The Job* wie folgt: »Von Zeit zu Zeit nutze ich während des Tages die Kopfposition 1, während ich am Computer arbeite, außerdem übermittle ich mir die kosmischen Symbole. Das hilft selbstverständlich meinen Augen. Aber genauso klärt, beruhigt und entspannt es meinen streitsüchtigen Verstand, der sich in der Frequenz der ›Computerbesessenheit‹ verfängt. Oft kann ich dann kreativ sehen, in welche Richtung ich mit meiner Schreibhand gehen muß.«

TRT und Sehübungen

Sie können jede Sehübung, die Sie kennen, mit ein paar Minuten auf der Herzposition beginnen und sich vorstellen, wie die Radiant Energie sich bis zu Ihren Augen ausdehnt und sie weich werden läßt. Stellen Sie sich vor, wie aus Ihren Augen die Energie der bedingungslosen Liebe strahlt.

Versuchen Sie, Ihre Sehübung mit diesem weichem Blick, unterstützt durch den Radiant Touch auf Ihrem Herzen, zu machen.

Anschließend schauen Sie sich mit diesem weichen, zulassenden, liebevollen Blick um und palmieren dann.

Beginnen Sie mit Ihren Radiant Händen auf der Herzposition, spüren Sie die Radiant Energie unter Ihren Händen, und lassen Sie geschehen, daß sich diese Energie der universalen Liebe bis zu Ihren Augen ausdehnt, diese umspült und durchstrahlt. Dann wechseln Sie mit Ihren Radiant Händen zur Kopfposition 1, stellen sich vor, wie Ihr Blick weich und liebevoll wird, wie die Kraft der universalen Liebe durch Ihre Augen nach außen strahlt. Wechseln Sie jetzt zur Herzposition, öffnen Sie mit etwas Blinzeln Ihre Augen, und schauen Sie sich mit diesem liebevollen Blick um. Lassen Sie dabei Ihre Augen ruhen, der Kopf bewegt sich beim Schauen, und »berühren« Sie auf diese Weise liebevoll und zärtlich andere Menschen, Pflanzen, Gegenstände, den eigenen Körper und dergleichen mehr. Werden Sie sich bewußt, daß Sie *wirklich* alles zum ersten Mal sehen. »Es ist alles neu.« Versuchen Sie, wie ein kleines Kind die Welt zu erobern. Ihr Blick bleibt liebevoll, annehmend und akzeptierend. Es ist in Ordnung, was und wie Sie es sehen. Ihre Radiant Hände sind dabei eine universal liebende Unterstützung für Sie!

Nehmen Sie sich ein paar Minuten Zeit, um zu schauen, alles neu zu entdecken, ohne zu beurteilen, zu bewerten, zu analysieren und zu vergleichen. Notieren Sie sich Ihre Erfahrung.

Der Herzensblick kann uns zeigen, wie sehr unsere Augen, unser Sehen an unseren urteilenden Verstand geknüpft sind. Alles, was wir sehen, wird gewöhnlich sofort eingeordnet in: »Das mag ich, und das mag ich nicht« oder »Das sieht so aus wie« und so fort. Dabei entgeht uns die wunderbare Schönheit des Augenblicks! Mit dem Herzen zu schauen eröffnet neue Welten, entspannt ganz nebenbei Ihre Augen und unterstützt das »natürliche« Sehen.

Natürliches Sehen

»*Sehen/Sicht* – Grundsätzlich gibt es zwei Arten des ›Sehens‹ – das Sehen der äußeren Welt mit den äußeren Augen und das der inneren Ebenen mit dem inneren Auge, dem Dritten Auge. Das wirkliche Auge, das fähig ist, das wahre Licht zu sehen und auszustrahlen, ist das innere Auge und hat die Licht-Qualität der *klaren* Vision, der Klarheit. Die Radiance Technik macht die Energie der ›universalen Vision‹ Ihres inneren Auges zugänglich und dehnt Ihre Kapazität aus, diese innere Energie nach außen von dem inneren durch das äußere Auge auszustrahlen.

Außerdem kann Die Radiance Technik verwendet werden, um den Heilungs- und Ganzwerdungsprozeß zu unterstützen und die äußeren Augen auszugleichen. Nutzen Sie besonders, solange Sie wollen, die Kopfpositionen 1, 2 und 3. Um zu Ihrer Bewußtheit Ihres inneren Auges, des Dritten Auges, zu erwachen, wenden Sie diese Positionen längere Zeit als Meditation an. Unterstützen Sie sich selbst, indem Sie ein Tagebuch führen.« (Exp. R. M., S. 98)

»*Drittes Auge* – Eines der sieben Hauptenergiezentren – eine Schwingung Innerer Ebenen der inneren klaren Sicht – ist das innere Auge hinter dem äußeren, physischen Auge, das sich in dem Bereich der Augenbrauen in der oberen Kopfregion befindet. Das Dritte Auge ist der Torweg zu innerem, wahren Sehen, und es gibt Zugang zu Ihrer intuitiven Ebene und dehnt Sie und Ihre Fähigkeiten zur Synthese aus – das *klare Sehen* der inneren Verbindungen und Beziehungen, die *natürlicherweise* gegenwärtig sind. Um die Klarheit des Sehens mit den inneren und den äußeren Augen zu unterstützen, wenden Sie längere Zeit als Meditation die Kopfpositionen 1, 2 und 3 an. Für schnelle Klarheit im Augenblick halten Sie diese Positionen einige Minuten ein. (Exp. R. M., S. 107)

Durch das entspanntere Sehen kommt es zu einem anderen Sehverhalten, dem mehr zulassenden, dem annehmenden Sehen: »Es ist in Ordnung, was ich sehe und wie ich sehe. Ich muß auch nicht mehr alles auf einmal scharf sehen, nicht alles deutlich erkennen.« Eine solche Einstellung zum Sehen hat oft tiefgreifende Auswirkungen auf das gesamte Leben, denn diese Haltung wird meistens auf andere Bereiche übertragen. Es ist möglich, daß Sie zu einer gelasseneren, entspannteren Grundhaltung kommen und lernen, Ihren Streß zu bewältigen, was eine Basisvoraussetzung für gutes, »natürliches« Sehen ist.

Mit Unterstützung der TRT werden durch die Sehübungen im Laufe der Zeit die Augen bewußter wahrgenommen, was oft zum Erkennen des starren Sehverhaltens führt. Den einzelnen werden dadurch Umstände und Bedingungen deutlich, die zu der Starrheit geführt haben. Einige Menschen erkennen, daß mit der Starrheit ein »Kontrollierenwollen« und »Angst vor Kontrollverlust« verbunden sind. Die Augen können uns – in der Sprache der Psychosomatik ausgedrückt – durch die Sehschwächen wirklich davor »bewahren«, diese Ängste bearbeiten zu müssen. Manche Menschen sind nach dieser Erkenntnis bereit, sich dem, was ihre Augen sagen und zeigen möchten, zu nähern. Sie beginnen mit Hilfe ihrer Augen eine Reise zu sich selbst!

Für mich sind die Augen Tore zu unserer Seele. Die Radiance Technik ist ein hervorragendes Werkzeug in Verbindung mit anderen Methoden, dieses Tor zu durchschreiten. Durch die kreative Imagination, Gespräche und andere psychotherapeutische Methoden in Verbindung mit der TRT können wir versuchen, die psychische Dimension des Sehens zu beleuchten. Die TRT unterstützt uns dabei auf allen Ebenen unseres Wesens. Sie ermöglicht uns die Entspannung, die wir benötigen, um mehr geschehen lassen zu können, und bringt alle Ebenen, so auch die unserer Psyche, in Richtung Gleichgewicht. Unsere »äußere« Persönlichkeit – der Körper, die Gefühle und Gedanken – beginnt, sich Schritt für Schritt auf unser inneres Selbst auszurichten. Wir lernen, die Realität von der Illusion, der Projektion, das Äußere vom Inneren und das Wirkliche vom Unwirklichen zu unterscheiden. Es ist ein Prozeß – ein Weg – den das »Sehen« (unsere Augen) uns weisen kann.

»*Klarheit* – bezieht sich im höheren Bewußtsein auf die Qualität von *Klarheit* – eine der Qualitäten der Energiearten, die universal, strahlend genannt werden. Klarheit bedeutet, die Dinge so zu sehen, *wie sie wirklich sind* – ohne Illusionen und Verhaftungen. Die Radiance Technik gibt Ihnen direkten Zugang zur strahlenden Energie, die transzendental *klar* ist. Mit Der Radiance Technik befinden Sie sich auf einer Reise, Ihre innere Kraft der strahlenden Energie zu entwickeln und auszudehnen. Verwenden Sie die Kopfpositionen 2 und 3 sowie die Vorderseitenpositionen 1 und 3 wie auch deren Kombinationen längere Zeit als Meditation.« (Exp. R. M., S. 23)

»*Ignoranz* – bedeutet ein Stadium des *Nichtwissens.* In dem Wachstum des höheren Bewußtseins befinden Sie sich auf einer Reise der Entfaltung durch ein Kontinuum von Erfahrungen hinein in ein Stadium des echten Wissens. Dieser Weg heraus aus der Ignoranz, des Nichtwissens, hinein in das wahre Licht und diese Reise, ein Wissender zu werden, ist schwierig, mühsam und voll von Illusionen und Rückschlägen. Das Erwachen aus der Ignoranz benötigt Radiant Unterstützung und Begleitung. Verwenden Sie besonders längere Zeit die Kopfpositionen 1, 2 und 3 sowie die Vorderseitenpositionen 1 und 3.« (Exp. R. M., S. 55)

»*Wach/erwachen* – Im üblichen Sprachgebrauch bezieht sich das Erwachen auf das Wachwerden nach dem Schlaf. Die Anwendung der Kopfpositionen 1 und 2 sind besonders beim Aufwachen hilfreich – und um schnell munter, klar und zentriert zu werden. Im höheren Bewußtsein bezieht es sich auf das *Erwachen* zu der höheren, inneren Bedeutung des Lebens, zur *inneren* Realität, zu den Absichten der Seele, zur inneren Wahrheit, Ganzheit, zu Geist und Licht. Die Radiance Technik gibt Ihnen direkten Zugang zu Ihren inneren Ebenen und ist selbst eine *Wissenschaft innerer Ebenen*. Sie unterstützt und begleitet Sie von innen zur ›letztendlichen Heilung/Ganzwerdung – oder Ihrer Erleuchtung‹ ... Verwenden Sie längere Zeit in Ruhe oder Meditation die Kopfpositionen 2 und 3, die Vorderseitenpositionen 1 und 3 sowie die Rückenpositionen 2 und 3.« (Exp. R. M., S. 11)

Die Radiance Technik und kreative Imagination, die Reise nach innen

Die kreative Imagination oder Visualisierung – die Reise nach innen – ist eine sehr direkte und einfache Methode, um verdrängte Erlebnisse oder unbewußtes Wissen in das Bewußtsein zu holen. Auch dient sie dazu, Zugang zu unserer Kreativität und zu unserer Intuition zu finden. Die verschiedensten Psychotherapien und ähnliche Methoden wie die Psychoanalyse, das »Katathyme Bilderleben«, die Hypnotherapie, NLP, Gestalttherapie, Psychodrama und viele andere mehr arbeiten mit Elementen der kreativen Visualisation. Aber auch in unserer Wirtschaft, in großen und kleineren Unternehmen, ist die kreative Imagination ein wichtiges Werkzeug, um Visionen zu entwickeln, die dann Schritt für Schritt in die Tat umgesetzt werden können. Jeder gute Unternehmensberater hat die Fähigkeit zu Visionen und kann andere dazu ermutigen, eigene Visionen zu entwickeln.

Während der Reise nach innen geschieht ein Aussteigen aus den Begrenzungen der äußeren Bedingungen und Strukturen. Dadurch ermöglichen wir uns, scheinbar Unmögliches in unserer Phantasie, unseren Vorstellungen zu gestalten. Es wird etwas freigelegt, das üblicherweise durch unsere äußere Persönlichkeit und die äußeren Bedingungen unterdrückt ist. Wir bekommen plötzlich Zugang zu innerem Wissen, zu einer erweiterten Sicht. Danach können wir das Gesehene Schritt für Schritt in unseren Alltag einbauen, unser Ziel verfolgen, es manifest werden lassen, egal, ob es sich um die Bewältigung von etwas Vergangenem handelt oder um Zukunftsvisionen.

Die Radiance Technik unterstützt uns bei dieser Reise. Sie ermöglicht uns eine schnelle, tiefe Entspannung, in der das Visualisieren möglich wird. Sie bringt unsere äußeren Ebenen – unsere Persönlichkeit – in ein Gleichgewicht mit den inneren Ebenen, so daß sich die äußeren Ebenen nach den inneren richten und wir auf die Dauer immer mehr Zugang zu unserer Kreativität, unserer Intuition und zu unserem Wissen, zu der inneren Weisheit in uns finden. Außerdem unterstützt sie uns in dem Prozeß des Umsetzens unserer Erkenntnisse und Ziele im Alltag, indem sie uns die Kraft gibt, die wir dazu benötigen, etwas Neues wirklich zu tun und nicht nur daran zu denken oder es zu fühlen.

Die Technik der kreativen Imagination, der Reise nach innen, wird im folgenden kurz vorgestellt, an exemplarischen Übungsbeispielen erfahrbar gemacht, und es werden Kombinationsmöglichkeiten mit der TRT angedeutet. Das weite Feld der Anwendungsmöglichkeiten wird hier beschränkt auf persönliche Erfahrungen. Gleichzeitig weise ich auch an dieser Stelle wieder darauf hin, daß Sie sich bitte bei Erkrankungen auf der körperlichen oder psychischen Ebene fachliche Hilfe und Betreuung holen.

Mit Hilfe der Reise nach innen lernen wir Bereiche der verschiedenen Ebenen von uns besser kennen. Wir lernen, uns selbst wahrzunehmen, achtsam zu sein und uns selbst zuzuwenden. In unserer Gesellschaft werden nach wie vor unangenehme Gefühle wie Trauer oder Angst unterdrückt und abgespalten, Schmerzen unseres Köpers schnell mit Medikamenten bekämpft, unbequeme Gedanken ignoriert und transzendentale Bewußtseinszustände in den »spinnerten« Bereich eingeordnet.

Auch Situationen unserer Kindheit, die nach wie vor auf uns wirken, bleiben uns unbewußt. Dieses Ignorieren und Unterdrücken verursacht unter anderem Streß und ist die Ursache für viele Erkrankungen. Dabei ist es eine Realität, daß alles zu uns gehört, der Körper in seinem Gesamtzusammenhang, alle Gefühle und Gedanken und auch unsere transzendentalen Ebenen, unser spirituelles Selbst, sind Teil unseres ganzen Wesens (siehe das Energiemodell auf S. 36). Durch das Hinwenden zu sich selbst mit Hilfe von Imaginationstechniken ist es möglich, sich unbekannte Bereiche ins Bewußtsein zu holen und von ihnen zu lernen.

Üblicherweise finden bei solchen Reisen keine Berührungen statt. Weder berührt man sich selbst, noch berührt die Begleitperson den Klienten. Je mehr ich die TRT kennenlernte, desto selbstverständlicher wurde es, sie auf meinen eigenen Reisen nach innen anzuwenden. Ich begann mit einer Einstimmung, den mir bekannten kosmischen Symbolen auf meiner Stirn und allen vier Kopfpositionen jeweils fünf Minuten. Später legte ich dann meine Hände auf mein Herzzentrum oder kombinierte die Herzposition mit dem Solarplexus (Vorderseitenposition 3, siehe die Abbildung auf S. 60). Manchmal verwendete ich auch andere Positionen – je nachdem, was auf meiner Reise nach innen geschah und wo ich meinen Körper spürte.

Schon beim ersten Mal entdeckte ich, wie tief entspannt ich von Anfang an war. Außerdem erlebte ich die Kombination mit der TRT wie eine Vervollständigung. Es war, als ob die universale Lebensenergie sich mit meinem Inneren verband und mir auf diese Weise tiefere Ebenen, Erlebnisse und Erfahrungen zugänglich wurden. Ich kam schneller und tiefer in andere Bewußtseinsebenen – die Bilder oder Eindrücke waren klarer, mein Vertrauen in das, was geschah, stieg, und ich fühlte mich »in« dieser Energie geborgen und geschützt. Ich wurde sicherer in dem Wissen, daß nichts geschieht, was ich nicht tragen kann, daß meine Seele mir lediglich das zumutet, was ich anschauen, kennenlernen, bearbeiten und integrieren kann. In mir eröffneten sich neue Welten. Die Radiance Technik wirkt immer zum Wohle des Empfängers und auf allen Ebenen gleichzeitig. Das ist meine eigene authentische Erfahrung!

Ich experimentierte an mir und mit Freunden weiter und vertiefte parallel dazu in Fortbildungsmaßnahmen mein Wissen und meine Erfahrungen mit Visualisationstechniken. Nach langen Monaten des Ausprobierens und des Austauschs wagte ich diese Kombination zum ersten Mal mit einem Klienten. Meine Erfahrungen bestätigten sich dort. TRT ist eine sanfte und gleichzeitig tiefgreifende Verstärkung dieser Arbeit.

Das Anwenden des Radiant Touch ist zu einem integralen Bestandteil dieser Arbeit geworden. Ich beginne nach wie vor mit den Kopfpositionen, den Symbolen und Einstimmungen, gefolgt von der Herzposition, während ich gleichzeitig den Klienten in die Entspannung begleite. Danach lasse ich intuitiv meine Hände dahin gehen, wo sie benötigt werden – zum Beispiel zum Hals oder dem Solarplexus, wenn sich Wut oder Ängste dort als Körperempfindung äußern.

Der Klient ist dabei nicht in Hypnose oder in einem tiefen Trancezustand. Er ist wach und gleichzeitig so entspannt, daß er Zugang zu seinem »Traumbewußtsein« hat und wir miteinander sprechen können. Er hat damit jederzeit die Möglichkeit, seine Reise zu unterbrechen. Ich versuche mit meinen Worten lediglich, die Reise zu begleiten. Im Traumbewußtsein kann es zum Beispiel sehr leicht geschehen, daß wir den roten Faden verlieren und »wegschwimmen«. Durch das begleitende Gespräch wird es bewußt, und der Klient kann sich entscheiden, was er jetzt wirklich will. Außerdem transportieren wir mit unseren Worten Energie, wie Sie im Kapitel über die TRT im Beruf gelesen haben. Die Energie der universalen Radiance hinter den Worten können zu einem liebevollen, akzeptierenden und mitfühlenden Energiefeld beitragen, in dem sich der Klient für sich und seine Erfahrungen öffnen kann. In diesem Radiant Energiefeld ist es auch der Begleitperson leichter möglich, den Prozeß geschehen zu lassen und zu beobachten, ohne gleich zu bewerten, zu urteilen und zu analysieren, so daß sich das entfalten und öffnen kann, was sich in dem betroffenen Moment zeigen möchte.

Die universale, bedingungslose Energie, zugänglich gemacht durch die TRT, die ich durch meine Hände mit den Klienten teile, half mir, mir diese innere akzeptierende und mitfühlende Haltung zu eigen zu machen. Ich fühlte mich selbst auch unterstützt und getragen und konnte geschehen lassen, was geschieht. Ich gewann mehr Vertrauen und konnte »etwas« an die universale Ebene abgeben. Ich ließ zu, daß sie mitarbeitet und wirkt, und griff weniger in die Prozesse ein. Wohlgemerkt, damit ist nicht gemeint, Verantwortung abzugeben für den Prozeß, und auch nicht, in der Konzentration nachzulassen.

Auf diese Weise lernte ich auch für mich, ich lernte mehr über Entfaltungsprozesse, lernte die Unterschiedlichkeit jedes einzelnen Menschen und die verschiedenen Arten, sich zu entfalten, kennen und zu akzeptieren. Plötzlich sah ich, es ist nicht immer das »richtig«, was *ich* denke, und es gibt wirklich viele Wege. Ich hatte gelernt, mein Ego, meine Persönlichkeit, zu erkennen als das, was es ist, lediglich ein Teil meines ganzen Wesens. Reisen nach innen kann jeder gesunde Mensch für sich allein oder mit Begleitung machen. Im folgenden stelle ich Ihnen solche Wege in Kombination mit der TRT vor. Wir beginnen mit unserem Körper. Viele Menschen verdrängen den Körper aus ihrem Bewußtsein, behandeln ihn schlecht oder benutzen ihn als Aushängeschild. Für die meisten hat er einfach zu funktionieren. Erst wenn er schmerzt, schenken sie ihm Aufmerksamkeit. Sich dem Körper zuzuwenden bedeutet, ihm zuzuhören, ihn anzunehmen, achtsamer für ihn zu werden. Wir können mit einem körperlichen Organ oder Bereich Kontakt aufnehmen, indem wir zu ihm »hinsprechen«. Auch unsere Zellen haben ihre eigene Intelligenz und machen sich bemerkbar. Manchmal sehen, hören oder empfinden wir sie. Je mehr Kontakt wir zu unserem Körper bekommen und je achtsamer wir werden, desto klarer sagt er uns, was er braucht, und gibt uns wichtige Hinweise für unser Leben.

Ab dem Ersten Grad der TRT beginnen wir jede innere Reise mit den Kopfpositionen. Sie fördern die erste tiefe Entspannung, um in den Bereich zwischen dem Wach- und Schlafbewußtsein zu gelangen. Außerdem sind wir über unsere Hände mit unseren oberen Energiezentren verbunden. Das Kronenzentrum eröffnet uns Bewußtsein, und das Dritte Auge gibt uns den Zugang zur Intuition und inneren Weisheit. Alle inneren Reisen können Sie sich selbst auf ein Band sprechen, oder Sie lassen sich von jemandem begleiten. Wenn Sie sich selbst eine Tonaufnahme anfertigen, achten Sie darauf, daß Sie genügend Pausen für Ihre Erfahrungen haben.

Reise zu unserem Herzen mit der TRT

Legen Sie sich bequem hin, und richten Sie sich auf eine innere Reise ein, die bis zu einer Stunde dauern kann. Reisen Sie nicht länger. Sie können eine Uhr in Ihrer Nähe plazieren. Bitte stellen Sie keinen Wecker. Das Klingeln würde Sie zu abrupt aus dem inneren Prozeß herausreißen. Sie können ruhig von Zeit zu Zeit auf Ihre Uhr schauen. Ein kurzes Blinzeln stört den inneren Prozeß in der Regel nicht.

Beginnen Sie mit der Kopfposition 1, wechseln Sie nach einiger Zeit zu Kopfposition 3, und schließen Sie Ihre Augen. Sobald Ihnen diese Positionen zu unbequem werden, wechseln Sie zu Vorderseitenposition 1. Lassen Sie Ihre Radiant Hände auf Ihrem Herzzentrum ruhen. Ab dem Zweiten Grad arbeiten Sie mit den Ihnen bekannten Werkzeugen der TRT, so wie Sie es in Ihrem TRT-Seminar gelernt haben.

Achten Sie auf Ihren Atemrhythmus, und beginnen Sie, alles zu beobachten, was geschieht.

Sie begrüßen alles mit annehmenden Sätzen wie zum Beispiel: »Ich weiß, daß du jetzt da bist, und ich nehme dich an.« Zusätzlich begrüßen Sie alles mit Ihren inneren strahlenden Händen und ab dem Zweiten Grad der TRT mit den kosmischen Symbolen.

Manchmal entstehen Gefühle wie Angst oder Unsicherheit, der Körper schmerzt an einer Stelle, oder die Gedanken rattern. Was es auch immer ist, nehmen Sie es mit diesen annehmenden und akzeptierenden Sätzen an. Sehr hilfreich ist es, sie laut auszusprechen.

Nehmen Sie sich für diesen Abschnitt Ihrer Reise so viel Zeit, wie Sie benötigen.

Nach einer Weile legen Sie Ihre Radiant Hände auf Ihr Herzzentrum und lassen sie dort ruhen. Sie beginnen, sich Ihr Herz vorzustellen. Möglicherweise sehen Sie Ihr Herz als ein Bild, eine Landschaft oder auch so, wie ein Herz aussieht, oder Sie fühlen, wie Ihr Herz sich Ihnen jetzt zeigt, oder Sie denken es sich. Wie auch immer, es ist richtig! Strengen Sie sich nicht an, nun Bilder zu sehen. Das innere Sehen unterscheidet sich sehr von dem Sehen mit den äußeren Augen. Trauen Sie sich, Ihre eigenen Erfahrungen zu machen.

Schauen Sie sich dann Ihr Herz an! Tauschen Sie mit ihm kosmische Symbole aus, beginnen Sie eine Kommunikation auf den inneren Ebenen. Welchen Eindruck macht es auf Sie?

Möchten Sie ihm etwas sagen, oder hat es Ihnen etwas zu erzählen?

Nehmen Sie sich viel Zeit, hinzuspüren und hinzuhören. Manchmal wird Ihnen etwas deutlich und manchmal nicht. Auf jeden Fall wenden Sie sich Ihrem Herzen zu, und das vielleicht zum ersten Mal!

Nach einer Weile stellen Sie sich vor, daß Sie Ihr Herz in Ihre inneren Radiant Hände nehmen, es berühren mit Ihrem inneren Radiant Touch. Nehmen Sie wahr, was geschieht mit Ihrem Herzen, Ihren Gefühlen und Ihren Gedanken. Beobachten Sie alles, ohne zu bewerten, zu vergleichen oder zu urteilen. Alles, was Sie jetzt erleben, stimmt. Es sind Ihre Erfahrungen, und Erfahrungen sind immer richtig!

Auch wenn Sie jetzt Gefühle der Trauer, der Rührung, des Mitgefühls oder der Freude erleben, versuchen Sie einfach, es geschehen zu lassen. Die Radiance Technik unterstützt Sie in jeder Situation. Es sind Bereiche von Ihnen selbst, die sichtbar, die bewußt werden. Spüren Sie auch, wie es sich anfühlt, Ihr Herz mit Ihren inneren Radiant Händen zu berühren. Sie können sich auch vorstellen, wie es durchstrahlt wird mit universaler Lebensenergie.

Vielleicht erzählt oder zeigt Ihnen Ihr Herz irgend etwas, oder Sie haben eine Frage, die Sie jetzt stellen möchten. Hören Sie mit Ihren inneren Ohren zu, manche fühlen, spüren oder wissen sie, andere bekommen die Antworten Tage später im Traum oder lesen sie in einem Buch. Es gibt viele Möglichkeiten, versuchen Sie offen zu bleiben für das, was und wie Ihr Herz Ihnen etwas mitteilen möchte. Die universale Lebensenergie, zugänglich gemacht durch die TRT, unterstützt Sie dabei, Ihren Blick zu erweitern und Zugang zu Ihrem Wissen zu bekommen.

Bleiben Sie mit Ihrem Herzen in dieser Weise verbunden, solange Sie wollen, und kommen Sie dann langsam und allmählich wieder in Ihr Wachbewußtsein, indem Sie die Bilder und Eindrücke undeutlicher werden lassen, Ihren Körper wahrnehmen und sich Ihres Atems bewußt werden.

Recken und dehnen Sie sich und öffnen Sie dann vorsichtig mit etwas Blinzeln Ihre Augen. Anschließend malen Sie ein Bild und machen sich Notizen über das Erlebte.

Vielleicht ist dies das erste Mal, daß Sie so mit Ihrem Herzen Kontakt aufnehmen. Ihr Herz schlägt Tag und Nacht, es ist »einfach« da und tut seine Arbeit.

Möglicherweise haben Sie etwas über die Liebe auf den verschiedenen Ebenen gelernt. Manchmal geschieht es auch, daß Sie einschlafen oder in dem Moment nichts Besonders erleben – außer etwas Entspannung. Doch auch im Schlaf oder der tiefen Entspannung geschieht etwas mit Ihnen. Manches kommt erst nach und nach in unser Wachbewußtsein. Warten Sie es ab. Möglicherweise entdecken Sie nach einer Weile, daß sich etwas verändert hat in Ihrem Leben – bezogen auf den Umgang mit sich selbst oder mit anderen. Wie gesagt, manchmal träumen Sie ein paar Tage später oder lesen in einem Buch und wissen plötzlich, was Ihr Herz Ihnen zu sagen hat. Die Achtsamkeit, das Bewußtwerden steigert sich, die Reise ins Unbekannte beginnt.

Machen Sie ab und zu solch eine Übung. Sie können dafür jedes Organ oder jeden Körperbereich ohne Gefahr wählen. Selbst erkrankten Organen können wir uns in dieser Weise zuwenden. Vergessen Sie nur nicht, zum Arzt zu gehen und sich eventuell auf dieser Reise kompetent begleiten zu lassen!

Reise zu den Augen und durch Ihren ganzen Körper mit der TRT

Besonders hinweisen möchte ich in dem Zusammenhang auf eine ebensolche Art der Hinwendung zu unseren Augen. Diese Reise sollte nicht länger als 45 bis 60 Minuten dauern.

Nach dem Besuch des Seminars zum Ersten Grad der TRT beginnen Sie mit der Kopfposition, dem Palmieren (siehe Seite 130), und lassen Ihre Radiant Hände dort so lange liegen, wie Sie entspannt bleiben können. Danach gehen Sie mit Ihren Händen zur Herzposition. Bei allen fortgeschrittenen Graden verwenden Sie bitte auch die universalen Symbole, das Energieleiten und eventuell die Einstimmungen. Werden Sie sich Ihres Atems bewußt. Beobachten Sie dazu die Bewegungen Ihres Körpers, die durch Ihren Atem verursacht werden.

Dieses Mal beginnen Sie mit einer Reise durch Ihren Körper und fangen dabei mit den Füßen an. Wie liegen Ihre Füße da? Wie und wo berühren Sie den Boden? Füllen Sie den Raum Ihrer Füße ganz aus, und lassen Sie ihn etwas weiter werden. Ab dem Zweiten Grad verwenden Sie hier kosmische Symbole.

In dieser Weise wandern Sie weiter, jeder Körperbereich wird mit ähnlichen Sätzen angesprochen – Unterschenkel, Oberschenkel, Beckenraum, Bauchraum, Brustraum, Schultern, Arme und Hände, Hals und Kopf. Nehmen Sie sich für diesen Abschnitt mindestens 10 bis 15 Minuten Zeit. Sie sind jetzt wach, vollkommen entspannt und sich Ihrer selbst bewußt. Alles, was jetzt geschieht, ist in Ordnung, und wie bei der »Reise zum Herzen« nehmen Sie es an, akzeptieren es und schließen es in Ihr Herz mit dem Satz: »Ich weiß, daß du jetzt da bist, und ich nehme dich an.«

Dann stellen Sie sich vor, Sie befänden sich an einer Stelle in Ihrem Kopf, von der aus Sie beide Augen sehen können. Lassen Sie dieses innere Bild langsam entstehen. Es kann sein, daß Sie dieses Bild innerlich sehen, es kann auch sein, daß Sie es empfinden, fühlen oder auch wissen, wie es aussieht. Strengen Sie sich nicht an.

Möglicherweise zeigen sich Ihre Augen als anatomische Augen oder auch ganz anders – als Symbole, als Landschaften, als Erinnerungen – egal, was jetzt entsteht, lassen Sie es geschehen. Schauen Sie es sich an!

Welchen Eindruck machen Ihre Augen auf Sie?

Wie fühlen Sie sich dabei? Beobachten Sie alles, was geschieht, und akzeptieren Sie es!

Nach einer Weile entscheiden Sie sich, sich ein Auge näher anzuschauen. Sie stehen innerlich auf und wandern zu dem einen Auge. Achten Sie auf den Weg und darauf, wie es Ihnen auf diesem Weg geht. Ganz langsam und allmählich nähern Sie sich dem Auge und können es gut erkennen. Wie sieht es aus? Schauen Sie es sich von allen Seiten an.

Welchen Eindruck macht es auf Sie?

Wie fühlen Sie sich dabei?

Sie können jetzt auch zu Ihrem Auge hinsprechen und es fragen, was es braucht und wie es ihm geht. Hören Sie Ihrem Auge zu. Möglicherweise sagt oder zeigt Ihnen Ihr Auge irgend etwas. Sie können es auch fragen, was es sieht und wovor es Sie beschützt. Nehmen Sie sich Zeit für diese Kommunikation!

Nach einer Weile können Sie sich Ihrem Auge noch mehr nähern und es in Ihre inneren Radiant Hände nehmen, es liebevoll berühren. Wie fühlen Sie sich dabei? Beobachten Sie alles, was geschieht. Sie sind möglicherweise Ihrem Auge das erste Mal so nah.

Dann verabschieden Sie sich wieder von Ihrem Auge, bedanken sich bei ihm für die Begegnung und gehen zurück zu Ihrem Platz, von dem aus Sie beide Augen erkennen können. Sie lassen sich dort nieder und ruhen sich ein wenig aus, bevor Sie sich entscheiden, Ihr anderes Auge näher kennenzulernen.

Die Begegnung mit Ihrem anderen Auge verläuft in dem gleichen Rahmen, mit ähnlichen Sätzen und Fragen …

Nachdem Sie zu Ihrem Platz zurückgekehrt sind, reflektieren Sie noch einmal über das Erlebte, bedanken und verabschieden sich und lassen dann langsam die Bilder wieder undeutlicher werden. Sie werden sich Ihres Körpers wieder bewußt, recken und strecken sich und öffnen nach einer Weile Ihre Augen mit viel Blinzeln.

Sehr empfehlenswert ist es, sich die beiden Augen so, wie Sie sie gesehen haben, auf ein großes Blatt Papier zu malen. Selbst wenn Sie eingeschlafen sind, malen Sie nach der Reise Ihre Augen, denn auch im Schlaf reisen wir mit. Außerdem schreiben Sie sich Ihre Erlebnisse in Ihr »Bewußtheitstagebuch«!

Viele erleben Ihre beiden Augen sehr unterschiedlich und bekommen auch verschiedene Botschaften von ihnen. Diese Reise können Sie so oft durchführen, wie Sie möchten. Meistens wird der Kontakt nach einer Weile so intensiv, daß schon wenige Minuten ausreichen. Auf diese Weise beginnen Sie, mit Ihren Augen einen innigen Kontakt zu pflegen und vieles über sich und die verschiedenen Dimensionen des Sehens zu erfahren.

Innere Reise zu unserem Gefühl der Freude mit der TRT

Auch unsere Gefühle können wir auf eine sehr ähnliche Weise näher kennenlernen. Viele Menschen spalten sogenannte unbequeme Gefühle wie Trauer, Angst, Wut, Unsicherheit und Hilflosigkeit von sich ab und wundern sich, daß sie irgendwann nichts mehr fühlen.« Grundsätzlich ist zu sagen: Es gibt keine »guten« und »schlechten« Gefühle. Es sind alles lediglich Gefühle. Einige sind für uns bequemer als andere. Wir können uns ihnen wieder nähern, sie kennenlernen, achtsamer und bewußter für sie werden mit Hilfe der Reisen nach innen. Die Radiance Technik unterstützt uns an jedem Punkt unserer Reise. Versuchen Sie es zunächst mit einem Gefühl, das sie gern haben – Freude.

Sie beginnen genauso wie bei der »Reise zu unserem Herzen mit der TRT«. Legen Sie sich bequem hin, »machen« nach Ihrem Ersten-Grad-Kurs der TRT die Kopfpositionen und gehen danach zur Herzposition. Nehmen Sie alles wahr und akzeptieren alles, was kommt, beobachten Sie es. Sagen Sie auch jetzt wieder zu allem, was sich zeigt, akzeptierende Sätze wie« »Ich weiß, daß du jetzt da bist, und ich nehme dich an.«

Nach einer Weile stellen Sie sich dann Freude vor. Lassen Sie zu, daß sie sich Ihnen offenbart, wie sie es möchte. Es kann sein, daß Sie sich an eine Situation erinnern, an der Sie sehr viel Freude empfunden haben, oder sie zeigt sich Ihnen als Symbol, als Bild, als Wesen oder als Empfindung. Bei einer körperlichen Empfindung legen Sie Ihre Radiant Hände dorthin. Seien Sie kreativ mit Ihren Händen – auch die »Freude« können Sie in Ihre inneren Hände nehmen, sie berühren. Reisen Sie mit Ihrer inneren Freude dahin, wohin sie Sie führen möchte. Seien Sie wach, beobachten und hören Sie ihr zu. Verwenden Sie die Ihnen bekannten Werkzeuge der TRT, wann immer Sie möchten.

Beenden Sie diese Erfahrung, wenn Sie soweit sind, wie oben beschrieben.

Auf diese Weise geben Sie sich die Möglichkeit, sich Ihren Gefühlen zu nähern. Sie können durch Ihre Körperempfindungen und durch das gleichzeitige Wahrnehmen Ihrer Gedanken Verbindungen und Wechselwirkungen dieser drei Ebenen untereinander erfahren.

Ihre individuelle Entdeckungsreise zu sich selbst lohnt sich wirklich! Geben Sie nicht so schnell auf, und erwarten Sie keine Sensationen. Diese Technik ist nicht für Sensationen geeignet.

Sie hilft uns in einem allmählichen Prozeß, mit uns selbst Kontakt aufzunehmen.

Je öfter Sie diese inneren Reisen in Kombination mit der TRT für sich allein oder mit Begleitung unternehmen, desto bewußter werden Ihnen die einzelnen Ebenen. Sie lernen, sie zu unterscheiden. Dr. Barbara Ray schreibt dazu im Exp. R. M.:

»*Unterschiede, unterscheiden, erkennen* - Es gibt viele verschiedene Energiearten, die sich in ihrer Schwingung und Qualität unterscheiden. In dem Wachstum zu höherer Bewußtheit befinden Sie sich in einem Entfaltungsprozeß der Erweiterung und der Beibehaltung Ihrer Bewußtheit dieser Unterschiede, während Sie gleichzeitig die ›Fähigkeit meistern‹, zu unterscheiden, daß alle Energien, bezogen auf ihren Ausdruck und Schwingungsaspekt, nicht gleich sind. Solch ein Prozeß des Meisterns benötigt Verpflichtung und Hingabe an das Erwachen Ihres Bewußtseins. Ein ernsthaft und konsequent Studierender Der Radiance Technik wird seine natürliche Kraft der Unterscheidung entdecken, aktivieren und ausdehnen – klar und wirklich, ohne Urteile und in die Richtung des Universalen und der Erleuchtung. Diese erweiterte Fähigkeit zur Unterscheidung – fähig zu sein, die Unterschiede mit Klarheit, ohne Anhaftungen, ohne Vorlieben und Polaritäten zu erkennen – ist nicht charakteristisch für das alltägliche menschliche Bewußtsein, sondern markiert vielmehr den Durchgang zu unserem höheren wahren Selbst. Um die Kraft zur Unterscheidung auszudehnen, nutzen Sie Die Radiance Technik als Meditation täglich längere Zeit mit der besonderen Aufmerksamkeit auf den Kopfpositionen 1, 2 und 3 sowie vorne 1. Ohne die Fähigkeit, zu unterscheiden und Energiearten klar, präzise und genau zu erkennen, bleiben Sie in Illusionen und Verwirrung gefangen, halten Teile für das Ganze und denken, daß auf allen Ebenen alles gleich ist ... Unterscheiden Sie, daß dieses Statement nicht das gleiche ist wie die Erkenntnis, daß alles von der gleichen Quelle stammt.« (S. 31)

148

Auch können Sie mit Hilfe der Reisen nach innen und der TRT Situationen aus Ihrer Vergangenheit klären und sich auf »Dinge« in der Zukunft vorbereiten. Wichtig für Sie zu beachten ist, daß es sich hier nicht um eine Psychotherapie handelt, diese nicht ersetzt werden kann und soll und Sie auch nicht in die Vergangenheit zurückkehren und alles noch einmal erleben müssen. Es ist eine Möglichkeit der Selbstwahrnehmung und des Weges zu mehr Selbstbewußtheit.

Im Laufe der Zeit ist mir durch die Arbeit mit mir selbst und den Klienten klarer geworden, daß es nicht notwendig ist, für alles einen Grund zu finden. Wir müssen nicht alles bis ins Detail wissen, um unsere Lebensqualität zu verbessern, uns zu verändern und uns zu entfalten. Bei den inneren Reisen in Verbindung mit der TRT geht es um das Annehmen, das Akzeptieren, das Unterscheiden und das Lieben von und Mitgefühl für sich selbst und andere Lebewesen. Die Erfahrung transzendentaler Bewußtseinszustände ist mit dieser Methode sehr gut möglich. Wir sind wie gesagt ganzheitliche energetische Wesen und bestehen sowohl aus Körper, Gefühlen und Gedanken als auch inneren spirituellen Ebenen. Unser höheres Selbst – die inneren Ebenen – ist immer bei uns! Wir trennen uns oft durch unsere Aufmerksamkeit und fühlen uns dann »irgendwie unverbunden«, obwohl wir in Wahrheit immer ganz verbunden sind und alles haben. Die Methode der inneren Reisen in Kombination mit der TRT hilft uns dabei, das Innere kennenzulernen, Verbindung aufzunehmen, es zu integrieren, ihm zuzuhören und unser äußeres Ego Schritt für Schritt darauf auszurichten.

Da, wie wir wissen, die TRT mit all unseren Energieebenen in eine Wechselbeziehung tritt, sobald wir unsere Radiant Hände auf etwas Lebendiges legen, unterstützt sie uns auf unserer inneren Reise auf allen Ebenen. Die beiden Techniken, TRT und die der inneren Reisen, ergänzen sich sehr gut. Die TRT unterstützt zunächst die tiefe Entspannung, die den Beginn der Reise nach innen ermöglicht, erweitert und ausdehnt. Auch die weitere Reise findet mit der TRT auf einer tieferen Ebene statt. Es scheint so, als ob unser ganzes Wesen »intuitiv« die universale Lichtenergie, die durch die TRT zugänglich gemacht wird, bemerkt und ihr vertraut. Und Vertrauen zu sich und dem eventuellen Begleiter ist eine wichtige Voraussetzung für das Gelingen. Es entsteht ein gemeinsames Energiefeld, in dem ein tiefer Austausch möglich wird.

Nach meiner Erfahrung mit mir selbst und mit Klienten tritt eine tiefe Ruhe und Entspannung schon bei den Kopfpositionen ein. Die Klienten lassen sich fallen, die kreative Vorstellungskraft fließt freier, die Blockaden durch Gedanken werden aufgelöst und das gegenseitige Vertrauen wächst. Es ist, als ob ein universales Band von bedingungsloser Liebe durch die Radiant Hände aufgebaut würde. Bedingungslose Energie läßt alles zu. Mit Hilfe der TRT wird ein Raum von Mitgefühl, liebevoller Hinwendung, Vertrauen und Liebe aufgebaut, der es dem Klienten ermöglicht, sich zu öffnen. Meine Aufgabe dabei ist lediglich wirkliche, liebevolle Präsenz und Achtsamkeit.

Die Radiance Technik und das Sehen mit dem »inneren Kind«

Die Popularität und das Wissen um die Bedeutung des »inneren Kindes« ist in den letzten Jahren sehr gewachsen. Es geht dabei meistens um psychische Prozesse, die mit Hilfe des Kontaktes zum inneren Kind geheilt werden können. In meinem Berufsfeld des »Ganzheitlichen Sehens« ist es mir sehr wichtig, Möglichkeiten zu finden und anzubieten, auf allen Ebenen des Sehens, der physischen, der psychischen und der spirituellen, zu arbeiten. Das Sehen mit dem inneren Kind und Die Radiance Technik erfüllen für mich in einer umfassenden Weise diese Anforderungen.

Das innere Kind gibt uns Zugang zu allen Ebenen unseres Sehens. Auf der körperlichen zeigt es uns das natürliche Spiel mit unseren Augen, auf der psychischen lehrt es uns die Freude am Sehen und Entdecken, es zeigt uns die Verletzungen und die möglicherweise daraus entstandenen Verhaltensmuster in unserem Leben als Erwachsene, und es weist uns das Tor zu unserer Seele sowie zu den spirituellen Ebenen. Es begleitet uns auf den Prozeß zu mehr Ganzheit und Heilung. Wir lernen das Sehen, das Hinschauen, das Sichtbarmachen und Sichtbarwerden auf all unseren Ebenen, wandeln die psychischen Blockaden um und können auf den spirituellen Weg gelangen.

Verbesserungen beim Sehen auf der »körperlichen Ebene« sind dabei nicht das Hauptziel, sie sind ein in der Regel eintretender Nebeneffekt. Die Radiance Technik ist eine unschätzbare Hilfe auf diesem Weg. Sie unterstützt uns, den Kontakt zu unserem inneren Kind mit Hilfe der kreativen Imagination herzustellen und alles mit den Augen dieses Kindes anzuschauen. Sie trägt zur Heilung und Ganzwerdung auf allen Ebenen bei, indem sie Zugang zu unseren Energieebenen gibt und den Lichtpunkt in jeder Ebene ausdehnt.

Dieser Prozeß erfordert wie jede ganzheitliche Heilung Zeit, Geduld und Ausdauer und nicht zuletzt die liebevolle Hinwendung und das Mitgefühl sowohl der Klienten als auch der Therapeuten.

Alle Ebenen des Sehens sind miteinander verbunden, bedingen sich gegenseitig und lassen sich nicht voneinander trennen.

Mein eigenes inneres Kind, die kleine Ulrike, ist mir zum ersten Mal in meinem psychotherapeutischen Prozeß Anfang der achtziger Jahre begegnet. Seit dieser Zeit lerne und arbeite ich mit mir selbst und später auch mit meinen KlientInnen mit dem inneren Kind. Ich kombiniere dabei verschiedene Methoden, die mir auf meinem Weg begegnet sind. Die Basis bildet hier wie in meiner gesamten Arbeit Die Radiance Technik. Im Laufe der Jahre und der verschiedensten Erfahrungen entwickelte ich meinen eigenen Stil.

Das »Ganzheitliche Sehen« und die Arbeit mit dem inneren Kind wurde ein für mich zunehmend interessanterer Bereich. Ich entdeckte nach und nach die Heilungsmöglichkeiten durch das innere Kind in Verbindung mit dem Sehen und dem Schauen. Die mögliche Verbindung des Sehvermögens der Organe Augen mit den seelischen Verletzungen aus der Kindheit, der Einfluß des inneren Sehens auf das äußere Sehen wurde mir immer bewußter. Ich begann, das innere Kind in meine Arbeit mit einzelnen und in Gruppen als Hilfsmittel, als mögliches Wesen beider Welten zu nutzen. Hintergrund waren meine eigenen Erfahrungen und die Erfahrungen mit meinen KlientInnen.

Die Suche nach dem eigenen inneren Kind wurde ein wichtiger Bestandteil des ganzheitlichen Sehprozesses. Ich entdeckte, daß wir mit Hilfe des inneren Kindes Zugang finden können zu all unseren Ebenen, der physisch-körperlichen, der psychisch-emotional-mentalen und den inneren spirituellen Ebenen.

Bevor ich auf die psychische und spirituelle Dimension des Sehens näher eingehe, möchte ich das für diesen Zusammenhang relevante Geschehen in den ersten Jahren eines Kindes kurz andeuten.

Ein Kind wird neu geboren. Es kommt in diese Welt der Materie. Es ist da. Es ist präsent. Es atmet. Es beginnt, in diese materielle Welt einzutauchen.

Jedes neugeborene Kind ist etwa sechs Jahre lang noch sehr eng mit den immateriellen Welten verbunden. Es lebt noch wesentlich mehr in der Einheit, ist der Ganzheit sehr viel näher. Das Kind ist mehr mit seinem Inneren verbunden und beginnt nach und nach, die äußere materielle Welt zu entdecken. Diese Verbindung mit der Ganzheit, mit seiner Seele ist dem Kleinkind nicht bewußt, und gleichzeitig ist sie vorhanden. Was liegt also näher, als mit ebendieser Zeit bewußten Kontakt aufzunehmen und sich dieses Wissen zugänglich zu machen?

Für mich ist interessant, daß auch der Beginn der sogenannten Fehlsichtigkeit oft in diese Altersspanne hineinfällt. Die Seele muß sich in die körperliche, materielle Begrenzung begeben. Das Kind erlebt diese materielle Welt mit all den Verletzungen, Begrenzungen und all dem Unverständnis, der eingeschränkten Sicht der Erwachsenen und seiner Umwelt. Mir selbst sind noch einige Erinnerungen aus dieser Zeit präsent, in denen nicht nachvollziehbar war, was geschah. Ebenso erinnere ich mich noch gut an den tiefen inneren Schmerz über diese Begrenzungen. Das Kind beginnt, sich zu schützen und bestimmte Bereiche zu unterdrücken. Es beginnt, sich mehr und mehr seiner Familie und seiner Kultur anzupassen. Vieles, was natürlich und authentisch für das Kind, dieses unverbildete Wesen, wäre, bleibt dabei auf der Strecke.

Erstaunlich in diesem Zusammenhang ist auch, daß relativ viele Kinder bis zum Alter von zirka fünf oder sechs Jahren schwer erkranken oder auch Unfälle haben, als ob sie noch einmal entscheiden möchten, ob sie wirklich in dieser Welt mit all ihren Begrenzungen leben wollen. Ich habe in dieser Zeit beispielsweise zwei Unfälle verursacht, die nur deshalb gut ausgegangen sind, weil der jeweilige Autofahrer exzellent reagiert hatte. Mit etwa sechs Jahren beginnt auch die Schule, ein weiterer Schritt der Anpassung.

Kinder haben eine natürliche Art, Neues zu entdecken, in etwas Unbekanntes hineinzugehen. Es ist eine Qualität, die wir als Erwachsene wieder neu erlernen müssen.

Auf meiner Reise in die Freude des Entdeckens und in mehr Bewußtheit wird mir immer klarer, was entdecken eigentlich bedeutet. Wir entdecken die äußere Welt mit unseren Sinnen, also auch mit unseren Augen – wir entdecken durch das Sehen, das Schauen. Das Entdecken wiederzuentdecken bedeutet auch, zu sehen wie ein »kleines Kind«, mit dem Herzen zu schauen – und das hat ebenso Auswirkungen auf die Sehqualität.

Entdecken bedeutet, in etwas völlig Unbekanntes hineinzugehen, etwas Neues kennenzulernen. Oft verlieren wir die Fähigkeit, etwas Neues, Unbekanntes zu entdecken, indem wir das Neue sofort in etwas einordnen, was wir schon kennen, oder es vergleichen oder bewerten. Mein Sohn, inzwischen ist er schon in seinen Zwanzigern, hat mich in dieser Hinsicht vieles gelehrt. Kinder entdecken in jedem Moment etwas Neues, nichts ist schon bekannt. Alles muß neu erfahren werden. Es gibt noch keinen solchen Verstand, der vergleichen, einordnen oder bewerten könnte. Auch wir Erwachsene müssen uns auf unseren Weg zu uns selbst immer wieder klarmachen, was dies bedeutet: Es unterstützt uns, das Entdecken wiederzuentdecken. Kinder tun alles zum ersten Mal. Auch sehen sie alle mit den äußeren Augen zum ersten Mal.

Mein Sohn war als Dreijähriger tagsüber in einem Kinderhaus, das einen sehr großen Garten mit vielen Büschen und alten Bäumen hatte. Eines Tages holte ich ihn ab, und der kleine Kerl lief mir völlig aufgeregt und freudig entgegen und sagte: »Uli, Uli, ich muß dir etwas ganz Tolles zeigen.« Er nahm mich an die Hand, rannte mit mir in die hinterste Ecke des Gartens und zeigte mir eine einzelne weiße Rhododendronblüte. Er hatte seine erste Rhododendronblüte entdeckt. Nichts hinderte ihn, sie so zu sehen, wie sie wirklich ist. Nichts hinderte ihn, sich einfach daran zu freuen und mit anderen die Freude zu teilen. Er verglich nicht, er urteilte nicht. Er strahlte einfach aus seinen Augen und aus seinem Herzen.

»*Entdeckungsprozeß* – Im höheren Bewußtsein bezieht sich Wachstum auf den Prozeß, fähig zu sein, sich in das Unbekannte zu bewegen, ohne die Erfahrung vorherzusagen, ohne zu versuchen, sie durch Vergleiche und Analysen zu begrenzen. Entdeckung geht über die bekannten Grenzen oder Begrenzungen hinaus. Entdeckung ist eine natürliche innere Energie, welche die Natur in unser Lebensgefüge eingepflanzt hat, jedoch wird dieser Prozeß oft durch frühere Programmierungen blockiert, unterdrückt und verleugnet. Der Entdeckungsprozeß ist ›wie ein kleines Kind‹ in Ausdehnung, Wachstum und voll Freiheit im Ausdruck. Diese Qualitäten müssen aktiviert, ausgedehnt und von innen genährt werden. Die Radiance Technik ist innerhalb Ihres Lebensgefüges ein ›Entdeckungsprozeß‹ und öffnet die inneren Wege zu der tieferen Bedeutung des wahren Lebens. ›Das Tor ist rund und offen‹ zu diesen Torwegen – in Übereinstimmung mit dem Gedicht von Rumi –, dennoch müssen Sie Ihr Bewußtsein zu den inneren Ebenen erwecken, um sie zu finden. Verwenden Sie besonders längere Zeit als Meditation die Kopfpositionen 1, 2 und 3 (siehe die Abbildung auf S. 59), Vorderseitenpositionen 1 und 3 sowie die Rückenpositionen 3 und 4.« (Exp. R. M., S. 31; siehe auch das Stichwort »Unbekanntes« auf S. 90)

Im Laufe meiner beruflichen Entwicklung ist mir immer mehr klargeworden, wie eng unsere Augen, unser Sehen an den Verstand gebunden sind. Alles, was wir sehen, beurteilen, bewerten wir: Finden wir es gut oder schlecht, kennen wir es oder nicht? Es ist ein Unterschied, ob ich mit dem Herzen oder dem kritischen Verstand schaue. Kinder, auch unser inneres Kind, schauen mit dem Herzen, wie ich am Beispiel meines Sohnes deutlich machen wollte! Mit dem Herzen zu schauen bedeutet auch, in der Gegenwart zu leben, die Welt immer wieder neu zu entdecken und Entwicklungen geschehen zu lassen.

In Wahrheit ist in jedem Moment wieder alles neu, selbst wenn wir es nicht in dieser Weise erleben. Alles ist in ständiger Veränderung, ob wir es wollen oder nicht! Kinder erleben und erfahren dies wesentlich unmittelbarer als wir Erwachsenen. Wir können es wieder erlernen, es neu entdecken (siehe auch die Sehübung »Der Herzensblick« auf S. 132).

Bei der Beschäftigung mit der psychischen Dimension des Sehens stellt sich besonders die Frage: Was hat dazu geführt, daß die Augen als »Schutzorgan« genutzt werden?

Wie wir schon angedeutet haben, wird die natürliche Entfaltung eines Kindes in zahlreichen Fällen durch viele Verbote, viele »Neins«, Bestrafungen und Begrenzungen eingeschränkt. Nicht selten kommen unerträgliche Erlebnisse und/oder physische und psychische Belastungen verschiedensten Grades hinzu. Aus der Freude am Entdecken, der Freude an der eigenen Kreativität, der Lust, sich zu entfalten, wird mehr und mehr ein »Zudecken«: Das Kind paßt sich an und beginnt, sich vor den Verletzungen und dem Schmerz zu schützen, indem es zum Beispiel – so die Erklärung aus psychosomatischer Sicht – eine Augenerkrankung entwickelt. Es muß dann nicht mehr so genau hinschauen, es begrenzt sich.

Diese Haltung können wir so lange einnehmen, bis die äußeren Umstände wie Erkrankungen an den Augen oder andere Leiden körperlicher oder seelischer Art einen bestimmten Grad erreicht haben, so daß wir gezwungen sind, wieder genauer hinzuschauen. Meistens ist dies auch der Zeitpunkt, zu dem wir als Erwachsene in der Lage sind, die Verantwortung für unser Leben und unsere Reise in mehr Bewußtheit zu übernehmen. Wir beginnen erneut mit unserer Entdeckungsreise. Für das Sehen bedeutet es, wieder zu lernen, wie ein Kind zu schauen, natürlich, ganzheitlich wahrzunehmen und die Qualität des Sehens zu verbessern. Dabei ist das innere Kind sehr hilfreich.

Die Reise zum inneren Kind

Legen Sie sich bequem hin. Nach dem Seminar des Ersten Grades der TRT beginnen Sie mit den Kopfpositionen und legen dann im Verlauf dieser Reise Ihre Radiant Hände auf Ihr Herzzentrum. Ab dem Zweiten Grad empfehle ich Ihnen, mit den Symbolen zu arbeiten und allen Werkzeugen, die Sie in Ihrem TRT-Seminar gelernt haben.

Werden Sie sich Ihres Atems bewußt. Und begrüßen Sie wie in den vorangegangenen Übungen wieder alles, was Ihnen jetzt begegnet, mit akzeptierenden Sätzen wie: »Ich weiß, daß du jetzt da bist, und ich nehme dich an.« Zusätzlich begrüßen Sie es mit Ihren strahlenden inneren Händen und ab dem Zweiten Grad der TRT mit kosmischen Symbolen. Beobachten und begrüßen Sie auf diese Weise Ihren Körper, Ihre Gefühle und Ihre Gedanken. Nach etwa zehn Minuten sind Sie in einem tiefen entspannten Zustand und können die Reise zu Ihrem inneren Kind fortsetzen.

Sie stellen sich dazu vor, Sie selbst als Kind befänden sich in Ihrem Herzzentrum unter Ihren Radiant Händen. Möglicherweise erinnern Sie sich an ein Foto, das Sie als Kind zeigt, vielleicht wird auch ein Kind deutlich, das Sie noch nie gesehen haben, oder es entsteht eine Situation aus der Vergangenheit, die Ihnen schon bewußt sein kann oder auch nicht. Was immer es ist, lassen Sie es geschehen, und schauen Sie sich dieses Kind an. Sehen Sie, wie alt es ist, wie es gekleidet ist, was es tut und ob es allein ist. Spüren Sie, wie es auf Sie wirkt.

Fragen Sie auch, wie es ihm geht und was es braucht. Sie können es ihm nun geben, denn Sie sind jetzt Vater oder Mutter für dieses Kind.

Nehmen Sie so Kontakt auf, wie Ihnen gerade zumute ist. Das Kind in Ihnen kann auch zu Ihnen sprechen. Hören Sie mit Ihren inneren Ohren zu.

Fragen Sie Ihr inneres Kind, wo es in Ihnen wohnt. Manchmal zeigt es Ihnen einen Platz in Ihrem Körper, und Sie sollten dann dort Ihre Radiant Hände auflegen. Es ist auch möglich, ein Zeichen zu vereinbaren, wie Ihr inneres Kind sich melden kann, wenn es etwas benötigt.

Sie können es jetzt in Ihre inneren Radiant Hände nehmen, es streicheln, trösten, bei ihm sein, was immer es gerade braucht. Bleiben Sie eine Weile mit ihm zusammen.

Kommen Sie dann langsam Schritt für Schritt in Ihr Wachbewußtsein zurück, und machen Sie sich Notizen. Am Anfang ist es sehr wichtig, einen regelmäßigen Kontakt herzustellen. Geben Sie auch nicht gleich auf, wenn es beim ersten Mal nicht klappt. Das innere Kind braucht etwas Zeit, um Vertrauen aufzubauen. Sie können auf diese Weise dem Kind all das geben, was es benötigt, und brauchen die Bedürfnisse des Kindes mit der Zeit immer weniger nach außen – auf Partner, Freunde, die eigenen Kinder oder Arbeitskollegen – zu projizieren.

Auf diese Reise zu gehen und sich den Auswirkungen vom psychischen Schwierigkeiten auf das organische, äußere Sehvermögen zu stellen bedeutet, sich das anzuschauen, wovor die »Augen« bisher verschlossen wurden.

Ich versuche, bei meinem Klienten Situationen herzustellen, die es ihnen ermöglichen, selbst zu entdecken, wovor sie die Augen »schützen«. Dabei verwende ich oft die TRT in Verbindung mit der Reise zum inneren Kind. Dabei bitte ich die Klienten, sich eine Situation aus ihrer Kindheit in Erinnerung zu rufen, die mit ihrer jetzigen Lage in einem Zusammenhang steht. Hilfreich ist es, wenn die Klienten zusätzlich selbst mit der TRT arbeiten können. Sie stellen sich die Situation unter ihren Radiant Händen im Herzzentrum vor und beobachten. Manchmal sind es aus Sicht eines Erwachsenen sogenannte Kleinigkeiten, ein im Streß gesagter Satz, eine Geste, ein Gesichtsausdruck, aber nicht selten auch körperliche und/oder psychische Mißhandlungen, die den Schutzmechanismus ausgelöst haben. Beim Betrachten Ihrer eigenen Vergangenheit finden Sie sicher auch Zusammenhänge und Hintergründe Ihrer gegenwärtigen Schwierigkeiten.

Alle Menschen werden mit Konstitutionsschwächen geboren, bei vielen sind die Augen betroffen. Konstitutionsschwäche bedeutet, daß wir mit einer Disposition für bestimmte Erkrankungen geboren werden, die ausbrechen können, aber nicht müssen. Kommt es in der Kindheit zu Situationen in der Familie wie die oben erwähnten, zu Trennungen oder auch zu überhöhten Anforderungen in der Schule, beginnen die Augen uns auf die beschriebene Art zu »schützen«. Auch als Erwachsene verdrängen wir vieles »mit den Augen«. Das Glaukom, den erhöhten Augeninnendruck – eine immer häufiger schon in jungen Jahren auftretende Augenerkrankung, die zur Erblindung führen kann –, finden wir beispielsweise oft bei Menschen, die innerlich unter Druck stehen.

In einem sehtherapeutischen Prozeß geht es darum, diesen Schutz als Schutzmechanismus zu erkennen und ihn »loszulassen«. Die Folge sind meistens subjektive Sehverbesserungen, manchmal auch objektive. Die Qualität des Sehens erweitert sich, was weniger Streß beim Sehen bedeutet. In diesem Prozeß ist das Entdecken des inneren Kindes eine große Hilfe: Es hat alles gesehen, alles erlebt – die Erinnerungen in sich gespeichert, sie lediglich verdrängt. Für viele ist der Zugang zu dem eigenen inneren Kind zunächst schwierig, es wird oft abgeblockt. Doch das ist ganz natürlich, denn wer gibt denn schon einfach einen Schutz auf, der so viele Jahre »Hervorragendes« geleistet hat ...

Das Kennenlernen des inneren Kindes ist ein sehr sensibler Prozeß, der einfühlende, liebevolle und mitfühlende Begleitung erfordert. Auch ist es sehr wichtig, immer »im Auge« zu behalten, daß es nicht darum geht, in die Vergangenheit zurückzufallen, sondern darum, für die gegenwärtigen Situationen und Verhaltensmuster, das gegenwärtige Leid nach Ursachen zu forschen und die Probleme zu überwinden.

Wird das innere Kind gefunden und aufgenommen, ist es eine tiefgreifende Hilfe in dem Prozeß der Heilung. Der erwachsene Mensch nimmt das innere Kind an die Hand und schaut hin – sieht der Realität so, wie sie damals war, »ins Gesicht«, erlebt sie, wie dieses Kind sie erlebt hat, erfährt die Gefühle und kann gleichzeitig dieses kleine innere Kind in seine Radiant Hände und Arme nehmen und es trösten, es schützen – einfach dasein und mitfühlen. Endlich ist dieses Kind nicht mehr allein und kann sich zeigen. Es wird versorgt, akzeptiert, genährt, geliebt und angenommen.

Das ist ein allmählicher Prozeß, der schrittweise erfolgt. Von der ersten Begegnung bis zur gelungenen Integration ist der Weg sehr individuell und unterschiedlich. Manche Menschen gehen ihn von außen betrachtet kontinuierlich und »bleiben dran«, andere »brechen ab« und beginnen nach längerer oder kürzerer Zeit wieder damit. Wie auch immer sich dieser Prozeß nach außen hinzeigt, es ist ein langsames Ausdehnen, Wachsen und Heilwerden. Die TRT leistet dabei eine unschätzbare Hilfe, denn die universale Lebensenergie tritt mit all unseren Energieebenen in eine Wechselwirkung und unterstützt unseren Weg in Richtung Ausgleich und Harmonie – der Integration. Für mich als Begleiterin solcher Prozesse ist es ein unglaubliches Geschenk, daran teilhaben zu dürfen.

Ist die Integration gelungen, kann der Kontakt mit dem inneren Kind in vielen Situationen des Alltags sehr hilfreich sein. Ähnliche Gefühle oder auch Körperempfindungen, die Ihnen aus der jüngeren oder älteren Vergangenheit vertraut sind, können Hinweise darauf sein, daß das innere Kind Unterstützung benötigt. Sie lernen die Wahrnehmungen und das Erleben des inneren Kindes von denen der erwachsenen Frau oder des erwachsenen Mannes zu unterscheiden und ermöglichen sich so die Wahl des Ausgangspunktes Ihrer Handlung – als Kind oder als Erwachsener. Auf diese Weise sind wir wirklich in der Lage, alte Verhaltensmuster abzulegen und aus den »Teufelskreisen« auszusteigen.

Unser inneres Kind kämpft mit allen Mitteln darum, gesehen zu werden. Es kämpft um Liebe, Achtung und Anerkennung von den Eltern. Wir suchen diese gewöhnlich in unserer Außenwelt – bei Partnern, Freunden, im Beruf und so fort – und finden sie dort oft nicht. All diese Menschen können nicht unsere Eltern ersetzen. Niemand kann uns das geben, was unsere Eltern uns als Kind versagten, nicht einmal unsere leiblichen Eltern, wenn wir einmal erwachsen sind. Nur wir selbst können dieses innere Kind in uns ernähren, wir sind jetzt Eltern für dieses Kind in uns. Das bedeutet, wir übernehmen die Verantwortung für unser Leben, so wie es sich in all seinen Aspekten für uns zeigt.

Das Schauen mit dem inneren Kind – dessen Integration und Heilung – kann uns auch zu dem Sehen mit dem Dritten Auge führen (siehe unter den Stichwörtern »Augen«, S. 130, »Sehen/ Sicht«, S. 133, und »Drittes Auge«, S. 133.) Mit seiner Hilfe nutzen wir außer der psychischen eine weitere Dimension des Sehens – die spirituelle. Das Öffnen des Dritten Auges ist für mich ein integraler Bestandteil des »Ganzheitlichen Sehens«. Es ermöglicht das Sehen auf den spirituellen Ebenen.

Kinder sind sich dieses Zustands zwar nicht bewußt, aber sie haben die Verbindung noch. Sie sind noch nicht so sehr von sich, von ihrem Inneren, ihrer Seele getrennt. Wir können uns als Erwachsene im Kontakt mit dem inneren Kind unser inneres Wissen zugänglich machen. Wir können das Dritte Auge nutzen und schulen unsere Intuition, über die sich unsere Seele ausdrückt. Die Klarsicht mit dem Dritten Auge, die intuitiven Erkenntnisse und Einsichten lassen sich oft mit dem Verstand nicht erklären. Sie lassen sich nicht beweisen, und trotzdem sind sie wahr.

Als Erwachsene mit den Augen, der Sichtweise, dem Sehvermögen eines Kindes sich selbst und die eigene Umgebung anzuschauen kann zu vielen Erfahrungen und Einsichten führen, die uns helfen, gesund zu werden und uns der spirituellen Reise bewußt zu werden. Außerdem können wir so einen klaren, direkten und dauerhaften Kontakt zu unserer Seele herstellen.

Das Kind in uns entdeckt ohne Begrenzungen. »Werdet wie die Kinder«, steht in der Bibel geschrieben. Unser Versuch, alles wie zum ersten Mal und mit unserem annehmenden, akzeptierenden Herzen anzuschauen, ohne zu bewerten oder zu beurteilen, ist ein Tor zu den spirituellen Ebenen des Sehens. Diese Art zu schauen hilft auf der körperlichen Ebene, bringt Erkenntnisse auf den psychischen Ebenen und eröffnet die Möglichkeit zu einer spirituellen Entdeckungsreise.

Die Augen sind Tore zu unserer Seele. Das innere Kind kann uns mit Unterstützung der TRT helfen, diese Tore zu durchschreiten. Das innere Kind »ist« nicht unsere Seele! Es kann uns aber auf dem Weg zu ihr ein Stück begleiten. Die Radiance Technik hilft uns dabei, das äußere Selbst (niederes Selbst) mit dem inneren Selbst (höheres Selbst) zu verbinden. Sie kann uns helfen, unser Zentrum zu finden, uns nicht mehr als getrennt zu empfinden.

Wir sind immer ganz, tragen immer und zu jeder Zeit alles – auch unser höheres Selbst, unsere spirituellen Energien, unsere Seele, den göttlichen Kern – in uns. Wir trennen uns lediglich in unserer Wahrnehmung davon und vergessen daher unsere eigene Ganzheit.

Auf dem Weg zu mehr Bewußtsein verlagern sich die Prioritäten zunehmend mehr auf die inneren Ebenen, die spirituellen, seelischen Werte. Wir stellen unser äußeres Wesen in den Dienst unserer Seele. Wir richten unsere Persönlichkeit, die äußeren Ebenen – Körper, Gefühle und Gedanken –, auf die inneren Ebenen, unseren göttlichen Kern in uns, hin und dehnen ihn aus.

Die TRT als Streßbewältigungstechnik

Gute und effektive Methoden zur Streßbewältigung gewinnen zunehmend an Bedeutung. In dem Buch *The Radiance Technique and Managing Stress* beschreibt Dr. Barbara Ray die verschiedenen Schritte für den Umgang mit Streß und gibt viele Hinweise und Anleitungen, wie wir Die Radiance Technik dabei einsetzen können. Mit ihrer freundlichen Genehmigung sind hier das erste Kapitel mit der Überschrift »Einführung in die Streßbewältigung« und einige ihrer Anti-Streß-Übungsvorschläge übersetzt:

»Sie sind eingeladen, an der Bewältigung Ihres Streß in Ihrem Leben teilzuhaben. Zusätzlich sind Sie eingeladen, Ihr Verständnis über Ihre positiven und negativen Streßreaktionen zu erweitern, einfache und praktische Techniken für sich zu erlernen und mit der Anwendung Der Radiance Technik die Verantwortung für diese Reaktionen zu übernehmen.

Trotz hunderter Bücher über Streß und hilfreicher Hinweise in jeder Sonntagszeitung bleiben die Menschen weiterhin *passiv* und erwarten, daß der Streß für sich selbst die Verantwortung übernimmt. Sie haben wenig oder kein Konzept für den ›Umgang‹ mit Streß. Fast jeder kann lange genug einer Zusammenfassung im Fernsehen oder dem kurzen Zeitungsartikel folgen, um mit Begeisterung einige Veränderungen vorzunehmen. Es kommt zu momentanen Versprechungen, mehr zu üben, gesünder zu essen, den Streß loszulassen und mehr Entspannung zu erleben. Die Anzahl der Menschen, die *aktiv* ihre Lebensqualität verändern und umwandeln, ist in der Zwischenzeit nicht gestiegen. *Passivität* ist der Weg, das zu erhalten, was bereits existiert. Tatsächlich hält der kurze Enthusiasmus, etwas zu verändern, bei den meisten Menschen nicht lange vor, denn es wird als leichter empfunden, nichts zu verändern.

Es ist auch ein Mißverständnis, anzunehmen, daß eine *fortgeschrittene* Gesellschaft mit einer *gesunden* Gesellschaft gleichzusetzen ist. Die meisten Menschen denken tatsächlich, daß ihnen gute Gesundheit, allgemeines Wohlbefinden und sogar ein langes Leben entweder gegeben sind oder eben auch nicht – und daß es da nicht viel zu tun gibt, um dies zu verbessern. Sie nehmen *passiv* an, wenn sie nicht krank sind, würden sie sich richtig ernähren. Viele Menschen sind außerdem davon überzeugt, daß sie keinen Zusammenbruch auf der physischen Ebene erleiden, wenn sie nicht einen größeren operativen Eingriff oder einen Herzanfall haben. Und eine der gefährlichsten Überzeugungen ist, daß Streß lediglich unter den hohen Anforderungen der Geschäftswelt erfahren wird.

Zum Beispiel kann jemand der Überzeugung sein, es sei einfacher, mehr koffeinhaltige Getränke zu sich zu nehmen, um durch den Tag zu kommen, als sich auszuruhen oder nährwerthaltige Nahrung zu essen. Hinzu kommen die Illusion des Zeitmangels und der Glaube, wenn man sich Zeit für die Streßbewältigung schaffe, fehle diese Zeit dann woanders. Mit der TRT kann die Streßbewältigung leicht ein aktiver Teil Ihres Lebens werden, denn Sie haben dann eine Technik, um den Streß *zu jeder Zeit,* an jedem Ort und in jeder Situation loszulassen.

Die Basis Ihrer Existenz bildet der Körper bzw. eine physische Existenzebene, und dieses physische Selbst reagiert auf Streß sehr direkt, egal, welche Mißverständnisse für Ihren Verstand bestehen mögen. Streß selbst wird von Ärzten, Fitneßexperten, Psychologen und den Journalisten auf verschiedene

Weise beschrieben. Im Exp. R. M. steht über Streß und seine Beziehung zur TRT folgendes:

›*Streß* – beschreibt die täglichen Anforderungen an Körper, Gefühle, Verstand und Geist. Ohne das Loslassen kann Ihnen Streß über eine längere Zeit Energie abziehen, Ihre Vitalität und Ihre Widerstandskräfte gegen Erkrankungen schwächen. Er wird auch mit dem vorzeitigen Altern und der chronischen Schwächung der physischen Kondition in einen Zusammenhang gebracht. Außerdem zerstört Streß Ihr emotionales und mentales Gleichgewicht. TRT ist eine vollständige und einzigartige Selbsthilfetechnik, welche die Reduzierung von Streß und den Ausgleich Ihrer gesamten Körper-Gefühl-Verstand-Geist-Dynamik unterstützt. Durch die tägliche TRT-Handanwendung werden Sie Ihre Energie ausgleichen und auffüllen, die durch angehäuften Streß von den Härten des modernen Alltags entleert ist. Um frei von Streß zu sein bzw. positiv auf Streß zu reagieren, brauchen Sie eine Technik, die Ihre gesamte Energiedynamik ganzheitlich unterstützt. TRT ist ihrem Wesen nach solch eine Technik. Streß, der sich auf die Arbeit und den Beruf bezieht, kann durch die Anwendung der TRT während der Arbeit ausgeglichen werden, da sie bequem in jeder Arbeit ausgeglichen werden, da sie bequem in jeder Situation und zu jeder Zeit eingesetzt werden kann und keine besondere Ausrüstung erfordert.‹ (S. 101)

Streß gibt es in unserem Alltag zu jeder Zeit und auf viele sichtbare und unsichtbare Weisen. Die Anwendung der TRT, um positive Streßreaktionen zu fördern, kann eine Lebensweise für Sie werden. Zunächst müssen Sie wissen, daß, obgleich er Ihrem Leben innewohnt, Streß nicht immer negativ sein muß. Es ist Ihre Reaktion auf Streß, die positiv oder negativ für Sie sein kann. Die Radiance Technik ist ein wertvolles Werkzeug, um den Streß in Ihrem Alltag zu bewältigen, und sie dient Ihrem gesamten ganzmachenden und heilenden Prozeß. Mit der TRT liegt

Ihre Lebensqualität wirklich *in Ihren eigenen Händen*. Im Exp. R. M. wird die Bedeutung der *Qualität* Ihres Lebens als essentiell vorgestellt.

›*Lebensqualität* – Unabhängig von Ihrem Alter, Ihrer Beschäftigung oder Ihren persönlichen Interessen ist die *Qualität* Ihres Lebens einer der wichtigsten Aspekte von Ganzheit und Wohlbefinden. Ihr Leben ist eine Entfaltung, ein Entdeckungsprozeß und eine Reise, bei der Sie zu Ihrer eigenen Multidimensionalität erwachen können. Gleich, welche Herausforderungen Sie auf irgendeiner Ebene Ihrer Energiedimension erleben, können sie als ein Mensch in Wachstum und Umwandlung jetzt beginnen, Ihre Lebensenergie zu schätzen und zu achten. Tägliche Anwendungen der TRT geben Ihnen die Gelegenheit, strahlende, universale, transzendentale Energie *direkt* und *für sich selbst* zugänglich zu machen, welche die Qualität der Lebenserfahrung ausdehnt und verbessert.‹ (S. 91)

Seit einiger Zeit erkennen Experten im Bereich der Streßforschung und -bewältigung die Bedeutung der Wahrnehmung jedes Individuums als eine ganze Person mit vielen Teilen – den körperlichen, emotionalen, mentalen und spirituellen. Weiterhin beeinflussen sich diese Bereiche des ganzen Menschen gegenseitig und haben eine Beziehung untereinander. Die verschiedenen Bereiche können an unterschiedlichen Graden von Streß leiden. Zum Beispiel kann Ihr Körper von dem mentalen Streß des Tages müde sein, als ob Sie Kisten, gefüllt mit Blei, geschleppt hätten, obwohl Sie nichts weiter getan haben, als in Ihrem Büro zu sitzen und die geschäftlichen Dinge zu erledigen.

Dr. Hans Selye, der als der Präsident des Internationalen Streßinstituts arbeitete, stellt die Beziehung von Streß zu dem ganzen Selbst in Zusammenhang: ›Ich habe immer die ganzheitliche Annäherung an die Medien begrüßt, und mein eigenes Streßkonzept begründet sich auf der Integration aller Aspekte des menschlichen Lebens. Ganzheitliche Lebensweise kann Sie unterstützen, Ihre Gesundheit, Ihre Darstellung und Ihr Wohlbefinden zu verbessern. Es bedeutet die Heilung des gesamten Menschen: Körper, Verstand und Geist.‹

In jedem Streßbewältigungsprogramm ist das Loslassen des Streß, der Sie negativ beeinflußt, wesentlich, um ein Gleichgewicht der physisch-emotional-mental-spirituellen Dynamik beizubehalten. Wenn Sie den Ersten Grad der TRT machen, werden Sie lernen, wie Sie sich selbst eine TRT-Handanwendung geben können, die ein wesentliches Werkzeug für Ihre Streßbewältigung ist. Hier eine Unterstützung für Ihre tägliche Anwendung der TRT aus dem Exp. R. M:

›*Loslassen* – Mit Ihrer täglichen TRT-Handanwendung beginnt ein Prozeß des Loslassens auf den verschiedenen Ebenen Ihrer Energiedynamik, unterstützt von universaler, sicherer, ganzer und nichtschädigender Energie. Was Sie vielleicht zunächst beobachten, ist das energetische Loslassen von Streß und seiner untereinander verbundenen Beziehungen zu

Ihrer physisch-emotional-mentalen Dynamik. Während Sie Ihr tägliches Handanwendungsprogramm fortsetzen, beginnen Sie einen Entdeckungsprozeß und werden der Beobachter Ihrer tieferen Verhaltensmuster, die über den täglichen Streß in Ihrem Leben hinausgehen. Nutzen Sie Ihren Radiant Touch, wenn Sie sich dieser Muster bewußt werden, und verwenden Sie die TRT besonders in Situationen, in denen Sie Erholung, Energetisierung, Entspannung und Streßbefreiung wünschen.‹ (S. 93)

Mit der TRT kann es für Sie leichter sein, als Sie denken, die Verantwortung für die Bewältigung Ihrer Streßreaktionen zu übernehmen. TRT ist die ideale Technik, um mit sich selbst auf allen Ebenen, nicht nur der mentalen, wo all Ihr Denken stattfindet, in Berührung zu kommen. Es gibt natürliche Schritte in Ihrem Wachstumsprozeß, und Sie erleben sie jenseits Ihres Verstandes. Den Torweg zu öffnen, um der Beobachter Ihrer selbst zu werden, ist ein freudevoller und aktiver Prozeß. Es ist in Ihrem Lebensprozeß unschätzbar, eine Bewußtheit über Ihr persönliches Wachstum aufzubauen.

Was auch immer für einen Prozeß Sie in Ihrem Leben erfahren, TRT unterstützt und erhält in einer wohlwollenden Weise Ihre Entdeckungen und Beobachtungen. Das Beobachten wird Ihnen erlauben, die Grade des Streß in Ihrem Alltag zu erkennen. Jeder Tag, auch wenn die Routine vielleicht gleich scheint, unterscheidet sich in Ihrer tatsächlichen Reaktion auf Streß. Wenn Sie bewußter werden, wächst die Fähigkeit, die Verschiedenheit der negativen und positiven Streßerfahrung zu unterscheiden. Verwenden Sie den folgenden Abschnitt des Exp. R. M. als eine Begleitung, um Ihren eigenen Prozeß zu erforschen.

›Prozeß – bezieht sich auf eine miteinander verbundene Reihe von Schritten, von Interaktionen; eine Reihe natürlicher Schritte, Stadien und Bewegungen. Eine Prozeßorientierung ist auf die tatsächliche Erfahrung des Lebens ausgerichtet in seiner dynamischen, spiraligen Bewegung und Interaktion auf allen Energieebenen gleichzeitig, unbegrenzt, nichtlinear und ohne Begrenzungen und schließ alle seine Zyklen ein. Es gibt ein Mißverständnis darüber, daß ein Prozeß nur dann geschieht, wenn Sie ihn wahrnehmen, und nur innerhalb der Energieebenen, deren Sie sich bewußt sind. Während Sie ein tiefer Beobachter Ihrer äußeren physischen, emotionalen und mentalen Ebenen werden, fangen Sie an, eine Wahrnehmung von den Mustern innerhalb des Prozesses zu bekommen – und darüber, daß der Prozeß *immer* über den Grad der Bewußtheit auf allen Ebenen hinausgeht. Erweitern Sie sich über Ihre tägliche TRT-Handanwendung hinaus, indem Sie ein wahrer Beobachter werden und in Ihrem Wahrnehmungstagebuch notieren, welche Teile Ihres Prozesses Sie beobachten, während Sie Ihre ganze TRT-Anwendung vollenden. Meditieren Sie besonders mit allen vier Kopfpositionen in Kombinationen Ihrer Wahl mit den Vorderseitenpositionen 1 und 3 sowie Rücken 3 (siehe S. 86 und Abbildungen auf S. 59-61).

Die TRT-Handanwendung beginnt einen Prozeß der Bewußtheit – besonders wenn Sie zulassen, daß Sie sich selbst mit dem wirklichen Prozeß, der immer in Ihnen stattfindet, bewegen. Die Anwendung dessen, was Sie in dem Seminar der TRT gelernt haben, ist einfach und bietet dennoch tiefgreifende Gelegenheiten, bewußter zu werden. Sie brauchen sich nur anzugewöhnen, den Empfehlungen zu folgen. Nehmen Sie sich Zeit, die angegebenen Positionen und gewählten Kombinationen mit Vorderpositionen 1, 3 und Rücken 3 als Meditation anzuwenden, um sich in die innere Antwort des Beobachters zu bewegen. Sie können dann lernen, Ihre eigenen Verhaltensmuster zu beobachten, ohne zu urteilen. Um eine mehr prozeßorientierte Person zu werden, folgen Sie diesem Vorschlag und verbringen mehrmals pro Woche mindestens fünf Minuten (bis zu 35 Minuten) in jeder Position. Stellen Sie sich vor! Mit der TRT liegt

168

die Möglichkeit Ihrer Entwicklung auf diese Weise *in Ihren eigenen Händen.*

Um den Streß in Ihrem Leben aktiv als solchen zu bemerken, bedarf es eines bestimmten Maßes an Bewußtheit über sich selbst, der eigenen Verhaltensmuster und täglichen Reaktionen. Die Entscheidung, die selbstzerstörerischen oder negativen Streßreaktionen in Ihrem Leben zu verändern, ist eine Übereinkunft und erfordert Ihre eigene Bereitwilligkeit, an Ihrem Leben teilzunehmen. Sie erfordert auch, selbstverantwortlich zu sein, denn es ist unmöglich, allen Streß aus Ihrem Leben zu tilgen.

Die Selbstverantwortung zu übernehmen wird Ihre Perspektive, andere äußere Gründe für Ihre Streßreaktionen heranzuziehen, verändern. Statt dessen werden Sie kreativ versuchen, Ihre eigenen inneren Reaktionen auf Situationen, die ›stressig‹ für Sie sind, zu identifizieren und an dieser Stelle für Sie notwendige Entscheidungen zu treffen, damit Sie Ihren Streß bewältigen.

Wertvolle Begleitung und Unterstützung für das Wachstum der Bewußtheit von Selbstverantwortung, während Sie die TRT nutzen, wird unter dem Stichwort ›*Selbst*verantwortung‹ im Exp. R. M. angeboten:

›*Selbstverantwortung* – Das Lernen, sich selbst zu akzeptieren und die volle Verantwortung für die eigenen Gefühle, Handlungen und Interaktionen zu akzeptieren, ist ein Schritt ins Unbekannte, ein Lernprozeß wie kein anderer. Wirklich verantwortlich für sich selbst zu sein ist tiefgreifend. Die Radiance Technik macht *direkt* ganze, Radiant Energie zugänglich, die Sie anwenden und sich dabei von innen her mit allen Ebenen Ihrer Energiedynamik verbinden. Unterstützen Sie Ihre Reise in das Unbekannte der Vertiefung Ihrer Selbstverantwortung mit zwei TRT-Handanwendungen täglich. Erforschen Sie auch Meditationen mit den Kopfpositionen 1, 2 und 3, den Vorderseitenpositionen 1 und/oder 3 sowie der Rückenposition 3.‹ (S. 99)

Um in Ihrem Leben die notwendigen Entscheidungen für Veränderungen zu treffen, müssen Sie neben Ihrer eigenen Bewußtheit ein starkes Gefühl für Selbstverantwortung entwickeln. Auch werden Sie einige Gewohnheiten aufgeben, um Selbstverantwortung zu praktizieren, etwa Beschuldigen anderer für Dinge, die in Ihrem Inneren stattfinden. Wenn Sie wirklich Selbstverantwortung praktizieren, werden Sie alle Muster von Beschuldigungen an sich selbst und anderen gegenüber loslassen, die Sie im Laufe der Zeit entwickelt haben.

Da negative Streßreaktionen nicht *einfach* mit Ihnen geschehen, wird die Entwicklung Ihrer Selbstverantwortung Sie auch befähigen, aktiv an allem, was um Sie herum passiert, teilzunehmen. Sie werden einen positiven und aktiven Prozeß beginnen, welcher die Entwicklung Ihres eigenen Streßbewältigungsprogramms unterstützen kann. Während Sie lernen und sich der Selbstverantwortung bewußter werden, beginnt gleichzeitig die Bewegung hinein in das Unbekannte Ihrer selbst. Sie werden fähig, sich selbst und Ihre Handlungen ohne Urteile zu akzeptieren. Dann können Sie tatsächlich anfangen zu sehen, welche Entscheidungen Sie treffen – was Sie verändern möchten und was in Ihrem Leben unterstützend ist. Sie werden sich auch klarer darüber, was positiver und was negativer Streß in Ihrem eigenen persönlichem Leben ist.

Ihre Persönlichkeit spiegelt die Dynamik Ihrer individuellen Selbstauffassung und Ihrer Verhaltensmuster, bezogen auf Gesellschaft, Familie, Beruf und andere persönliche Beziehungen, wider. Zudem unterhält Ihre Persönlichkeit eine komplexe Interaktion mit dem, was die Psychologen als ›gesellschaftliche Streßfaktoren‹ bezeichnen. Die Streßfaktoren entstehen aus der Art, wie Sie Ihr eigenes Verhalten wahrnehmen und interpretieren.

Jeder Mensch kann ein und dieselbe Situation völlig unterschiedlich sehen, entsprechend dem Grad von Angst, der durch seine Basispersönlichkeit gefiltert wird. Mit anderen Worten, was Angst für einen Anfänger im Bergsteigen bedeutet, der auf einer Berginnenseite hochklettert, wird zur reinen Freude und liefert dem erfahrenen Kletterer, der bei der physischen Herausforderung aufblüht, das Gefühl von Vollkommenheit. Es ist wichtig für Sie, zu bemerken, daß der Anfänger nicht ›schlecht‹ ist, weil er Angst hat, noch ist der erfahrene Kletterer gut, weil er das Klettern aufregend findet. Sie sind unterschiedliche Menschen, die auf die gleichen Umstände verschieden reagieren.

Wenn Sie jemals zwei oder drei Menschen erlebt haben, die Ihnen das gleiche aufregende oder angsterzeugende Ereignis schilderten, haben Sie vielleicht bemerkt, daß sie alle aufgrund ihrer eigenen Interpretationen und Wahrnehmungen ziemlich unterschiedliche Geschichten erzählten, obwohl jeder von ihnen an dem gleichen Ereignis beteiligt war. Alle Vorlieben und Abneigungen eines ganzen Lebens kommen bei der Beschreibung der Wichtigkeit einiger Details und der geringeren Bedeutung anderer Zusammenhänge ins Spiel. Diese Unterschiede sind weder gut noch schlecht, weder richtig noch falsch. Bedenken Sie auch, daß all Ihre Freunde, Familienmitglieder, Haustiere und andere in Ihrem Leben auf positive und negative Streßfaktoren *anders als Sie* reagieren. Was den einen Menschen oder das eine Tier streßt, muß für den anderen kein Streß bedeuten. Deshalb ist es wichtig, daß Sie Ihren eigenen Prozeß der Bewältigung Ihrer Streßfaktoren respektieren und achten. Eine der größten Wohltaten in der Anwendung der TRT für Streßbewältigung ist ihre Fähigkeit, die positiven Streßreaktionen zu erweitern und dabei Müdigkeit, Depressionen, Gefühle von Verzweiflung und geringe Selbstachtung loszulassen.

Negative oder positive Streßreaktionen werden auch durch Ihre eigene Persönlichkeit erzeugt. Jeder Mensch erlebt ein für sich einzigartiges ›Streßmuster‹. Dieses individuelle Streßmuster reagiert in der ganzen physisch-emotional-mentalen Dynamik jedes Menschen anders. Wahrscheinlich ist Ihnen bekannt, was für ein bemerkenswertes Gefährt unser Körper bezogen auf seine Fähigkeit, sich anzupassen, ist. Er kann Sie nicht nur in die ›Flucht-oder-Kampf‹-Bereitschaft stellen, wann immer Sie eine

Situation, Person oder Ereignis erleben, das eine Streßreaktion hervorruft, sondern er kann sich auch über lange Zeit an die harten und störenden Schwingungen des normalen Alltags anpassen. Diese einfachen, gleichwohl gewöhnlichen Umstände beinhalten so etwas wie den Straßenlärm, den Lärm von Kühlschränken, die hohe Frequenz von Computern oder die psychischen oder physischen Belastungen, die durch überfüllte Gebäude, Städte oder öffentliche Verkehrsmittel hervorgerufen werden können. Die Anpassung an diese Streßfaktoren ist notwendig. Aber gleichzeitig ist es noch notwendiger, um den Streß in Ihrem Leben zu bewältigen, daß Sie sich Ihrer Anpassungen bewußt sind.

Eine der wichtigsten Fragen in Ihrem Entdeckungsprozeß ist die, was für einen Preis Sie täglich für jede der obengenannten Situationen bezahlen. Verbrauchen Sie Ihren eigenen Energievorrat, ohne ihn zu erneuern und zu ernähren? Ist der Kühlschrank so lange bei Ihnen zu Hause, daß Sie das Geräusch nicht mehr hören – zumindest auf der Ebene Ihrer Wahrnehmung?

Im Exp. R. M. gibt es zwei Stichworte, die die Wichtigkeit der Erneuerung Ihrer Energie und die Bedeutung, die TRT häufig zu nutzen, betonen.

›*Wiederherstellen* – Die Radiance-Technik kann angewendet werden, um auf allen Ebenen Ihres Wesens die Energie regelmäßig jeden Tag zu erneuern. Egal, was Sie tun, Sie sind immer in Bewegung und verbrennen entsprechend Ihrer Aktivität unterschiedliche Mengen an Energie. Nutzen Sie besonders die Kopfpositionen 1 und 3, die Vorderseitenpositionen 1 und 3 sowie die Rückenposition 3.‹ (S. 93)

›*Bewahren* (siehe S. 38.)‹

Meine eigenen Erfahrungen mit der TRT und Streßbewältigung bestätigen diese Ausführungen von Dr. Barbara Ray. Vom ersten

Tag der regelmäßigen TRT-Handanwendungen an beobachtete ich eine zunehmende Entspannung. Nach und nach wurde ich mir meiner streßauslösenden Muster bewußter, konnte in dem Moment mit der TRT sofort etwas tun und sie langfristig auch verändern. Eines der wichtigsten Dinge dabei war, daß ich an irgendeinem Punkt aufgab zu denken, ich wüßte, wie ich reagiere. Ich begann mir statt dessen die Mühe zu machen, mit Hilfe der TRT zu beobachten. Dabei stellte ich mir zum Beispiel die Situation unter meinen Radiant Händen vor (siehe Übungen wie »TRT und die Klärung unklarer Situationen«, S. 91). Allmählich wurde mir deutlich, was tatsächlich geschah. Ich erkannte meine Schuldmuster, meinen Mangel an Selbstvertrauen, Selbstbewußtsein und an Selbstverantwortung, mein ständiges Überforderungsmuster sowie meine Existenzängste, und ich konnte den Zusammenhang zu meinen negativen Streßreaktionen herstellen. Ständige Schuldgefühle und ein Mangel an Selbstvertrauen können viel Streß verursachen. Auch erfuhr ich, daß die Art zu leben, von der ich dachte, daß sie wirklich meinen inneren Wünschen entspricht und erholsam und unterstützend für mich sei, mir in Wahrheit nicht entsprach.

Zu meinen negativen Streßreaktionen auf Existenzängste und Gefühle der Überforderung gehörten Schlafstörungen, Aggressionen, Atembeschwerden, Kopfschmerzen, Nervosität und Panik. Manchmal erlebe ich noch die Gefühle von Angst, aber ich habe mittlerweile gelernt, damit anders umzugehen. Sie bestimmen meine Handlungen nicht länger. Ich mache aus Existenzängsten heraus nicht etwas, was ich nicht wirklich will. Das Überforderungsmuster kann mich nicht länger dazu bringen, andere zu beschämen und aggressiv zu werden.

Klar gibt es auch heute noch Situationen, in denen ich mich »rettungslos« überfordert fühle. Mit der TRT gelingt es mir jedoch immer besser, sie zu beobachten und nicht aus diesem Muster heraus zu handeln, sondern einen anderen Standpunkt einzunehmen. Außerdem begann ich mir klarzumachen, was ich wirklich will, was ich wann tue und wieviel Zeit ich für die einzelnen Schritte benötige. Mir ist deutlich geworden, daß ich mir immer zuwenig Zeit zugestanden hatte, um etwas zu erledigen. Mein Leben lief so, als ob es unendlich viele Dinge gäbe, die ich »mal eben nebenbei« erledigen könnte – mindestens fünf gleichzeitig. Ich begann Prioritäten zu setzen, meine Zeit genauer einzuteilen und lernte zuzulassen, daß ich nicht immer alles sofort bewältigen und auch nicht immer für alles gleich eine Antwort parat haben muß. Ich begann, meinen Prozessen mehr Zeit zu geben. Die wirkliche Erfahrung des Verlaufs von Prozessen wurde zunehmend spannender. Meine Kreativität und meine Sicherheit, daß ich mich auf sie verlassen kann, wuchs. Auch hat sich der bewußte Zugang zu meiner Intuition enorm gesteigert. Nicht zuletzt hat mein gesamtes Leben an Qualität und Freude gewonnen, die ich um nichts in der Welt mehr missen möchte.

Es ist eine spannende Reise, mit der Radiance Technik die eigenen Streßmuster zu entdecken. Ich bin nach wie vor erstaunt, auf wie vielfältige Weise das alles miteinander verknüpft ist und wie individuell verschieden wir reagieren. Diese spannende, aufregende Reise ist für mich noch lange nicht zu Ende.

Das Gewahrwerden ist also ein Schlüssel, das Beobachten und das Entwickeln von Selbstbewußtsein und Selbstvertrauen der Weg zur Streßreduktion. Die Radiance Technik ist auf diesem Weg ein unglaublich einfaches und gleichzeitig hochwirksames Werkzeug.

Zusätzlich zu Ihrer täglichen TRT-Handanwendung können Sie unterstützende Visualisierungen, verbunden mit der TRT, machen (siehe dazu auch den Abschnitt »Die Radiance Technik und kreative Imagination, die Reise nach innen«, S. 136), und in buchstäblich jeder Situation ist Zeit für kleine, 5 bis 10 Minuten oder kürzer dauernde Übungen, wie sie in dem Buch *The Radiance Technique and Managing Stress* von Dr. Barbara Ray auf S. 74 beschrieben werden:

»In jedem Augenblick, wenn Sie anfangen, Streß zu empfinden, machen Sie alle oder eine der folgenden Übungen.

Mini-Massage

Nutzen Sie Ihre Radiant Hände, und beginnen Sie eine 3-Minuten-Massage in Ihrem Gesicht und Nacken mit Ihren Fingern. Fahren Sie damit fort, und denken Sie zur gleichen Zeit an die lustigste Sache, an die Sie sich erinnern können! Erfreuen Sie sich an der lustigen Szene während der gesamten Zeit Ihrer Radiant Massage.

Ja! Ja! Ja!

Finden Sie einen privaten Platz – oft genügt das WC im Büro-, und legen Sie eine Radiant Hand auf Kopfposition 4, das Kehlkopfzentrum, und die andere Radiant Hand auf die Vorderseitenpositionen 1, das Herzzentrum. Sagen Sie einige Male laut: ›Ja! Ja! Ja!‹ Beobachten Sie, wie Sie es laut sagen und danach innerlich leise weiter (mindestens 3 Minuten lang). Wenn Sie in Ihr Büro zurückgehen, sagen Sie innerlich weiter: ›Ja! Ja! Ja!‹ – den ganzen Tag über, immer wenn Sie es benötigen.

6-Minuten-Energieverstärker/-Streßlöser

Nehmen Sie sich, egal, wo Sie sind, 2 Minuten für jede Position. Legen Sie beide Hände auf TRT-Kopfposition 1, gefolgt von Kopfposition 3. Dann legen Sie eine Hand auf die Vorderseitenposition 1 und die andere auf die Vorderseitenposition 3, wie gesagt jeweils mindestens 2 Minuten. Während Sie diesen 6-Minuten-Energieverstärker und -Streßlöser durchführen, werden Sie sich gleichzeitig Ihres Atems bewußt und beginnen ein Lächeln in Ihr Gesicht zu bringen. Beschäftigen Sie Ihren Verstand mit folgender Affirmation:

›Ich übernehme die Verantwortung für mein Leben, und ich beginne mich zu verändern.

Ich weiß, was ich tun kann, und ich lerne und lasse negative Muster los.

Ich lasse den Streß los, den ich in diesem Moment empfinde. Ich atme und lächle gleichzeitig.‹

Mini-Streßübung

Eine kleine Übung, die ich immer dann mache, wenn mir mein Verstand erzählt, daß ich nicht einmal ein paar Minuten Zeit habe, ist die »Mini-Streßübung«: Sobald ich Streß empfinde, was ich oft an meinem Atem bemerke, lege ich mir meine Radiant Hände auf mein Herzzentrum und atme dreimal bewußt ein und aus. Diese drei Atemzüge gehören, egal, wo und bei wem ich gerade bin, ganz allein mir!

Probieren Sie die Übungen für sich aus. Sie werden sich wundern, wie effektiv sie sind! Ein paar Augenblicke haben wir in jeder Situation Zeit! (Weitere kurze »Stress Busters«, allerdings in englischer Sprache, finden Sie auch unter http://www.trtia.org im Internet.)

Die Radiance Technik
bei Erkrankungen auf den
verschiedenen Ebenen

Die Radiance Technik wirkt wie gesagt auf all unseren Energieebenen in Richtung Gleichgewicht und Harmonie. Sie bewirkt Heilung und Ganzwerdung im Sinne unserer uns innewohnenden Ganzheit und kann aus diesem Grund auch eingesetzt werden, um uns selbst und andere bei Erkrankungen auf den verschiedenen Ebenen unseres Wesens ganzheitlich zu unterstützen und zu begleiten. Sie kann mit allen anderen therapeutischen Methoden kombiniert werden, ohne daß diese negativ beeinträchtigt würden.

Im folgenden sind Erfahrungen mit der TRT bei Erkrankungen auf den unterschiedlichen äußeren Ebenen beschrieben, und es werden Hinweise und Übungen angeboten, die Sie für sich ab dem Ersten Grad der TRT anwenden können.

Leichte und schwere körperliche Erkrankungen

Die Radiance Technik kann für alle körperlichen Erkrankungen als zusätzliche Unterstützung eingesetzt werden. Wir haben buchstäblich die Möglichkeit in unseren Händen, die Selbstheilungskräfte zu aktivieren und »auszudehnen«. Wir können uns von der vielzitierten »Unmündigkeit des Patienten« befreien und therapiebegleitend mehr Verantwortung für den eigenen Heilungsprozeß übernehmen, indem wir in jeder Situation alle Möglichkeiten nutzen, unsere Radiant Hände auf den Körper zu legen. Außerdem überwinden wir Gefühle von Hilflosigkeit,

Kraftlosigkeit und Resignation, von denen körperliche Erkrankungen oft begleitet werden. Wir können dabei keine Fehler machen, es gibt auch kein Zuviel dieser Energie! Wir werden mit der TRT in jeder Situation in unserer »natürlichen« Entfaltung unterstützt. Bei allen schweren Erkrankungen oder wenn Sie sich nicht sicher fühlen, gilt es immer, zunächst eine ärztliche Diagnose erstellen zu lassen. Gleichzeitig können Sie die Hände auflegen und dann gemeinsam mit dem Arzt oder Therapeuten entscheiden, was Sie tun möchten.

Übungen

Körperliche Organe haben ihre eigene Sprache, uns mitzuteilen, was ihnen fehlt, was sie benötigen und was sie mit dieser Erkrankung ausdrücken möchten. Wir können mit Unterstützung der TRT mit dem erkrankten Körperteil oder Bereich Kontakt aufnehmen, zu ihm hinsprechen und ihm zuhören. Sehen Sie dazu auch die Übungen »Reise zu unserem Herzen mit der TRT« (s. 141) und »Reise zu den Augen und durch Ihren ganzen Körper mit der TRT« (S. 144).

Reise zu erkrankten Organen

Beginnen Sie mit Ihren Radiant Händen auf dem betroffenen Bereich, nutzen Sie ab dem Zweiten Grad der TRT auch die kosmischen Symbole, stellen sich das Organ vor, und nehmen Sie Kontakt zu ihm auf, wie es in soeben erwähnten Übungen am Beispiel der Augen und des Herzens beschrieben ist. Stellen Sie sich vor, wie das Organ in Ihren Radiant Händen liegt und die universale Lebensenergie es durchstrahlt. Lassen Sie sich Zeit für diesen Prozeß. Zusätzlich können Sie auch den Gesundungsprozeß visualisieren, indem Sie sich das Organ gesund vorstellen oder ein Bild, ein Symbol dafür entstehen lassen. Sprechen Sie innerlich mit diesem Organ. Die »Sprache« Ihrer

Organe unterscheidet sich allerdings von der gewöhnlichen Sprache. Es sind nicht immer Stimmen, es können auch Eindrücke, Bilder oder Erkenntnisse sein. Erinnern Sie sich, es handelt sich um einen Austausch von Schwingungen, der Wissen vermittelt.

Reise zu unserem inneren Heiler

Auf eine ähnliche Weise können wir auch Kontakt zu Bereichen von uns aufnehmen, die »innere Heiler« genannt werden. Es sind Aspekte, die uns ermöglichen, einen größeren Überblick zu bekommen, die uns helfen, die richtigen Schritte zu tun. Sie sind eine gute Unterstützung und Ergänzung in jedem Heilungsprozeß, die allerdings keinen Arzt ersetzen!

Nehmen Sie sich 40 bis 50 Minuten Zeit! Nach einer Entspannung von mindestens 10 Minuten mit den Kopfpositionen (siehe die Abbildung auf S. 59) in Verbindung mit einer Reise durch Ihren Körper stellen Sie sich in Ihrem Herzzentrum unter Ihren Radiant Händen eine Landschaft vor. Vielleicht ist es eine Landschaft, die Sie schon kennen. Schauen Sie sich in Ihrer inneren Landschaft um, und nehmen Sie mit Ihren inneren Sinnen – Augen, Ohren, Nase, Radiant Händen – alles um sich herum wahr. Nehmen Sie sich Zeit für Ihre Entdeckungsreise!

Irgendwann bemerken Sie, daß sich in Ihrer inneren Landschaft ein Ort oder ein Haus befindet, in dem Ihr innerer Heiler wohnt.

Sie gehen jetzt dorthin und bitten ihn, herauszukommen, sich Ihnen zu zeigen.

Schauen Sie sich an, und nehmen Sie langsam Kontakt miteinander auf.

Sie können zu ihm hinsprechen und ihm alle Fragen stellen. Nehmen Sie sich Zeit, die Antworten zu hören! Auch können Sie Ihren inneren Heiler bitten, Ihnen zu sagen, was er Ihnen jetzt sagen möchte. Gestalten Sie diesen Kontakt!

Nach einer Weile bedanken Sie sich bei ihm und verabschieden sich dann, nehmen wieder Ihre Landschaft wahr, ruhen sich dort noch eine Weile aus und reflektieren das Erlebte. Nach einer weiteren Zeitspanne kommen Sie langsam wieder ins Wachbewußtsein.

Machen Sie sich Notizen!

Hinweise

Ebenso, wie die TRT den Arztbesuch nicht ersetzt – darauf wurde schon mehrmals hingewiesen – schützt sie uns auch nicht vor Ansteckungen. Dennoch ist sie wie gesagt eine verläßliche Methode, um den Heilungsprozeß therapiebegleitend positiv zu beeinflussen.

Machen Sie möglichst ein bis zwei TRT-Handanwendungen pro Tag, und legen Sie Ihre Hände, bis zu 30 Minuten, auf die betroffenen Bereiche. Ab dem Zweiten Grad verbinden Sie Ihre Handanwendungen mit Ihren zusätzlichen Werkzeugen der TRT. Bei Verletzungen und offenen Wunden lassen Sie Ihre Hände ein paar Zentimeter über dem Bereich, oder Sie legen Ihre Hände in die Nähe der Erkrankung bzw. auf das Herzzentrum. Die universale Energie geht immer dahin, wo sie benötigt wird.

»*Schmerz* – bedeutet Leiden oder Streß auf irgendeiner Ebene des Körpers, der Gefühle oder Gedanken. Um schmerzhafte Energien in Übereinstimmung mit Ihrem individuellen Prozeß loszulassen, auszugleichen und umzuwandeln, verwenden Sie die verschiedenen Aspekte der TRT, solange und sooft Sie möchten. Schmerz ist ein wichtiges Signal für Energie, die aus dem Gleichgewicht oder blockiert ist. TRT erleichtert das In-Berührung-Kommen und das Loslassen von blockierten Schmerzmustern, die Sie von natürlichem Wachstum und Öffnung fernhalten. Nutzen Sie die entsprechenden Positionen, und meditieren Sie zusätzlich längere Zeit mit den Kopf-

positionen 1, 2 und 3 (siehe die Abbildung auf S. 59), den Vorderseitenpositionen 1, 3 und 4 sowie der Rückenposition 3.«
(Exp. R. M., S. 83)

Sie können kranken Familienmitglieder TRT-Anwendungen unter Zuhilfenahme aller Ihnen bekannten Werkzeuge der TRT geben. Wir richten uns dabei immer nach den Bedürfnissen des Kranken. Ist ihm irgend etwas unangenehm und will er es nicht ertragen, legen wir unsere Hände an eine andere Stelle oder beenden diese Anwendung. Bei TRT-Anwendungen im Krankenhaus vermeiden wir »Sensationen«. Wir passen uns den Gegebenheiten an. Manchmal ist die einzige Möglichkeit, die Hand der Erkrankten zu halten oder eine Hand auf das Herzzentrum, den Bauch oder die Schulter zu legen. Auch das hilft! Die universale Lebenskraft ist Energie. Sie breitet sich aus und geht dahin, wo sie benötigt wird.

Mein Vater war viele Jahre vor seinem Tod schwer krank. Er hatte eine chronische Funktionsstörung beider Nieren, die dazu führte, daß er zweimal pro Woche mehrere Stunden zur Dialyse in ein Krankenhaus mußte. Außerdem hatte er drei Schlaganfälle überlebt und war in den letzten zehn Jahren seines Lebens auf den Rollstuhl angewiesen. Während eines Besuches bei meinen Eltern entschied ich mich, meinen Vater zur Dialyse ins Krankenhaus zu begleiten. Außer seinen Nierenproblemen und den Folgen der Schlaganfälle hatte er viele weitere Schwierigkeiten. Jede Dialyse war eine große Belastung für ihn.

Ihn zu begleiten und bei der »Blutwäsche« dabeigewesen zu sein ist ein unvergeßliches Erlebnis für mich. Nachdem er an der Maschine angeschlossen war, setzte ich mich an sein Bett. Anfangs unterhielten wir uns ein bißchen – mit nur wenigen Worten. Mein Vater war sehr schwach und schlief nach einer Weile ein. Ich legte meine Hand in seine und begann mit den kosmischen Symbolen, dem Ausrichten von Energie und Einstimmungen der TRT und verband mich von innen mit seiner Ganzheit. Irgendwann fiel mir dann ein, ich könnte sein Blut, das durch die Maschine gepumpt wird, einstimmen. Sein gesamtes Blut lief aus einem Plastikschlauch in die Maschine, in der die Blutwäsche stattfand, und von da wieder zurück in seinen Körper.

Ich legte meine Hände auf den Plastikschlauch und begann mit den inneren TRT-Anwendungen. Abgesehen von der Unterstützung, die mein Vater dadurch bekam, wurde mir in einer tiefen Weise bewußt, was es bedeutet, wenn das gesamte Blut – der »Saft des Lebens« – durch eine Maschine gereinigt werden muß. Ich konnte den Energieverlust förmlich spüren. Die Maschine erhielt ihn am Leben, und gleichzeitig strengte sie ihn unglaublich an.

Nach wie vor finde ich kaum Worte für das, was mich in dem Moment bewegt hat. Eine Welle von Mitgefühl durchströmte mich. Ich bin zutiefst dankbar für diese mich sehr bereichernde und lehrreiche Erfahrung. Ich weiß nicht, ob ich meinem Vater jemals vorher so nahe war. Ich wollte ihm etwas geben, ihn unterstützen und bin reich beschenkt worden. Geben und Empfangen – ein Prinzip der universalen Energie, zugänglich gemacht durch die TRT!

Mittlerweile habe ich viele Menschen mit schweren und manchmal unheilbaren Erkrankungen kennengelernt, zum Beispiel Krebs. Nahezu jeder dritte Mensch erkrankt irgendwann in seinem Leben an dieser Krankheit, und die Tendenz ist steigend.

»*Krebs* – Die Radiance Technik kann als ein nichtschädigendes, unterstützendes System verwendet werden, um universale Radiance zugänglich zu machen, während sich Ihr Leben in den Zyklen der Polaritäten von Wohlbefinden und Krankheit entfaltet. Die Radiance Technik ist *keine* Technik oder Wissenschaft der Medizin, sondern sie ist eine Wissenschaft für den Zugang und die Anwendung dieser *ganzen* Radiant Energie in Ihrem Alltag, die in einer wohltuenden Weise mit den niederen nichtuniversalen Energien positiver oder negativer Art in eine Wechselwirkung tritt. Wenden Sie immer mindestens zweimal am Tag die ganze TRT-Handanwendung an. Wenn Chemotherapie oder Bestrahlungen notwendig sind, ist die besondere Anwendung der Kopfpositionen 3 und 4, der Vorderseitenpositionen 1 und 3 sowie der Rückenposition 3 sehr hilfreich. Die Radiance Technik ist in ihrer Unterstützung auf Ihrer Reise in Richtung Ganzheit auf allen Ebenen Ihres Wesens tiefgreifend. Gesundheit ist ein Aspekt Ihres Lebensprozesses und nicht das *Ganze* Ihres Wesens.« (Exp. R. M., S. 21)

Viele meiner Radiant Freunde haben Krebs überlebt, und einige sind auch gestorben. 1991 erkrankten zum Beispiel Katherine Lenel an einem fast unheilbaren Hodgkin-Lymphdrüsenkrebs. Dr. Ray regte ein Projekt an, bei dem mehrere ihrer Radiant Freunde ihr gemeinsam TRT-Handanwendungen gaben und vereinbarten, ihr über die gesamte Zeit ihrer Therapien – unter anderem Chemotherapie – jeden Abend um die gleiche Zeit auf dieselbe Position Energie auszurichten und mit den Werkzeugen der jeweiligen höheren Grade zu arbeiten. Alle lebten in verschiedenen Staaten der USA und trafen sich gleichzeitig jeden Abend auf den inneren Ebenen zu einer inneren TRT-Handanwendung mit Katherine. Sie hat ihre Erfahrungen mit dem als unheilbar diagnostizierten Krebses auf ihrem Weg durch die Chemotherapie, in ihrem beruflichen Alltag und die Erfahrungen ihrer Radiant Freunde, die sie während der ganzen Zeit mit der TRT unterstützten, in einem kleinen Buch zusammengestellt: *The Radiance Technique and Cancer*.

Während ich diese Zeilen schreibe (Ende 1998), ist der Krebs auch mit unseren sehr sensiblen Untersuchungsmethoden nicht mehr feststellbar.

Katherine schreibt in ihrem Buch auf S. 1: »Meine Reise mit Krebs wurde auf dramatische Weise durch meine Anwendung der TRT beeinflußt. Einige Krebspatienten kommen zu der Aussage: ›Diese Erkrankung ist das Beste, was mir passieren konnte‹, und der Reichtum, den sie zu gewinnen scheinen, ist eine neue, tiefere Erfahrung des Lebens und seiner Möglichkeiten. Ich habe herausgefunden, daß der Krebs für mich die Gelegenheit für echtes Wachstum und Erweiterung meiner Bewußtheit für mich selbst auf vielen Ebenen gebracht hat, ebenso die Wertschätzung von Erfahrungen im Leben, die ich vor meiner Erkrankung als unwichtig abgetan habe. Meine Empfindungen von Werten verändert sich weiter, und meine Erfahrung von Vergnügen, Freude und Erfüllung hat sich hundertfach vergrößert.

Diejenigen von uns, die die TRT in ihrem Alltag anwenden, haben ein Werkzeug in ihren Händen, um diese tiefere Erfahrung des Lebens automatisch zugänglich zu machen und zu verstärken.«

Katherine durchlebte in dem Prozeß die verschiedenen Stadien von Verleugnung, Resignation, die Vorstellung, innerhalb eines Jahres zu sterben, Trauer, Angst, Hilflosigkeit und Hoffnungslosigkeit. Während all der Zeit verwendete sie die TRT.

Sie schreibt dazu auf S. 5 ihres Buchs:

»Nach einer Weile beobachtete ich, während meine Hände auf meinem Kopf (Kopf 1 bis 4) und danach auf meinem Solarplexus (vorne 3) lagen, daß die Ängste und Hoffnungslosigkeit, an denen ich litt, kontinuierlich verschwanden. In dem Prozeß der TRT-Handanwendungen erfuhr ich Frieden und eine innere Vitalität, welche die schweren und schmerzhaften Gefühle absorbierten und ersetzten. Frieden und Akzeptanz wurden meine hauptsächlichen Erfahrungen, und über immer längere Zeit konnte ich meine Ängste beobachten, als wären sie Wolken an einem Himmel von Ruhe und Wohlsein.

Diese Wechselwirkung zwischen meinem Verstand und der strahlenden, ganzen Energie, die TRT zugänglich macht, ermöglichte es mir, meinen Körper und meine Gefühle als *Teil* von dem und definitiv nicht als *alles* zu erfahren, was sich ereignete, und, etwas spezieller, als ein Phänomen, mit dem *ich* arbeiten konnte. Zusätzlich zu meinen physischen und emotionalen Reaktionen gab es Entscheidungen, die getroffen werden mußten,

Möglichkeiten auszuprobieren und ein *Leben* zu leben. Ich begann Lust auf Handlung und Experimente und auf die *aktive Teilnahme* an meinem Prozeß zu bekommen.«

Katherine entschied sich für eine Chemotherapie in Verbindung mit ganzheitlichen Heilmethoden. Die Chemotherapie war sehr anstrengend. Es dauerte eine Weile, bis die Zusammenstellung der Medikamente so war, daß die Nebenwirkungen einigermaßen erträglich blieben. Sie verlor ihre sämtlichen Haare und nahm viele Kilos zu. Während dieses Prozesses, der über ein Jahr dauerte, teilten, wie oben erwähnt, mehrere Radiant Freunde täglich zu einer bestimmten Zeit eine innere TRT-Handanwendung mit ihr.

Katharine schreibt dazu in ihrem Vorwort: »Meine Radiant Freunde hielten mich in einer Wiege von Liebe und Wohlsein, die mir ermöglichte, bewußt genug zu bleiben, um zu bemerken und sogar zu schätzen, was mit mir und um mich herum geschah. Als ich mit dem Schreiben begann, schämte ich mich ein wenig, das, was ich wirklich erfahren habe, so öffentlich einzugestehen, daß es innere Ebenen *gibt* und wir ›dort‹ niemals alleine sind.«

Sie schreibt weiter auf S. 14 f.: »Nachts im Bett machte ich in den ersten beiden Monaten der Chemotherapie auch einige tiefgreifende Erfahrungen. Ich legte die Hände auf mein Herz (vorne 1) und auf meinen Unterbauch (vorne 3) und erfuhr direkt, deutlich und mit Sicherheit meine innere Verbindung mit allem Leben durch meine Radiant Hände. Meine Hände berührten das Universum, während sie mich berührten. Diese Bewußtheit war so stark und klar, daß im Angesicht dessen meine Sorgen über meinen äußeren Körper verblaßten. Ich badete in Wärme und Zuneigung. Zu anderen Zeiten fühlte ich mich sehr unwohl mit der Gewichtszunahme und meinen nackten Augenbrauen, aber ich empfand selten, daß sie mich bestimmten. Außerdem blieb mein Humor die ganze Chemotherapie hindurch meistens erhalten. Ich erlebte mich selbst, wie ich die Realität der Chemotherapie und ihre Nebenwirkungen als einen Teil, lediglich einen *Teil,* meines ganzen Lebens akzeptierte.«

Nach Beendigung der Chemotherapie kam sie zu folgendem Schluß: »Meine Reise mit Krebs ist eine Gelegenheit für mich, die *wirkliche* Bedeutung von Wohlbefinden und von *Leben* zu erfahren! Und Die Radiance Technik war der Schlüssel, der die Tür zur Erfahrung und zum Verstehen öffnete.« (S. 20)

> » *Wohlbefinden* – bezieht sich auf ein Gefühl von Ganzheit, das ein inneres Wissen und Teilnahme an den inneren und äußeren Energieebenen repräsentiert. Dieses Gefühl von Wohlsein beinhaltet Lebenslust in allen ihren Zyklen und all ihren Energiedimensionen und bezieht sich nicht und ist nicht begrenzt auf die physische, emotionale und mentale Ebene des Seins und nicht begrenzt darauf, nicht unwohl oder krank zu sein. Zum Beispiel können Sie eine Schwierigkeit auf der physischen Ebene erleben und gleichzeitig mit diesem Erleben in Harmonie und Ausgeglichenheit sein in dem Wissen, daß diese ein Teil Ihrer Ganzheit ist. Um Ihre täglichen Erfahrungen und Anwendungen mit der TRT zu erweitern, finden Sie Zeit, um längere Zeit mit den Kopfpositionen 1, 2 und 3 in Kombination mit den Vorderseitenpositionen 1 und 3 zu meditieren.« (Exp. R. M., S. 115)

Eine weitere schwere Erkrankung in unserer Zeit ist Aids. Es gibt kaum jemanden, der nicht mittelbar oder unmittelbar von dieser modernen Krankheit betroffen ist. In seinem Buch *The Radiance Technique and Aids* beschreibt Van Ault auf eindrucksvolle Weise die verschiedenen Ebenen, Herausforderungen und Lernmöglichkeiten mit dieser Erkrankung. Er lebte in San Francisco, der Stadt mit den meisten Aidstoten der Welt. Er erlebte, wie um ihn herum seine Freunde erkrankten und auch starben. Als Lehrer des Ersten und Zweiten Grades der TRT begleitete er viele von ihnen in ihren verschiedenen Zyklen dieser Erkrankung einschließlich der Sterbeprozesse. Er selbst war seit

Anfang 1980 infiziert und ist im April 1996 kurz nach der Veröffentlichung seines Buches an Aids gestorben. Ich habe ihn 1991 in dem Seminar zum Vierten Grad mit Dr. Barbara Ray kennengelernt.

In dem Abschnitt »Freudevoll mit HIV leben«, S. 14, schreibt Van: »Obgleich ich nach der Diagnose der HIV-Erkrankung von dem bevorstehenden Tod sehr erschrocken war, blieb ich die ganze Zeit voll funktionsfähig und bin es seither geblieben. Die wenigen Leiden, die ich hatte, waren gering und verschwanden schnell wieder. Mit Ausnahme einer milden, schmerzlosen Art Mundfäule hatte ich keine der üblichen Erkrankungen, die ein an Immunschwäche leidender Mensch bekommen kann. In den letzten Jahren hatte ich nicht einmal eine Erkältung. Tatsächlich fühle ich mich physisch jetzt viel *besser* als vor der ersten Diagnose! Ich arbeite soviel wie immer. Ich reise, spiele, soviel ich kann, und mache an einigen Tagen in der Woche Krafttraining.

Meine CD4T-Zellen schwanken während der letzten Jahre zwischen 220 und 300. Unter 200 liegt eine besondere Gefahrenzone, und sie wird in Übereinstimmung mit dem gegenwärtigem Standard bei HIV-positiven Menschen als tatsächliche Aidsdiagnose angenommen. Mit der Einnahme von ausschließlich nichttoxischen Medikamenten, um mein Immunsystem zu unterstützen, schwankten meine Werte von Zeit zu Zeit. Die Radiance Technik bleibt die Grundlage von allem. Sie hat mir eine Art von Wohlbefinden gezeigt, die in mir neben der Herausforderung meines Immunsystems lebendig ist. Genauso wie viele Schwingungen verschiedener Energieebenen miteinander existieren, existieren dieses Wohlbefinden und diese Ganzheit neben HIV. Wenn ich mir das Energiemodell (S. 36, 37) anschaue und mich selbst frage: ›Auf was für einer Ebene des Bewußtseins existiert meine Immunschwäche?‹, schließe ich natürlich, daß sie *physisch* ist, obgleich sie offenbar meine emotionalen und mentalen Ebenen des Bewußtseins beeinflußt, wie umgekehrt auch diese Ebenen meinen Körper beeinflussen und auch meine Umgehensweise mit ihm. Radiant Energie unterstützt und hilft, alle Ebenen des Bewußtseins auszugleichen. Nichts Physisches kann sie aufhalten, denn die Energiequelle sind die transzendentalen inneren Ebenen. Sicher kann kein Virus Radiant Energie überwältigen.

Transzendentale Energie erinnert mich dauernd daran, daß die Entscheidung, mit dankbarem Herzen voll zu leben, jeden Tag aufs neue getroffen werden muß. Nur ich kann diese Wahl treffen, indem ich jeden Morgen ›Ja!‹ zum Leben sage. Das unterscheidet sich sehr von dem Einsaugen jeder fatalistischen Idee, die die Welt über die HIV-Infektion anbietet, und von Selbstmitleid. Wenn ich wirklich alles beachtete, was über Aids gesagt wird, würde ich mich selbst in einer tragischen Weise sehen und beschließen, daß ich genausogut sterben und dieses Leben beenden könnte, bevor die Erkrankung sich verschlimmert.

In der Tat gingen viele meiner Freunde so an die HIV-Infektion heran. Ihre Lebensqualität sank sofort, und sie lebten nicht mehr sehr lange. Als ein Studierender dieser Wissenschaft von Ganzheit jedoch erfuhr ich oft eine ruhige, strahlende *Freude,* die sogar der scheinbar nicht zu beendende Holocaust der Gesundheit nicht eindämmen konnte. Ich erlebte anstatt Tränen der Trauer immer öfter Tränen der Dankbarkeit. Und dies alles hielt mich, was auch immer geschah, stetig auf meinem Weg in Bewegung. Dazu sagte ich mir: ›Du kannst nicht anfangen, tragisch zu handeln; du hast nicht die richtige Garderobe, um wie ein Opfer auszusehen.‹ Sack und Asche sind eben nicht mein Stil.

›Glauben Sie, daß Sie nicht an Aids sterben?‹ ist eine Frage, die jetzt gestellt werden könnte, und ich kann lediglich antworten: ›Ich weiß es nicht.‹ In Wirklichkeit schenke ich den medizinischen Voraussagen, wie lange man mit HIV überleben kann, keine große Beachtung. Gleichwohl bin ich mir meiner eigenen Sterblichkeit sehr bewußt. Ich weiß, daß ich jetzt ein friedlicherer und fähigerer Mensch bin als zu Beginn meiner Reise Anfang der achtziger Jahre. Das macht es leichter, die Möglichkeit des Todes anzuerkennen und sich dann weiter auf meiner Entdeckungsreise des Lebens zu bewegen. Dieser Entdeckungsprozeß lehrt mich, wie wenig ich über das Leben weiß und wieviel es dort noch zu erfahren gibt. Ich lasse den Torweg offen, was auch immer mir enthüllt wird (siehe ›Entdeckungsprozeß‹ auf S. 154).

Indem ich mich mit HIV konfrontierte und mich in diesem Prozeß selbst transformierte, habe ich sicherlich eine tiefere Wertschätzung für das wirkliche Leben, und dank Der Radiance Technik erfreue ich mich einer vertieften Kapazität, es für das zu umarmen, was es ist. Was auch immer als nächstes geschieht, das Feuer in meinen Händen ist immer präsent, es tröstet und ernährt mich und erleuchtet den nächsten Torweg, der kommt.«

Psychische Prozesse

Unsere Psyche – die emotionale und mentale Ebene – gehört mit unserem Körper zu unserer Persönlichkeit, mit der wir hier in der Welt leben und handeln. Über unsere Persönlichkeit drückt sich unser inneres, höheres Selbst aus. Es ist ein Instrument für unsere Seele, das ihr ermöglicht, in einer äußeren Form auf der Erde, der Welt der Materie zu sein.

Im Laufe der Entwicklung vom Kind zum Erwachsenen entstehen in allen Menschen auf unterschiedliche Art und Weise sogenannte Abwehrmuster, die uns ermöglichen, mit den vielen Verletzungen in unserer Kindheit und auch als Erwachsene fertig zu werden. Diese Verhaltensmuster sind in der Regel Blockaden im Körper, in den Gefühlen und in den Gedanken. Sie schützen uns vor den Verletzungen. Wir nehmen nur noch durch den Filter unserer Schutzmechanismen wahr und sehen oder hören nicht mehr das, was wirklich geschieht. Es gibt keinen oder kaum noch Zugang zu unserem inneren, dem ganzen/heilen Wesen, und die bewußte Verbindung zu unserer Seele ist unterbrochen. In dieser Situation sind wir nicht in der Lage, uns selbst als Außenstehende zu beobachten und zu überprüfen, ob dieser Schutz überhaupt notwendig ist.

Diese Verhaltensmuster kennenzulernen, ihre Hintergründe und Zusammenhänge zu beobachten und sie dann eventuell abzulegen ist ein langer Weg, der gute Begleitung erfordert. Die Radiance Technik ist ein sehr wirksames Werkzeug, uns auf diesem Weg zu begleiten und zu unterstützen (siehe auch unter dem Stichwort »Verhaltensmuster« auf S. 96). Sie hilft uns, die Ebenen unserer äußeren Persönlichkeit zu meistern, sie wieder ins Gleichgewicht zu bringen und auszurichten. »Meistern« bedeutet in diesem Fall, daß die Gefühle und Gedanken keine Macht mehr über uns haben. Sie sind da, wir nehmen sie wahr, sie unterstützen uns, gleichzeitig handeln wir von einem anderen Standpunkt unserer Bewußtheit aus.

Äußere Ebenen

Im folgenden finden Sie Auszüge zu den Stichworten »Äußere Ebenen«, »Emotionale Ebene« und »Mentale Ebene« aus dem Exp. R. M. von Dr. Barbara Ray, und anschließend ist eine Übung beschrieben, wie Sie die verschiedenen Ebenen Ihrer Persönlichkeit und Ihren Einfluß untereinander erforschen können:

»*Äußere Ebenen* – beziehen sich auf die drei Ebenen – physische, emotionale und mentale – der vergänglichen und äußeren Aktivitäten Ihrer Energiedynamik. Die äußeren Ebenen stammen von den inneren Ebenen und sind von innen verbunden mit der inneren Quelle. Sie sind manifestierte Form, die aus dem Entwurf der inneren Ebenen kommt. Die persönlichen und psychischen Ebenen beinhalten die Schwingungen der physischen, emotionalen und mentalen Ebenen, wie es im Energiemodell auf S. 36 dargestellt ist. In bezug auf Schwingungen werden diese drei Ebenen anders erfahren als die inneren Ebenen. Im höheren Bewußtsein ist das Meistern der äußeren Ebenen ein essentielles Gewahrwerden auf der Reise des Erwachens zu dem Bewußtsein der inneren Ebenen und der Unterschiede in der Energie der Äußeren und inneren Ebenen – von innen verbundene Aspekte Ihrer Ganzheit.« (S. 79)

»*Emotionale Ebene* – Innerhalb dieser Energieebene schwingen Ihre Gefühle und Beziehungen zu Ihrer Vergangenheit, Gegenwart und Zukunft. Die emotionale Ebene ist ein *Teil* des Ganzen Ihres Wesens. Zusammen mit der *physischen* und *mentalen* Ebene formt sie Ihre äußere Persönlichkeit, den Teil von Ihnen, der sich auf äußere Ereignisse bezieht, auf Kontakte mit anderen, auf Ihr Leben in der äußeren Welt der Aktivitäten. Als Teil Ihrer verschiedenen Energieebenen ist die emotionale Energieebene mit allen anderen Energieebenen innerhalb Ihrer Dynamik und mit Ihrer Ganzheit verbunden. Alle Energieebenen Ihrer Dynamik sind in dem Energiemodell als unterschiedliche Schwingungsenergien dargestellt, die miteinander gleichzeitig in eine Wechselwirkung treten. Ihre tägliche und fortlaufende TRT-Handanwendung unterstützt Ihre innere Bewußtheit und Einsicht in Ihre eigene emotionale Ebene und gleicht die zueinander in Beziehung stehenden Energien Ihrer Zentren bzw. Chakren aus. Um Ihre Meditationen für Bewußtheit zu vertiefen, probieren Sie die Kopfpositionen 2 und 3 (siehe die Abbildung auf S. 59) längere Zeit aus; und fügen Sie die Vorderseitenpositionen 1 und 3 oder die Rückenposition 3 hinzu, um Ihre emotionale Ebene zu erforschen, während Sie universale, strahlende Energie zugänglich machen, die Ihre Einsicht unterstützt, ohne Ihre Entdeckungen zu analysieren oder zu beurteilen.« (S. 36)

»*Mentale Ebene* – Innerhalb dieser Energieebene werden Ihre konkreten Gedanken erzeugt und für Ihren Gebrauch zugänglich gemacht. Auch hat die mentale Ebene die Kapazität, Informationen über Sie und Ihre Reaktionen oder Antworten auf das, was geschehen ist, was geschieht und was geschehen könnte, basierend auf dem, *was schon geschehen ist,* zu analysieren, zu interpretieren, zu speichern und wiederzugeben. Diese Energieebene ist ein *Teil* Ihres ›Ganzen‹ und bildet zusammen mit der physischen und emotionalen Ebene Ihre Persönlichkeit, der Teil von Ihnen, der sich auf äußere Ereignisse, Kontakte mit anderen und das Leben in der äußeren Welt der Aktivitäten bezieht. Die mentale Ebene unterscheidet sich, bezogen auf *Schwingung,* von den anderen äußeren Energieebenen innerhalb Ihrer Energiedynamik, dennoch ist sie gleichzeitig mit allen verbunden und steht in einer Wechselwirkung mit ihnen. Diese Schwingungsebenen von Energie sind in dem Energiemodell dargestellt. Ihre ganze TRT-Anwendung gleicht die mentale Ebene aus und unterstützt die Bewußtheit der umfassenden inneren Verbindungen mit Ihrer ganzen Dynamik, mit anderen lebenden Systemen und mit der Welt um Sie herum. Probieren Sie längere Zeit alle vier Kopfpositionen als Meditation und Unterstützung für Ihre Klarheit und Ganzheit auf der mentalen Ebene aus, und/oder erlauben Sie Ihrer inneren Bewußtheit, Sie zu anderen Positionen zu führen.« (S. 71)

Erzeugen von Gedanken und Gefühlen
und Beobachten ihres Einflusses untereinander

Nehmen Sie sich etwa 20 Minuten Zeit, und setzen oder legen Sie sich hin, legen Sie Ihre Radiant Hände auf Ihr Herzzentrum, und nehmen Sie wahr, wie Sie sich gerade fühlen. Geht es Ihnen gut oder nicht so besonders? Lassen Sie sich etwas Zeit.

Nun denken Sie an eine Situation aus der jüngsten Vergangenheit, in der Sie sehr ärgerlich waren, und beobachten, was mit Ihren Gefühlen geschieht.

Möglicherweise empfinden Sie nach einer Weile den Ärger. Dieses Gefühl des Ärgers wird durch die Erinnerung erzeugt! Nehmen Sie sich ein paar Minuten Zeit, um alles zu beobachten, was mit der Situation zusammenhängt – wie sie entstand, wer daran beteiligt war, was Sie gesagt und gehört haben und das, was Sie nicht gesagt haben. Dann verabschieden Sie sich von dieser Situation und lassen die Erinnerung verblassen. Atmen Sie ruhig weiter, und lassen Sie auch den Ärger verschwinden.

Nach einer Weile stellen Sie sich eine Situation vor, in der Sie unbändige Freude empfunden haben, und beobachten, was geschieht. Es könnte sein, daß Sie in diesem Moment die Freude wieder empfinden. Nehmen Sie sich ein paar Minuten Zeit zum Beobachten ...

Auch von dieser Situation verabschieden Sie sich nach einer Weile, lassen sie undeutlicher werden. Die Gefühle der Freude verschwinden. Atmen und beobachten Sie ruhig weiter.

Dann stellen Sie sich unter Ihren Händen im Herzzentrum eine Situation vor, in der Sie traurig waren. Auch hier beobachten Sie, was geschieht. Wichtig ist, es geschehen zu lassen. Empfinden Sie die Trauer wieder. Beobachten Sie sie einige Minuten, lassen Sie sie dann wieder undeutlicher werden.

Nehmen Sie sich etwas Zeit, um noch ein letztes Experiment zu machen. Stellen Sie sich unter Ihren Händen auf dem Herzzentrum eine Situation vor, die Sie mit Liebe erfüllt hat. Vielleicht empfinden Sie jetzt diese Gefühle der Liebe wieder. Beobachten Sie, was geschieht.

Beenden Sie in Ihrem eigenem Rhythmus diesen kleinen Ausflug. Machen Sie sich Notizen, und werden Sie sich bewußt, daß Sie mit der Kraft Ihrer Erinnerung Gefühle erzeugt haben.

Die Manipulation von Gefühlen erkennen

Mit Hilfe der Gefühle und Gedanken können wir sowohl manipuliert und kontrolliert werden als auch andere kontrollieren und manipulieren. Wenn Sie beispielsweise ins Kino gehen, um sich einen melodramatischen Film anzusehen, sind Sie möglicherweise am Beginn noch »gut drauf«. Anschließend sind Sie berührt, traurig oder nachdenklich. Die meisten Kinobesucher haben ähnliche Gefühle und Gedanken, die durch den Film verursacht sind. Die Werbung funktioniert nach einem vergleichbaren Schema: Es werden Gefühle erzeugt bzw. verstärkt, die nicht oder nicht in dem Maße vorhanden sind, um Kaufanreize zu schaffen für Produkte, die wir eigentlich gar nicht oder nicht dringend benötigen.

Manipulation von Gefühlen und Gedanken geschieht in jeder Partnerschaft, jeder Familie, jeder kleinen und größeren Gemeinschaft, in jedem Kulturkreis. Es ist interessant, sich selbst einmal ernsthaft die Frage zu stellen: Was sind wirklich ursprünglich meine Gedanken und meine Gefühle? Habe ich eigentlich eigene Gedanken und Gefühle, oder denke und fühle ich das, was andere denken und fühlen oder wollen, daß ich es denke und fühle?

Gedanken und Gefühle sind Energien, die uns umgeben. Wir können oft nicht unterscheiden, was die eigenen sind und was fremde. Gleichzeitig ist niemand von uns ausschließlich Opfer – oder haben Sie noch nie, wenn auch nicht in negativer Absicht, Ihren Partner, Ihre Kinder, Freunde oder Familienangehörige mit Ihrem Schmerz, Ihren Depressionen, Ihrer Freude oder Ihren Überzeugungen, Urteilen und Bewertungen manipuliert?

Unsere Verhaltensmuster oder Prägungen entstehen aus einem Zusammenspiel der Einflüsse der Familie, in die wir hineingeboren sind, der näheren und weiteren Umgebung wie Dörfer, Städte und Länder und auch der Kultur, in der wir leben. Die kulturellen Einflüsse sind sehr tiefgreifend und durchdringen jeden einzelnen von uns in einer sehr subtilen Weise.

Durch das Wahrnehmen, Unterscheiden und letztendlich das »Meistern« unserer Gefühle und unserer Gedanken verlieren sie immer mehr an unnatürlichem Einfluß auf unser Leben. Ein Veränderungsprozeß beginnt in Übereinstimmung mit unserer eigentlichen, wahren Natur, wobei wir die TRT als Unterstützung anwenden können, wie Dr. Barbara Ray beschreibt:

> »*Veränderung* – bedeutet, sich zu ändern, zu veranlassen, anders zu sein. Im höheren Bewußtsein *verwandelt* oder *ändert* Sie die TRT nicht hinsichtlich dessen, was sie *in Wahrheit*

sind. Sie erlaubt *natürliche* Veränderung und Transformation, sich in Übereinstimmung mit Ihrer eigenen Natur zu entfalten. Die TRT bringt Sie in direkten Kontakt mit Ihrer inneren Wahrheit. Sie unterstützt Ihren nicht blockierten, nicht unterdrückten, *natürlich innewohnenden* Entfaltungsprozeß durch die verschiedenen Umwandlungsstadien auf allen Ebenen des Wesens genauso wie auf denen das Bewußtseins. Die TRT ist keine äußere Manipulations- oder Kontrolltechnik, die Sie in Übereinstimmung mit einem äußeren, künstlichen Standard oder einer Anforderung ›verändert‹ – sondern sie gibt Zugang zu Ihrem inneren Strahlen, so daß Ihr echtes Wachstum sich weiter entfalten kann, wie eine Blume sich öffnet, in Richtung Erleuchtung – Ihr kosmisches Geburtsrecht. Veränderung ist ein universales Gesetz des Kosmos. Veränderung und Transformation sind kraftvolle Energien *innerhalb* des Gefüges der Lebensenergie – das Transformationsprinzip ist ein innerer, kein äußerer Prozeß. Die Veränderung und Transformation, die sich entfaltet, öffnet sich natürlich von innen in Übereinstimmung mit Ihrer wahren Natur – *nicht* nach Anforderungen von anderen, bezogen auf äußere Standards, irgend jemandes Meinung oder kulturelle Bedingungen.« (Exp. R. M., S. 22)

Schuld und Scham

Seit vielen Jahren beschäftigt mich die Frage von Schuld und Scham. Mir wurde im Laufe der Zeit das Muster deutlich, sich gegenseitig zu beschämen, sich Schuld zuzuweisen – die Verantwortung für ein Geschehen an andere abzugeben. Ich bemühte mich sehr um Ehrlichkeit, fiel aber immer wieder in den gleichen Teufelskreis. Ich fühlte mich schuldig und begann mich zu verteidigen, begann wütend zu werden und handelte danach. Je bewußter mir dieses Muster wurde, desto quälender erlebte ich es. Ich wollte da heraus mit allen meinen Möglichkeiten. Wieder unterstützte mich die TRT in einer profunden Weise. Ich machte wie immer meine TRT-Handanwendungen, leitete Energie auf diesen Prozeß, stimmte ihn ein und arbeitete in der beschriebenen Weise mit den einzelnen Situationen.

Im Laufe der Zeit wurde immer auffälliger, daß ich mir die Schuld für fast alles gebe. Ich fühlte mich für alles verantwortlich und versuchte, alles richtig zu machen. Die Anstrengung wurde immer größer, der Streß wuchs genauso wie mein Leid. Als das Leid überhandnahm, begann ich mit der Suche bei mir und in mir. Ich lernte meine Gefühle, meine Gedanken und ihre Muster besser kennen und mich anders zu verhalten. Meine Lebensqualität stieg Schritt für Schritt, aber ich wollte mehr. Irgendwann entdeckte ich mit Hilfe einer meiner Begleiterinnen in einer sehr tiefen Weise meinen »Core of shame« – den Kern meiner Scham. Ich erlebte, wie ich in jeder kleinen und größeren Situation, in der ich dachte, daß ich etwas falsch gemacht habe, dorthin ging, dieser »Core of shame« der Platz war, von dem aus ich handelte.

Aus einem Schuldgefühl heraus zu handeln unterscheidet sich grundlegend von der Handlung vom Standpunkt der Ehrlichkeit, der wirklichen Verantwortung, und des Bewußtseins des Selbstwertes, des Selbstvertrauens. Im Laufe des Prozesses lernte ich diese Falle des »Core of shame« immer besser kennen. Das bedeutete, ich bemerkte immer schneller, wann ich wieder in sie hineingetappt war. Diese Phase war äußerst unangenehm und unbequem.

Sobald ich etwas bemerke, mir etwas bewußt wird, habe ich wirklich eine Wahl und kann entscheiden, ob ich weiter in dieser Weise handeln möchte oder nicht. Meine Wahl war eindeutig. Ich wollte da heraus. Also mußte ich den dazugehörigen Prozeß in Kauf nehmen. Plötzlich erfuhr ich alle Kämpfe, die im Außen mit anderen Menschen stattgefunden hatten, in meinem Inneren. Ich konnte nichts mehr nach außen projizieren, niemandem mehr die Schuld geben, niemanden mehr beschämen, und ich durfte mich auch nicht mehr selbst beschämen und von anderen beschämen lassen. Diesen »inneren« Kampfplatz zu verlassen und statt dessen mir selbst mit Mitgefühl und Liebe zu begegnen, die ich für andere in vergleichbaren Situationen ganz selbstverständlich empfinde, war ein weiterer und ganz wesentlicher Schritt auf diesem Weg, weiter zu wachsen in Übereinstimmung mit meiner mir innewohnenden Natur.

> »*Mut* – bezieht sich im höheren Bewußtsein auf eine innere *Qualität* des Lichtes, einer Qualität der Seele. Das Wort ›Courage‹ leitet sich ab von dem französischen *cœr,* was ›Herz‹ heißt, und bedeutet eine innere Energie des ›inneren Herzens‹, die beständig und fortdauernd ist, unabhängig von den Prozessen der äußeren Polaritäten und Zyklen. Die Radiance Technik bringt Sie in die Radiant Berührung mit diesen tieferen inneren *Qualitäten* des Lichtes. Verwenden Sie besonders als Meditation die Vorderseitenposition 1 (siehe die Abbildung auf S. 60, 61). Experimentieren Sie zusätzlich mit Kombinationen von vorne 1 mit vorne 3, hinten 3 und dem Kopf über dem Bereich des Dritten Auges (Kopf 1) und Kopf 3.« (Exp. R. M., S. 25)

Es erfordert viel Kraft, Mut und Beharrlichkeit, den Standort der Entscheidungen und Handlungen zu verändern und die Verantwortung für sich selbst in die eigenen Hände zu nehmen. Gleichzeitig erlebe ich eine unglaubliche Befreiung, Frieden und bedingungslose Liebe. Es lohnt sich. Das weiß ich! Ohne die TRT hätte ich es wahrscheinlich nicht geschafft.

Dieser Prozeß, diese Reise in das Unbekannte von mehr Selbstverantwortung, war zum Teil sehr unbequem. Gleichzeitig gelang es mir im Laufe der Zeit häufiger, über mich zu lachen. Ich begann, vieles mit Humor zu nehmen. Humor und Lachen über die eigene Person, die eigenen Muster, ist ein wichtiger Schritt auf der Reise der Umwandlung zu sich selbst – der Reise von der Raupe zum Schmetterling:

»*Lachen* – In vielen Techniken und Therapien wird die lachende Reaktion auf die menschliche Dynamik als Teil eines heilenden/ganzmachenden Prozesses genutzt. Diese Reaktion auf den Humor einer speziellen Situation oder einer Reihe von miteinander verbundenen Situationen ermöglicht dem ›Lachenden‹, den Teil (die Situation) in Beziehung zu dem Ganzen in einer neuen Weise zu sehen. Indem Sie Die Radiance Technik anwenden, erhalten Sie *direkt* Zugang zu ganzer, universaler Energie, die von innen durch alle Ebenen strahlt, indem Sie Ihre Fähigkeit, die untereinander verbundenen Beziehungen innerhalb Ihrer Lebenssituationen zu erkennen, unterstützt und fördert. Die transzendentale Energie der TRT unterstützt die Leichtigkeit, die gewöhnlichen Bindungen an Dinge und Menschen loszulassen, und die Vertiefung der Bewußtheit über die inneren Verbindungen innerhalb Ihres Lebens, das Kontinuum, das Sie tatsächlich leben. Versuchen Sie es mit Lachen und Humor in Ihren Lebenssituationen, und notieren Sie sich in Ihr Tagebuch, was Sie zum Lachen bringt und wie Sie sich beim Lachen fühlen – unabhängig von der Situation, in der Sie lachen. Während des Lachens empfinden Sie, wie es ist, beide Hände auf den Bereich des Solarplexus (vorne 3) zu legen oder eine Hand auf Vorderseitenposition 1 (Herzzentrum) und die andere auf Vorderseitenposition 3. Wenn Sie Ihre Wahrnehmung der Energien vertiefen, die Sie durch die Schwingung des Klanges Ihres Lachens ausdrücken, kommen Sie möglicherweise dahin, die wahre ›Freude‹ in Ihrem Leben, das natürliche ›Highsein‹ zu kennen.« (Exp. R. M., S. 65)

In dem Prozeß des Kennenlernens und der Befreiung von meinem Schuldmuster, nach einigen Auslandsaufenthalten und Kontakten zu Menschen aus anderen Kulturkreisen ist mir deutlich geworden, daß die Kultur in Deutschland bewußt oder unbewußt durchdrungen ist von den Gefühlen von Schuld und Scham. Sie beeinflussen unser Leben in einer tiefgreifenden und subtilen Weise. Durch die Begegnung mit/und das Leben in anderen Kulturen oder durch das zeitweilige Alleinsein wird der kulturelle Hintergrund, in dem wir jeweils aufgewachsen sind, deutlicher. Man ist plötzlich mit Empfindungen und Sichtweisen allein, die zu Hause »natürlich« im Sinne von üblich sind. Ich durfte auf diese Weise erleben, daß das, was ich als meine Natur erlebt habe, nicht unbedingt meiner wirklichen Natur entspricht. Vieles ist entstanden aus Nachahmungen von Vorbildern und aufgrund von Abwehrmustern. »Wer bin ich wirklich?« ist seitdem eine Frage, die mich neugierig macht und vorantreibt.

Jede Kultur hat ihre Eigenheiten, ihre Werte und spezifischen Energien, bei uns in Deutschland nehmen, wie schon erwähnt, Schuld und Scham einen großen Raum ein. Wir leben in dieser Energie, wir essen und atmen sie. Ihre Umwandlung ist eine Arbeit, die sich sowohl für sich selbst als auch für unsere Gesellschaft lohnt. Jeder kann dazu individuell beitragen, indem wir bei uns selbst anfangen und uns unseren Schuldmustern stellen, sie beobachten, ihre Zusammenhänge deutlich werden lassen und sie letztendlich umwandeln und loslassen.

Ich gehöre zu der Generation, die kurz nach dem Zweiten Weltkrieg geboren wurde. Ich erlebte die Verleugnung des Nationalsozialismus, die Verleugnung der Verantwortung für das Geschehen im Zweiten Weltkrieg und machte in meiner Kindheit für mich sehr widersprüchliche Erfahrungen.

Meine Kindheit verbrachte ich in dem englisch besetzten Teil Deutschlands in der Nähe einer Großstadt. Meine Eltern und auch die Familien in meiner Umgebung mußten sehr sparsam sein. Gleichzeitig hörte ich die Erwachsenen um mich herum erzählen, daß unsere »Besatzer« in Saus und Braus lebten, daß sie zum Beispiel ihr Geschirr nicht abwuschen, es einfach wegwarfen, dasselbe mit Möbeln. Viele unserer Nachbarn holten sich das Geschirr von den Müllplätzen. Ich verstand nichts von alledem! Bevor wir 1960 in einem anderen Land Urlaub machten, ermahnten uns unsere Eltern immer wieder, uns ganz besonders gut zu benehmen, denn wir seien Deutsche. Viele Menschen in anderen Ländern um uns herum würden uns Deutsche hassen, da wir schuld am Zweiten Weltkrieg seien. Ich verstand das alles nicht, doch gleichzeitig verhielt ich mich entsprechend und paßte mich an.

Diese Erfahrungen erzeugten Scham, Unsicherheiten und Ängste, Deutsche zu sein. Später begannen die Schuldzuweisungen meiner Generation an die der Eltern, das Aufdecken und das Abwenden, das Ignorieren der Zusammenhänge. Schuld und Scham wurden zu einem sehr tiefen und subtilen Teil in meinem Leben mit weitreichenden und lang andauernden Auswirkungen. Der Holocaust beschäftigte mich als Jugendliche – und jetzt wieder als erwachsene Frau. Nun, nach Jahren der intensiven Auseinandersetzung mit meinen eigenen Schuld- und Schamgefühlen und dem Herausfinden der kulturellen Einflüsse, kann ich mich dem wirklich stellen.

Beim Besuch im KZ Sachsenhausen ist mir unter vielen anderen Dingen etwas sehr klargeworden: »Ich habe keine Schuld, allerdings bin ich verantwortlich für die Energie, in der ich lebe.« Sie betrifft mich sehr direkt! Ich kann und will zu der Umwandlung der Energie von Schuld in meinen Kulturkreis beitragen! Die Radiance Technik ist das passende Werkzeug für mich. Wie ich mir das vorstelle, finden im Kapitel über Die Radiance Technik und Friedensprojekte beschrieben.

Marvelle Lightfields sagt über die Zusammenhänge von Wut und Schuld in Van Aults Buch *The Radiance Technique and Aids* auf S. 99 ff.: »Wut kommt oft aus der mentalen und emotionalen Schwingung des Selbst, wenn es nach jemandem sucht, den es beschämen kann. Unsere Kultur besagt, daß es für alles einen Grund gibt, und wenn wir lange genug suchen, können wir diesen finden. Daraus folgt, daß für alles, was wir nicht mögen, etwas da ist, was wir ›beschämen‹ können.« Und weiter: »Wenn wir die Notwendigkeit, jemanden zu beschämen, loslassen, ist dies ein wirklicher Schritt in jedermanns persönlicher Entwicklung. Es bedeutet zu lernen, daß Selbstverantwortung sich unterscheidet von dem, irgend jemanden oder irgend etwas für Ereignisse im Leben zu beschämen. Verantwortlich zu sein für die eigenen Handlungen mit anderen unterscheidet sich davon, andere oder sich selbst zu beschämen für Ihre eigene Wut, wo auch immer sie herkommt.«

» *Wut/Ärger* – Sobald Sie Wut erfahren, nutzen Sie sofort in dem Moment die Vorderseitenpositionen 1 und 3. Danach gleichen Sie Ihre Energien aus, indem Sie die Kopfpositionen 2, 3 und 4 in allen Kombinationen sowie Rückenpositionen 3 anwenden. Selbst nur wenige Minuten in diesen Positionen sind unterstützend für Sie.« (Exp. R. M., S. 10)

»Die Unterstützung, die TRT bezogen auf die Verbindung zu den inneren Ebenen bringt, ist eine der wertvollsten Qualitäten, die der Technik innewohnen. Jeder Mensch – ob erkrankt oder nicht – sehnt sich nach einer echten und ehrlichen Kommunikation mit anderen. Die TRT erlaubt wahrhaftig, daß die Gebenden und Nehmenden weit über ihre Persönlichkeit hinausgehen und ohne Verwicklungen zusammen sind, während sie jede Wut oder Schuld durch die TRT-Anwendung loslassen.

Schuld – Dieses Gefühl ist eng mit Wut oder Ärger auf sich selbst verbunden, denn das ist es, was Schuld tatsächlich bedeutet – Wut auf sich selbst für etwas, das Sie falsch oder nicht richtig gemacht haben. Dieses Scham- und Schuldgefühl kann verheerend sein, wenn es Ihnen nicht bewußt ist, wie es Sie Ihres Wachstums beraubt. Manchmal gibt es sogar einige Faktoren, die Ihre Schuldgefühle unterstützen. Sie benötigen jedoch die tägliche TRT-Handanwendung, um das gesamte Bild Ihrer Verantwortung selbst zu sehen. Die Fähigkeit, Verantwortung für Ihre Handlungen oder Ihre Untätigkeit zu übernehmen und sich trotz Schuldgefühlen nicht hindern zu lassen, sich weiterzubewegen, ist wirkliches Wachstum. Schuld liefert oft eine Möglichkeit, sich von dem Durchleben der Erfahrung und dem Daraus-Lernen abzulenken. Die ganze TRT-Handanwendung ist notwendig, um mit starken Schuldgefühlen umzugehen. Verwenden Sie besonders die Vorderseitenposition 1 in verschiedenen Kombinationen wie die Vorderseitenpositionen 2 und 3 sowie Rücken 3, um Ihr Herz für die Liebe zu sich selbst zu öffnen und zu lernen, Ihre Schuldgefühle loszulassen.« *(The Radiance Technique and Aids,* S. 99 ff.)

Im folgenden Teil finden Sie einige weitere Stichworte aus dem Exp. R. M. von Dr. Barbara Ray, die Ihnen Hinweise für die psychischen Ebenen in Beziehung zum Ganzen geben.

»*Ängste* – Die TRT ist eine tiefgreifende Technik, um Energien auf allen Ebenen Ihres Wesens loszulassen und umzuwandeln. Machen Sie sich diese Energie sofort zugänglich, *wo immer* Sie auch sind, wenn Sie ängstlich oder unruhig werden oder jemand anderem helfen müssen, der Angst empfindet. Verwenden Sie sofort die Kopfpositionen 1, 2, 3 und/oder 4 sowie die Vorderseitenpositionen 1 und/oder 3. Wenden Sie diese Positionen oder Kombinationen mindestens 15 Minuten an oder so lange, bis die Ängste verschwinden und Sie im Gleichgewicht sind.« (S. 41)

»*Depressionen* – Um Ihre Energie auszugleichen und zu harmonisieren, machen Sie täglich eine ganze TRT-Handanwendung mit längerer Zeit auf den Kopfpositionen 2 und 3, den Vorderseitenpositionen 1 und 3 und den Rückenpositionen 1, 2 und 3. Es ist wichtig, daß Sie bewußt entscheiden, Die Radiance Technik anzuwenden, wenn Sie tatsächlich Depressionen erleben und sich der Gefühle von Depression bewußt sind.« (S. 30)

»*Allein* – Getrennt von allen anderen, allein zu sein, kann für Ihren persönlichen Prozeß unterstützend wirken und ist nicht zu verwechseln mit Einsamkeit. Wenn Sie allein sind, haben Sie die Möglichkeit, mit sich selbst auf allen Ebenen in eine

Wechselbeziehung zu treten – ohne die Störungen, die das Zusammensein mit anderen bringen kann. Es bedeutet auch eine Entscheidung: Sie erlauben es sich, Zeit mit sich allein zu verbringen. Sie können die Energie der Beobachtung auf sich selbst lenken. Auf der anderen Seite ist Einsamkeit eine Reaktion darauf, daß Sie allein sind, obwohl Sie lieber mit anderen zusammensein möchten. Wenn Sie allein sind, probieren Sie die Kopfpositionen 1 und 3 sowie die Vorderseitenposition 1 über längere Zeit aus, lassen Sie sich von Ihrem Inneren führen, andere Positionen und andere Dimensionen Ihres Wesens zu entdecken. Kehren Sie von Zeit zu Zeit zu der Herzposition zurück.« (S. 9)

»*Frustration* – Die Radiance Technik ist eine Wissenschaft universaler, transzendentaler Energie, die Sie in einem Prozeß unterstützt, Gefühle loszulassen und Bereiche Ihrer selbst sicher und ohne Urteile und Analysen zu erforschen. Verwenden Sie die ganze TRT-Handanwendung, um Ihre Bewußtheit über Ihre Frustrationsmuster zu vertiefen, sie zu erforschen und sie vielleicht in Ihrem Tagebuch zu notieren. Experimentieren Sie auch mit den Kopfpositionen 1, 2 und 3 in Kombination mit den Vorderseitenpositionen 1 und 3 sowie der Rückenposition 3.« (S. 42)

»*Hilflosigkeit/Kraftlosigkeit* – Die TRT bietet ein einzigartiges und tiefgreifendes Werkzeug, das hilft, ein Gefühl von Wohlsein, Ausgeglichenheit und innerer Kraft bei einem Menschen wiederherzustellen, der durch irgendeine Situation, Bedingungen oder Umstände geht, die dazu neigen, Gefühle von Hilflosigkeit und Kraftlosigkeit hervorzurufen. Sie können sich selbst und anderen helfen, ein Gefühl von Wohlsein und Ganzheit wiederherzustellen, und das sogar, wenn schwierige Entscheidungen notwendig sind und/oder wenn lebensbedrohliche – physische oder psychische – Erkrankungen vorliegen. Nutzen Sie täglich eine ganze TRT-Handanwendung, und erforschen Sie besonders jeweils längere Zeit den Tag über die Kopfpositionen 2, 3 und 4, Vorderseiten- und/oder Rücken-position 3.« (S. 50)

»*Panik* – bezieht sich auf ein plötzliches überwältigendes Ge-fühl des Terrors. Angst kann bei einigen Menschen zu Panik kulminieren. Wann immer Gefühle von Panik auftauchen, wenden Sie *sofort* Die Radiance Technik an. Mit den Kopf-positionen 1, 2 und 3, den Vorderseitenpositionen 1 und 3 sowie der Rückenposition 3, solange Sie wollen, mit nicht weniger als 5 Minuten pro Position, unterstützen Sie Ihre Rückkehr zur Ausgeglichenheit. Wenden Sie zweimal am Tag eine vollständige TRT-Handanwendung an, um Ihr allumfas-sendes Wohlgefühl wiederherzustellen.« (S. 83)

»*Phobien* – Diese Ängste können sehr intensiv werden und viel Energie verbrauchen bei dem Menschen, der sie erfährt. TRT ist eine tiefgreifende Technik, um Energien loszulassen, umzuwandeln und um Ihre gesamte Energiedynamik zu ener-getisieren. Wann immer Sie intensive Ängste erfahren, wen-den Sie sofort diese universale, sichere und nicht schädigende Energie an, um sich selbst während der Situation zu unter-stützen. So lange, wie Sie möchten, aber nicht weniger als 5 Minuten pro Position, wenden Sie die Kopfpositionen 1, 2, 3 und/oder 4, die Vorderseitenpositionen 1 und/oder 3 sowie die Rückenposition 3 an. Um das Ausbalancieren und Zen-trieren zu unterstützen, verwenden Sie diese Positionen und jede der Kombinationen. Auch wenden Sie zweimal am Tag die ganze TRT-Handanwendung an, um Ihre Bewußtheit Ih-rer Ganzheit zu erweitern.« (S. 84)

»*Trauer* – Die tiefe Trauer, die zur Zeit eines Verlustes emp-funden werden kann, wird von jedem anders empfunden. Die Radiance Technik kann genutzt werden, um die ganzheitli-che Energie zugänglich zu machen, die für die natürliche Entfaltung der Gefühle, die Trauerprozesse begleiten können, unterstützend ist. Die tägliche TRT-Handanwendung gibt Ihnen die Gelegenheit, mit sich selbst zu sein, Ihre Gefühle zu erforschen und loszulassen in einer Weise, die für Sie selbst sicher und nicht schädigend ist. Während der TRT-Handanwendung können Sie längere Zeit besondere Positionen erforschen, die Ihre Erfahrungen unterstützen. Sie können alle vier Kopfpositionen anwenden, die Vorderseitenpositionen 1 und/oder 3 und/oder Rückenpositionen 3 und sich die universalen Zyklen von Geburt und Tod, die Teil aller *lebenden* Erfahrungen sind, vorstellen.« (S. 46)

»*Ungeduld* – bedeutet die Unfähigkeit zur Ausdauer, geduldig zu warten. Verwenden Sie die TRT immer genau dann, wenn Sie Ihre Ungeduld bemerken. Nutzen Sie besonders die Kopfpositionen 2 und 3 sowie die Vorderseitenposition 1, um Ihr inneres Licht von Ganzheit, Ruhe, Klarheit und Ausdauer zu erweitern.« (S. 55)

»*Trägheit* – bezieht sich auf den Widerstand, sich zu bewegen, zu handeln oder sich zu verändern: die Energie des Widerstandes und der Untätigkeit. Es ist möglich, der Trägheit in Ihren äußeren Ebenen (Körper, Gefühle, Gedanken) gewahr zu werden, die Sie von Ihrem *natürlichem* Wachstum-, Entfaltungs- und Umwandlungsprozeß blockieren und abhalten. Die TRT macht universale, ganze Lebensenergie zugänglich, die, wenn sie wie gelehrt angewendet wird, mit der Energie von Trägheit in eine Wechselwirkung tritt, um Ihren natürlichen Fluß, Ihre Vitalität und Ausgeglichenheit wiederherzustellen. Wenden Sie täglich längere Zeit besonders die Kopfpositionen 2 und 3 an, Vorderseitenpositionen 1, 2 und/die 3 sowie die Rückenpositionen 3 und 4.« (S. 55)

Die TRT mit körperlich und geistig behinderten Menschen

Vielleicht wundert es Sie, an dieser Stelle ein Kapitel über behinderte Menschen in Verbindung mit den Anwendungsmöglichkeiten und Erfahrungen Der Radiance Technik zu finden. Geistig und körperlich behinderte Menschen sind in unserer Gesellschaft eine Randgruppe. Sie werden schnell diskriminiert, ihr Anblick »stört« unser gewöhnliches Straßenbild. Sie konfrontieren uns mit unserer eigenen Unsicherheit, unseren Ängsten und Schuldgefühlen. Gleichzeitig benötigen gerade diese Gruppen unsere Unterstützung, denn oft können sie sich nicht selbst vertreten.

Ich bin mit einem schwer geistig und körperlich behinderten Bruder groß geworden, der sieben Jahre jünger ist als ich. Außerdem war mein Vater vor seinem Tod über zehn Jahre lang Rollstuhlfahrer. Auf diese Weise habe ich weitreichende und umfassende Erfahrungen mit Behinderten gemacht. Es sind Erfahrungen, die für mich sehr wichtig waren – nicht immer leicht, aber sehr lehrreich. Schon als Kind war ich sowohl mit hilfreicher Unterstützung durch andere als auch mit Ausgrenzung, Wertungen und Urteilen der Nachbarschaft und der Gesellschaft konfrontiert und mußte durch meine Erfahrungen eine eigene Haltung dazu finden, einen schwer geistig und körperlich behinderten Bruder zu haben. Mich verband bereits damals eine sehr tiefe Beziehung zu meinem kleinen behinderten Bruder, von dem ich viel gelernt habe. Gleichzeitig waren mir die Pflege und die ständige Rücksichtnahme äußerst lästig. Ich schrieb als Jugendliche in einer Jahresarbeit für den Deutschunterricht, daß »mein behinderter Bruder ein Mensch wie jeder andere sei und sich lediglich anders ausdrücke als die übrigen Menschen«.

Diese frühe Einsicht hat mich offen gemacht für andere Sichtweisen. Gleichzeitig glaubte ich den Ärzten, die uns, als mein Bruder im Alter von acht Jahren in einem Heim untergebracht wurde, aufgrund ihrer damaligen Kenntnisse sagten, daß er niemanden aus der Familie mehr erkennen würde. Ich hatte so die Möglichkeit, mich abzugrenzen und ihn für eine lange Zeit aus meinem Leben zu verdrängen. Für die Loslösung aus dem Elternhaus und die Bewältigung meiner Vergangenheit war das letztendlich unterstützend. Allerdings benötigte ich wiederum viele Jahre, um dieses mentale Konzept wieder loszuwerden und mich auf mein Wissen, daß das nicht stimmen kann, zurückzubesinnen.

Dabei war mir das Vertiefen in die kosmische Energiewissenschaft der TRT eine echte Hilfe. Die Lehre von Energien, ihrer Unterschiede und Zusammenhänge, hat mich schon immer fasziniert. Ich begann Schritt für Schritt das, was ich als Biologin und Chemikerin kennengelernt hatte und jetzt im Zusammenhang mit dieser Energiewissenschaft entdeckte, mit dem zu verbinden, was ich als Kind und Jugendliche erfahren hatte. Als Kind und Jugendliche wußte ich, daß mein Bruder genauso eine Seele hat wie ich. Ich wußte, daß er genauso ganz ist wie wir alle. Ich wußte, daß er sich lediglich anders ausdrückt, daß nur bestimmte äußere Bereiche seines ganzen Wesens – sein Gehirn – nicht gesund sind und das Folgen auf andere Bereiche seiner Persönlichkeit – die äußeren Ebenen – hatte. Ich war nur nicht in der Lage, dieses Wissen »richtig« auszudrücken. Auch hatte ich noch keine Möglichkeiten, mich gegen die übermittelten kulturellen Konventionen zu stellen. Durch die Beschäftigung mit der TRT und den Ganzheitsprinzipien kam dieses Wissen wieder in mein Bewußtsein als jetzt Erwachsene und erhielt einen anderen Stellenwert. Ich bekam wieder Zugang zu meinem natürlichen Wissen über das Miteinander-verbunden-Sein und die Bedeutung von Ganzheit, bezogen auf alle Lebewesen.

> »*Ganz* – bezieht sich auf das, was alle Bestandteile enthält, oder ist ein vollständiges System. Das Ganze trägt alle eigenen Teile und Aspekte in sich, und dennoch ist ›das Ganze *größer als* die Summe seiner Teile‹. Die Radiance Technik ist

eine Schwingungsenergie-Wissenschaft, die ganz und intakt ist und die als ihre Bestandteile universale Symbole und den Einstimmungsprozeß hat. Die Radiance Technik macht direkt universale, strahlende, transzendentale Energie zugänglich, die nicht geteilt, nicht fragmentiert ist – aus sich heraus ganz. Dieses Prinzip der ganzen, universalen Energie innerhalb Der Radiance Technik verbindet sich von innen mit den Prinzipien von Ganzheit in Ihnen, während Sie diese Technik anwenden. Der dem Ganzen innewohnende *Sinn* liegt *innerhalb* des Ganzen und nicht im Teil. Sie unterstützen die Ausdehnung dieser Ganzheitsqualitäten, die Ihnen innewohnen, von innen, wenn Sie mit Ihren täglichen TRT-Anwendungen fortfahren.« (Exp. R. M., S. 115)

»*Ganzheit* – bezieht sich auf das, was die Qualitäten des Ganzen hat – was nicht geteilt und nicht fragmentiert ist. Ganzheit beinhaltet die dynamischen Wechselbeziehungen und Wechselwirkungen unter und zwischen den Untersystemen innerhalb des Ganzen. Durch die TRT-Handanwendung mit sich selbst werden Sie sich von innen her die Qualitäten Ihrer eigenen Ganzheit zugänglich machen. Erforschen Sie das Energiemodell (siehe S. 36, 37), eine Karte oder ein Modell der Ganzheit, um Ihr inneres Wissen über diese Qualitäten der Ganzheit zu erweitern, die all Ihre Energieebenen beinhalten, welche gleichzeitig miteinander als unterschiedlich schwingende Energien in einer Wechselwirkung stehen.« (Exp. R. M., S. 116)

Jeder Mensch ist ganz. Jeder besteht aus allen Energieebenen. Ein weitverbreitetes Mißverständnis in der westlichen Welt ist, daß nur derjenige mit einem gut ausgebildeten Verstand »ganz« oder heil ist. Bezogen auf das Ganze, heißt das lediglich, daß der Mensch mit einem ausgeprägten Verstand seine mentale Ebene besonders trainiert hat, so wie andere ihren Körper speziell trainieren, zum Beispiel ein Bodybuilder. Das bedeutet nicht, daß der eine »besser« ist als der andere. Es kennzeichnet lediglich Unterschiede in den Fähigkeiten auf den verschiedenen Energieebenen, die nichts über die Ganzheit eines Menschen aussagen.

In unserer westlichen Gesellschaft werden auch ältere Menschen und Kinder »nicht für voll genommen«. Dabei bekommt unsere Seele weder Falten, noch wird sie plötzlich zum Kleinkind. Genauso ist es mit geistig und körperlich behinderten Menschen. Die Seele hat keine Behinderung. Die Behinderung liegt auf einer oder mehreren äußeren Ebenen und sagt über die seelische Entwicklung nichts aus. In jedem Behinderten, jedem alten Menschen und jedem Kind lebt eine Seele, die in ihrer Entwicklung sogar weiter sein kann als unsere. Woher wollen wir wissen, wie es wirklich ist?

Ich habe viel gelernt, bezogen auf Achtsamkeit, Anerkennung, Akzeptanz, Mitgefühl, nicht Mitleid, und Vorsicht in meinen Urteilen, Bewertungen und Vergleichen von Menschen mit Behinderungen – durch den Umgang mit meinem Bruder und später auch durch meinen Vater. Sie haben mir das Tor eröffnet zu einer ganzheitlicheren Sicht, und damit haben sie mir auch die Richtung zu meinem Herzen gewiesen. Es ist ein Prozeß und ein langer Weg. Behinderte als Seelen zu betrachten, zu behandeln und anzunehmen ist ein Tor. Die Radiance Technik kann uns tiefgreifend unterstützen, dieses Tor zu finden und es zu durchschreiten.

Meine Erfahrung mit meinem Bruder in den letzten Jahren bestätigen diese Aussage für mich sehr eindrucksvoll. Er gehört zu den Schwerstbehinderten. Er kann nichts allein tun. Er kann weder sprechen noch gut allein laufen, noch kann er die einfachsten Tätigkeiten verrichten. Außerdem hat er sich vielleicht aufgrund seiner nicht einfachen Kindheit zusätzlich in sich zurückgezogen und nimmt nicht viel Kontakt zu anderen Menschen auf. Seit einigen Jahren besuche ich ihn regelmäßig. Seitdem ich den Zweiten Grad der TRT erlernt habe, verbinde ich mich in regelmäßigen Abständen mit ihm und gebe ihm innere TRT-Handanwendungen und seit dem 3A-Seminar auch Einstimmungen. Auf diese Weise wurde mir die innere Verbindung, die wir schon als Kinder miteinander hatten, wieder bewußt, und ich konnte ihn in seinem eigenen Entwicklungs- und Wachstumsprozessen von innen unterstützen. Außerdem bereitete ich mich so auf die ersten Besuche nach vielen Jahren vor, die eine Herausforderung für mich waren, da ich seit langer Zeit wieder so vielen seiner schwerstbehinderten Mitbewohner begegnete.

In der Zwischenzeit hatte ich auch die Ausbildung zur Lehrerin für den Ersten und Zweiten Grad der TRT gemacht. Während eines Besuches im Sommer teilte ich mit meinem Bruder die Einstimmungen zum Ersten Grad Der Radiance Technik. Fast die gesamte Zeit schauten wir uns immer wieder in die Augen. Ich wußte, er weiß, was ich mache, er bekommt es genau mit. Noch beeindruckender war für mich ein weiterer Besuch, während ich ihm die Einstimmung zum Zweiten Grad der TRT übermittelte. Wir saßen nebeneinander auf einer Bank, und ich hielt ihm meine Hand hin. Er legte seine Hand in meine, und ich begann mit der Einstimmung. In dem Moment, wo ich fertig war, nahm er seine Hand weg. Ich konnte es nicht fassen, Tränen standen in meinen Augen. Meine Wahrnehmungen aus der Kindheit stimmten also wirklich. Gleichzeitig wollte ich es überprüfen. Ich legte meine Hand wieder so hin, daß er seine in meine legen konnte. Nur machte ich dieses Mal keine Einstimmungen. Er zog sofort seine Hand zurück und war auch ein wenig ärgerlich darüber. Mehr Beweis brauchte ich nicht. Er bekommt genau mit, was geschieht. Seine Behinderung besteht lediglich auf der körperlichen Ebene. Sein Gehirn ist während seiner Geburt nicht genügend durchblutet worden und hat in bestimmten Bereichen Schaden genommen. Sein Verstand ist eingeschränkt, und diese Erkrankung hatte natürlich auch Folgen für seine Psyche. Die inneren Ebenen, die Seele und sein Lichtkern, alles das, was wirklich bleibt, ist genauso heil und ganz wie bei jedem anderen Menschen auch.

Wir gehen nicht von einer beschädigten oder behinderten Seele aus, nur wenn jemand ein Bein verloren hat. Auch bedeutet ein verlorenes Körperteil nicht, daß dieser Mensch keinen Körper mehr hat. Sein Körper ist lediglich anders. Geistig behinderte Menschen haben die mentale Ebene. Sie funktioniert lediglich anders, da das Instrument, um sie zu nutzen, Schaden genommen hat (siehe auch das Energiemodell auf S. 36, 37).

Für mich waren und sind diese Erlebnisse zusätzliche Geschenke. Sie helfen mir, die Verbindung zu meinem Wissen als Kind herzustellen. Kinder sind dem Bewußtsein der Einheit, dem intuitivem Wissen ihrer Seele, noch näher. Die materielle Welt der Erde und jede Kultur fordert ihre Anpassung. Bei mir war ein Bestandteil der Anpassungsleistung, wichtige Anteile von mir zu verleugnen, zu verdrängen und zu vergessen, bis sie anfingen, mir wieder bewußt zu werden, und ich die Kraft hatte, zu ihnen zu stehen. Das geschieht in der unterschiedlichsten Art und Weise mit allen Kindern. Es ist zum Teil ein integraler Bestandteil des Lebens auf der Erde und ermöglicht es unserer Seele, sich ihrer selbst wirklich bewußt zu werden, so daß das Wissen nicht mehr ins Unbewußte verschwindet. Außerdem haben die Erfahrungen der letzten Jahre mit meinem Bruder mit dazu beigetragen, daß mir immer deutlicher geworden ist, daß »Service/Dienst« für andere letztendlich immer ein Service/Dienst für uns selbst ist (siehe S. 82).

Die Radiance Technik kann eine Hilfe in der Begleitung und Versorgung von behinderten Menschen sein, und es ist auch möglich, daß behinderte Menschen diese Technik selbst erlernen. Die Einstimmungen zu den verschiedenen Graden kann jeder bekommen. Es ist völlig unabhängig davon, ob, wie schwer und auf welcher Ebene jemand behindert oder erkrankt ist. Die Einstimmungen erweitern die Kapazität, die universale, transzendentale Energie zugänglich zu machen. Sie verbinden uns dauerhaft mit unserem Lichtkern und erweitern ihn. Die Radiance Technik ist kein mentales Werkzeug. Ihre Wirkung ist völlig unabhängig von unserem Verstand. Für viele von uns ist das sicherlich schwer einsehbar, da für uns der Verstand oft »alles« ist und in unserem Kulturkreis ein gut ausgebildeter Verstand wie gesagt sehr hoch geschätzt wird. Unser Verstand hat große Bedeutung für unser Leben hier auf der Erde, aber er ist nicht alles. Er ist eine Energieebene unseres Wesens, die nichts aussagen muß über den wahren, inneren Wert eines Menschen. Er ist ein wichtiges Werkzeug für uns Menschen in unserem Leben, nicht mehr und nicht weniger. Unser Verstand muß lernen zu akzeptieren, daß es mehr gibt als ihn. Die TRT ist ein kosmisches, universales Werkzeug, welches mit bedingungsloser, kosmischer Energie arbeitet. Die Kapazität, diese Energie zugänglich zu machen, erweitert sich durch die Anwendungen und von Grad zu Grad unabhängig von irgendeiner Kondition auf den äußeren Ebenen – körperlich, emotional, mental. Das bedeutet ganz praktisch, auch ein Mensch wie mein Bruder kann die Einstimmungen zu den einzelnen Graden erhalten. Jeder Mensch benutzt seine Hände. Jede Berührung der aktivierten Hände erzeugt die universale Energie, macht sie zugänglich und übermittelt sie.

Die meisten Menschen mit Behinderungen sind in der Lage, die TRT-Handanwendungsformel der zwölf Positionen selbst zu erlernen. Jeder lernt im Rahmen seiner individuellen Möglichkeiten, die Werkzeuge dieser Energiewissenschaft anzuwenden. Die TRT ist für diese Menschen in vieler Hinsicht sehr unterstützend. Sie kann zum Beispiel helfen, mit der Behinderung und ihren vielfältigen Folgen fertig zu werden, diese Herausforderungen anzunehmen, mit ihnen zu leben, durch sie zu wachsen, zu lernen und die Lebensqualität zu steigern.

»Behinderte/unterschiedlich fähige Personen mit besonderen Herausforderungen – Die Radiance Technik ist eine besondere Unterstützung und Wohltat für jeden mit einem speziellen Bereich der Herausforderung oder einer Unfähigkeit. In den meisten Fällen kann ein Mensch mit besonderen Hinweisen und Instruktionen, die den individuellen Bedürfnissen gerecht werden, in dem Gebrauch Der Radiance Technik unterrichtet werden. Die Radiance Technik kann jeden Tag, soviel Sie möchten, angewandt werden – universale, strahlende Energie kann für jeden Aspekt des Alltags und der persönlichen Bedürfnisse überall oder in jeder Situation ohne zusätzliche äußere Ausrüstung benutzt werden. Die Radiance Technik stellt die Vitalität wieder her, gleicht die Energie aus und fördert von innen das persönliche Wachstum. TRT kann Ihre Anteilnahme, Ihr Selbstvertrauen, Ihre Selbstbewußtheit unterstützen und strahlend erweitern, und sie kann Gefühle von Hilflosigkeit und Kraftlosigkeit umwandeln.« (Exp. R. M., S. 31)

Alle Menschen, die Behinderte betreuen, sind besonders gefordert. Sie benötigen viel Kraft, viel Ausdauer und auch viel Mut. Sie gehen mit Menschen um, die mehr oder weniger ständig in einigen Bereichen des Lebens auf Hilfe von außen angewiesen sind. Das verbraucht eine ungeheure Menge an Energie. Zusätzlich ist diese Arbeit gesellschaftlich nicht besonders anerkannt, denn Mitgefühl, Nächstenliebe, Kontakt und selbstverständliche Hilfe sind Eigenschaften, die in unserem Kulturkreis im praktischen Alltag nicht sehr hoch angesehen sind. TRT ist zum einen eine große Hilfe im Umgang mit den zu betreuenden Menschen und zum anderen für sich selbst, um die verbrauchte Energie wiederzuerlangen, das Energieniveau anzuheben und den eigenen Wachstums- und Entwicklungsprozeß zu fördern. Außerdem ermöglicht die TRT einen ganzheitlichen Kontakt mit jedem Behinderten, wodurch sich die Qualität der Beziehung erheblich verbessern kann.

Die TRT-Anwendungsmöglichkeiten mit Behinderten richten sich immer nach der Kondition des Menschen. Manchmal ist eine ganze TRT-Handanwendung nicht möglich, dann wenden Sie die Positionen an, die bequem sind. Versuchen Sie, wenn irgend möglich, den Kopf mit einzubeziehen und bei ihm zu beginnen. Sind die Rückenpositionen schwierig, werden die Vorderseitenpositionen wiederholt. Erzwingen Sie nichts. Lassen Sie zu, daß der Behinderte Ihnen zeigt, wie er die Anwendungen möchte.

Außerdem gibt es viele Gelegenheiten, den Radiant Touch im alltäglichen Umgang einzusetzen. Lassen Sie sich von Ihren Händen leiten. Sie können nichts falsch machen. Oft ist es auch sehr hilfreich, mit dem Instrument des Zweiten Grades zu arbeiten. Ihr Seminarleiter der TRT wird Ihnen sicherlich auch gern mit seinen Ideen und Hinweisen weiterhelfen.

Die Radiance Technik
in der Sterbebegleitung

Unser ganzes Leben besteht aus vielen Zyklen – zum Beispiel dem Atemrhythmus, dem Herzschlag, Tag und Nacht, den Jahreszeiten, den Lebensabschnitten, Veränderungen von Situationen im Alltag, Beruf und Beziehungen und letztendlich dem Zyklus von Geburt und Tod. Umwandlungs- und Veränderungsprozesse sind ein natürlicher Bestandteil unseres Lebens, selbst wenn wir sie oft scheuen und sie gern vermeiden würden, weil wir Angst vor ihnen haben.

Der tiefgreifendste Umwandlungsprozeß, den wir ausnahmslos alle durchleben werden, ist das Sterben. Dr. Barbara Ray hat in ihrem Buch *The Authentic Reiki – Der ›Reiki‹ Faktor in Der Radiance Technik* im Kapitel 13, »Die Radiance Technik beim Übergang«, diesen Prozeß in einer klaren, einfachen und direkten Weise beschrieben: »Eines der wichtigsten, bedeutendsten und tiefgreifendsten Dinge, die Sie je in diesem Leben tun werden, ist sterben. Tatsächlich sind, von einem erweiterten Blickwinkel aus gesehen, die zwei Hauptereignisse Ihres Lebens Ihre Geburt und Ihr Tod. Ihre Geburt kennzeichnete einen dramatischen Übergang aus einem vorhergehenden Energiezustand, was für eine Form dieser auch immer hatte, in ein ›Leben‹ auf der Ebene, die wir als physische Ebene begreifen. Genauso tiefgreifend ist Ihr Tod ein Prozeß des Übergangs aus dieser physischen Form in die Form einer anderen Ebene des Seins. Es gibt keinen Beweis dafür, daß das Bewußtsein beim physischen Tod auf dieser Ebene endet. Tatsächlich scheint genau das Gegenteil zuzutreffen!

Unsere ganze Geschichte auf diesem Planeten hindurch, seit wir zum ersten Mal die Ausdehnung und Tiefe unseres Seins betrachten, haben wir immer über eine Realität gesprochen und geschrieben, die jenseits der Grenzen dieser sogenannten physischen Ebene existiert.

In unserer Zeit sagte der Schweizer Psychiater C. G. Jung: ›Niemand kann sagen, wo der Mensch endet.‹ Seine Aussage spiegelt die Behauptung der Alten wider, daß es ein Kontinuum von Leben und Bewußtsein gibt, auch wenn sich die äußeren Formen ändern.

Vor mehr als fünftausend Jahren schrieben die Ägypter ihr Wissen um die Unsterblichkeit des menschlichen Bewußtseins nieder. In dem *Totenbuch,* welches die Ägypter tatsächlich *Das Buch vom Heraustreten ans Licht* nannten, waren viele Ebenen des Lebens und der Seele beschrieben, und es stand darin geschrieben: ›Ich bin wie die Sterne, die keine Müdigkeit kennen – ich bin auf dem Boot von Millionen von Jahren.‹

Das innere Wissen über Leben und Wissenschaft wurde geheimgehalten und verborgen, enthüllt für nur wenige auserwählte Eingeweihte. In dem jetzigen neuen Zeitalter der Menschheit werden jedoch die Tore weit geöffnet, und das Wissen wird für uns alle verfügbar.

Laotse wird folgende Aussage zugeschrieben: ›Es gibt eine Wirklichkeit vor Himmel und Erde.‹ Plato schrieb: ›Der Körper des Himmels ist sichtbar, aber die Seele ist unsichtbar und hat teil an Vernunft und Harmonie.‹ Im Mittelalter erklärte Thomas von Aquin: ›Die Seele existiert unabhängig vom Körper und besteht fort, nachdem der Körper stirbt, indem sie einen neuen geistigen Körper annimmt.‹ In der neuen Physik wird Bewußtsein mit quantenmechanischen Prozessen in Zusammenhang gebracht. Eugene Wigner, amerikanischer Nobelpreisträger, drückt es so aus: ›Die Erkenntnis, daß physikalische Themen und spirituelle Werte eine sehr ähnliche Art von Wirklichkeit haben, hat zu meinem geistigen Frieden beigetragen. Dies ist die einzige bekannte Ansicht, die mit der Quantenmechanik vereinbar ist.‹ Sir Arthur Eddington meinte: ›Es ist eine primitive Art des Denkens, daß Dinge entweder existieren oder nicht existieren.‹ Zu dieser reichhaltigen Tradition fügt Elisabeth Kübler-Ross hinzu: ›Ich bin überzeugt, daß es Leben nach dem Tode gibt … Tod existiert nicht wirklich.‹

In der ganzen Geschichte der Menschheit tendierte keine Kultur dazu, mit Sterben in einer solch aseptischen, unbeteiligten Art umzugehen, wie wir das tun. In unserer Gesellschaft behandeln wir Sterbende so, als würden sie tatsächlich sterben, anstatt sich in dem Prozeß eines Übergangs und eines Geborenwerdens in einen anderen Seinszustand zu befinden. Sterben und Tod sind ein integraler Bestandteil menschlichen Lebens, der die Grenzen setzt, in denen wir die Bedeutung unseres Lebens ermessen können. Elisabeth Kübler-Ross schrieb: ›Wenn wir jedoch lernen können, den Tod aus einer anderen Perspektive zu betrachten, ihn wieder in unser Leben einzufügen, so daß er nicht als gefürchteter Fremder, sondern als erwarteter Begleiter in unser Leben kommt, dann können wir lernen, unser Leben sinnvoll zu leben – in voller Anerkennung unserer Endlichkeit, der Grenzen unserer Zeit hier.‹

Tod ist keine Krankheit. Er ist eines der herausragendsten, dramatischsten und bedeutsamsten Ereignisse in Ihrem Leben, er vervollständigt einen Zyklus der Existenz auf dieser Ebene. Tod ist keine endgültige Beendigung Ihres Seins. Tod ist ein schöner, natürlicher Prozeß, in dessen Verlauf Sie alles, was Sie gewesen sind, in die immerwährende Gegenwart und den ewigen Augenblick des ›Hier-und-jetzt-Seins‹ integrieren. Tod ist der tiefe, volle Atemzug, den wir nehmen, wenn wir unseren Übergang in die nächste Phase unseres Entfaltungsprozesses machen. In Wahrheit ist es der herrliche Augenblick unseres ›Geborenwerdens‹ in eine neue Existenz.

Sterben und Tod sind ein Prozeß, in dem wir vom Augenblick unserer physischen Geburt an ganz und vollständig einbezogen sind. In unserer modernen Gesellschaft sind wir von unserer eigenen Quelle abgeschnitten, wir sind entwurzelt und von unserer lebenerhaltenden Verbindung getrennt, und wir haben ›vergessen‹, wie wir jenen ursprünglichen, lebenswichtigen Kontakt mit dem, wer wir wirklich sind, wiederherstellen können.

Wir haben unsere dauernde Aufmerksamkeit auf die Errungenschaften der äußeren Welt gerichtet, unserem inneren Sein wenig Beachtung geschenkt, sind als Gruppe eingeschlafen und unserer ›wahren Verbindung‹ gegenüber unbewußt geworden. Verwirrt von modernen Technologien und geblendet von der Sensationslust der äußeren Formen, haben wir die Verbindung mit unseren Mythen, mit wahrer Religion, Ritualen und Symbolen verloren, die uns sorgsam Wissen bewahrt und vermittelt haben, das für unsere Ganzheit unentbehrlich ist. Irgendwie wurde Sterben in unserer Kultur nicht nur unaussprechlich, sondern auch undenkbar! Es ›gehört sich einfach nicht‹. In unserer heutigen Gesellschaft wurde es zum ›obersten Tabu‹. Wir neigen dazu, Sterben als das ›Schlimmste‹ zu betrachten, was uns möglicherweise geschehen kann. Dabei ist Sterben eine völlig natürliche, erfüllende und befreiende Gipfelerfahrung – ganz gleich, wann es auf jeden von uns zukommt. Es gibt keinen tragischen Tod und keinen Tod zum falschen Zeitpunkt. Es gibt nur das, was Teil Ihrer gesamten Entfaltung ist. Alle Stücke fügen sich als Teile eines größeren Ganzen zusammen. In der Tat kann kein einziges Stück weggelassen werden, wenn es einmal in Bewegung gesetzt wurde. Ohne jeden der Teile wäre das Ganze nicht das, was es ist.

In meiner Heilarbeit mit Der Radiance Technik hatte ich viele Gelegenheiten, zu wachsen und zunehmendes Verständnis über die Natur von Heilen und Ganzwerden zu gewinnen. Es ist unnötig zu sagen, daß sich die größten Herausforderungen und tiefgreifendsten Gelegenheiten ergaben, wenn ich gerufen wurde, um ›jemanden vor dem Tod zu retten‹. Ich möchte von einer meiner frühen Gelegenheiten berichten, das Authentische Reiki im Endstadium einer Krankheit anzuwenden.

Ich wurde von der Familie eines Mannes Anfang Dreißig gerufen, der gerade an Leberkrebs starb. Die Frau und die Mutter von Phil hatten von einer Freundin gehört, daß ich ›ihren Tumor geheilt hätte‹, und sie bestanden darauf, daß ich kommen müßte, um eine ›Wunderheilung‹ zu vollbringen. Nach dem Telefongespräch versenkte ich mich in Gebet und Meditation. Ich wußte, daß ich den Tumor ihrer Freundin nicht *persönlich* geheilt hatte, sondern lediglich TRT angewendet hatte, um ihr Radiant Licht-Energie zu übertragen. Aus dem Telefongespräch war mir die verzweifelte, dichte und äußerst emotionsbeladene Energie von Phils Frau und Mutter bewußt. Ihre Forderung an mich, ›eine Sofort-Heilung zu bewirken‹, ließen keinen Zweifel an dem Grad ihrer Erwartungen.

Eine meiner wichtigsten frühen Lektionen bei der Heiltätigkeit, für die ich tiefe Dankbarkeit empfinde, war das Loslassen des Ego während des Heilungsprozesses. Der Heiler oder Übermittler von Licht-Energie darf auf keinen Fall das äußere Selbst seine eigene Befriedigung oder Genugtuung suchen lassen. Noch darf sein Ego an äußeren Ergebnissen und Erwartungen anhaften.

Als ich im Krankenhaus ankam, traf ich Phil, der sich, wie sich herausstellte, in den letzten Phasen seines Lebens auf dieser Ebene befand. Infolge der hohen Dosis an Medikamenten war er bewußtlos und kam auch nicht wieder zu Bewußtsein. Der Krebs hatte sich von seiner Leber und Bauchspeicheldrüse auf Lunge und Magen ausgebreitet. Aufgrund der extremen Verschlechterung seiner Körperfunktionen waren zusätzliche Komplikationen entstanden. Wegen seines geschwächten, todesnahen Zustandes hatten die Ärzte entschieden, daß eine Operation nicht mehr möglich war. Seine Frau und seine Mutter waren hysterisch und im Schock.

Was dann während der folgenden Tage geschah, vermittelte mir ein tiefes Wissen über TRT als eine vollständige und tiefgreifende Technik für die Anwendung im Sterbe- und Todesprozeß. TRT ist das beste mir bekannte Werkzeug, das man anwenden kann, um Körper, Verstand und Seele sowohl bei sich selbst als auch bei jemand anderem im Sterbeprozeß zu unterstützen und zu nähren.

In den letzten Tagen seines Lebens gab ich Phil viele vollständige Handanwendungen der TRT mit zusätzlicher Zeit für seine

Leber und Bauchspeicheldrüse. In der Nacht nach der ersten Anwendung gaben seine Lungen ungeheure Mengen Schleim von sich. Von da an konnte er normaler atmen, während er vorher gekeucht und um Atem gerungen hatte und an den Schleimklumpen in Hals und Lungen fast erstickt war. Am nächsten Morgen war der Arzt überrascht, um wieviel sich die starke Schwellung von Phils Leber verringert hatte. Phils graues, blasses Gesicht hatte bereits wieder Farbe bekommen und strahlte – er ruhte friedlich und *ging* weiter durch seinen Sterbeprozeß. Während der nächsten fünf Tage gab ich Phil weiterhin vollständige Handanwendungen der TRT. In den frühen Stunden des sechsten Tages löste sich Phil von seinem Körper. Es war mir eine große Ehre, ihn bei diesem wunderschönen Prozeß zu unterstützen. Durch die Anwendung der TRT hatte sich eine direkte innere Verbindung von mir zu ihm geöffnet. Dieser Kontakt war eine direkte Berührung mit seiner Seele. Es war eine außergewöhnliche Erfahrung – reine Ekstase – jenseits der Grenzen dieser Worte! Mit der Radiant Licht-Energie, zu der TRT Zugang gibt, hatte Phil sofortige Erleichterung auf der physischen Ebene bekommen und konnte auf angenehmere Weise sterben. Durch TRT kam auch die Erfahrung der tiefen Berührung mit der Essenz seines Wesens. Ich sah sein Licht, und still im Innern kannte ich ihn, wußte um seine Kämpfe und Triumphe, kannte sein Licht, war eins mit ihm, teilte den ganzen großartigen Prozeß des Sterbens mit ihm und war ergriffen von seiner Erhabenheit. Dies änderte sein Leben und mein Leben für immer. Die alten Ängste, Mißverständnisse und Fehlinterpretationen des Todes fielen ab, lösten sich augenblicklich auf in der kosmischen Radiance des Immerwährenden.

Die Erfahrung, die ich in den inneren Dimensionen mit ihm geteilt hatte, war Freude, Fülle und Feiern. Es war, als geschähe ein kosmisches Ereignis von großer Bedeutung, und alle Sterne waren da – das Licht war unglaublich! Im inneren Sein war der ganze Prozeß kraftvoll und zugleich sanft, Yang und zugleich Yin – angefüllt mit Strahlen und Licht. Phils innerer Frieden war überwältigend.

Und in scharfem Kontrast dazu schienen die äußeren Aktivitäten in dem Raum um ihn herum trivial, leer und unwirklich – die sterile Atmosphäre des Krankenhauses, die Zögerlichkeit des Personals, die Ängste und dumpfe Resignation seiner Mutter, der anwachsende Schrecken, der Ärger und die Bitterkeit seiner Frau. Jeder Mensch um ihn war in dem äußeren Prozeß gefangen – dem seines Körpers, der die Lebenskraft, das *Ki*, losließ. Der äußeren Form nach schien es irgendwie kalt und endgültig zu sein, aber *gleichzeitig* fand auf den inneren Ebenen ein großes Ereignis statt. Die äußere Erscheinung war nur eine Illusion. Die Wahrheit lag in dem inneren Prozeß. Durch TRT war ich in bewußten Kontakt mit dieser Wahrheit gekommen – dies transformierte mein Bewußtsein von Tod, sich ausdehnend in Spiralen von wirklichem Wissen über diesen tiefgreifenden Prozeß.

Im alten Tibet und Ägypten wurden dem sterbenden Menschen Anweisungen darüber gegeben, wie die Seele vom Körper befreit wird und wie der tiefgreifende Übergang von einem Zustand des Seins in einen anderen zu bewältigen ist. Üblicherweise nahm jemand an dem Sterbeprozeß teil und fungierte als Führer, als ein unterstützendes System. Heute neigen wir dazu, die Teilnahme am Sterbeprozeß zu vermeiden. Oft lassen wir die Sterbenden allein und rationalisieren unsere Ängste mit ›Laß ihn in Ruhe sterben‹, ›Ruf mich, wenn es vorbei ist‹ oder ›Sie ist sicher lieber allein‹.

TRT kann als Unterstützung angewendet werden, um den Graben zwischen der alten Weisheit und der modernen Umgangsform zu überbrücken. Seit meiner frühen Erfahrung mit Phil hatte ich die Ehre, in zahlreichen und verschiedenen Situationen und mit vielen Menschen TRT in ihrem Sterbeprozeß zu teilen. Das Authentische Reiki und sein direkter Zugang zu Radiant Licht-Energie erlaubt den Kontakt mit allen Ebenen des Wesens einer Person und stellt eine sichere, natürliche Technik zur Verfügung, um beim Sterben das Freisetzen von Energie aus dem Körper zu unterstützen. Wir müssen vor der Erfahrung des

Todes keine Angst mehr haben. Wir können unser tägliches Leben aus einer neuen Sicht leben, mit einer dynamischen Ganzheit und im Bewußtsein unserer eigenen Unsterblichkeit.

Auf der ›Continuum‹-Ausstellung in Minneapolis wird eine zutiefst provokative Frage aufgeworfen: ›Würdest du dein Leben anders leben, wenn du deiner eigenen Unsterblichkeit sicher wärest?‹ Wir müssen vor der Erfahrung des Todes keine Angst mehr haben. Wir können unser tägliches Leben mit einer neuen Sichtweise leben, mit einer dynamischen Ganzheit und in der Bewußtheit unserer eigenen Unsterblichkeit …

Es gibt keine Grenzen für die Anwendung der TRT bei Menschen oder Tieren, die den Prozeß des Sterbens erleben. Der bedeutende Anlaß des Todes stellt ein wahrhaft kosmisches Ereignis dar, bei dem die Seele ihre Reise in eine neue Dimension hinein fortsetzt. Die Radiance Technik gibt Ihnen eine kraftvolle, jedoch sanfte und harmlose Möglichkeit, teilzunehmen, ohne zu stören, Leben und nicht Tod zu berühren und Einssein und nicht Getrenntsein mit Ihnen selbst oder jemand anderem zu erfahren, der durch diesen tiefen Prozeß geht.

Wie wundervoll wird es sein, wenn Krankenschwestern, Ärzte und andere Menschen, die beruflich mit Sterbenden arbeiten, auch in der Anwendung der TRT ausgebildet sind. Was für eine wundervolle Technik für andere, wie Hospiz-Gruppen, die mit Todkranken arbeiten. TRT kann ganz einfach in den konventionellen medizinischen Rahmen und in andere Methoden, die Gesundheit und Wohlbefinden fördern, eingegliedert werden. Was für ein schöner Prozeß der Ausdehnung und Transformation sich für jeden von uns öffnet, wenn wir TRT als eine natürliche Licht-Energie-Unterstützung in dem natürlichen Sterbeprozeß anwenden, um uns selbst zu helfen, uns zu führen, zu nähren und zu unterstützen und auch unsere Lieben, unsere Freunde, unsere Mitmenschen und unsere Haustiere.«

Die Radiance Technik und Friedensprojekte

Eine der Qualitäten universaler Energie ist Frieden. Was liegt also näher, als die Radiance Technik für Friedensprojekte einzusetzen! Dr. Barbara Ray hat darüber 1986 einen Artikel im *Offiziellen Handbuch Der Radiance Technik* veröffentlicht: »Unseren Teil beitragen – Radiant Netzwerk für den Weltfrieden«. In diesem Artikel schreibt sie: »Die UN hat das Jahr 1986 als ›Internationales Jahr des Friedens‹ gewählt. Was für eine freudevolle Gelegenheit für uns alle, diese fortdauernde Vereinbarung miteinander zu treffen, ihn hier auf der Erde zu ermöglichen. Frieden ist eine Qualität der transzendentalen, universalen Energie, die in diese Welt gebracht und verankert werden kann. Indem wir die Bedingungen schaffen, das heißt die Öffnung, durch die diese hohe Ordnung der Radiant Energie – der Radiant Kraft – auf die Erde strömen und die Selbstverantwortung von jedem von uns vergrößern kann.

Was kann ich tun? Was für einen Unterschied kann ein Mensch in der gegenwärtigen Weltsituation bewirken? Was können Sie tun? Das Ganze besteht aus Teilen, und Sie sind ein Teil des Ganzen. Sie können Ihren Teil dazu beitragen, indem Sie die Verantwortung für sich selbst übernehmen. Es ist Ihr Leben, und Sie können entscheiden, was für einen Energiebeitrag Ihr Teil, Sie, zu dem Ganzen im Laufe Ihres Lebens hier auf der Erde beitragen! Das ist Ihre Entscheidung und Ihre allein und hat nichts mit irgend jemandem sonst zu tun – Sie sind für sich selbst verantwortlich!

Wenn Sie sich entscheiden, Ihren Teil zum Frieden beizutragen, und wenn einige von uns diese Entscheidung zusammen

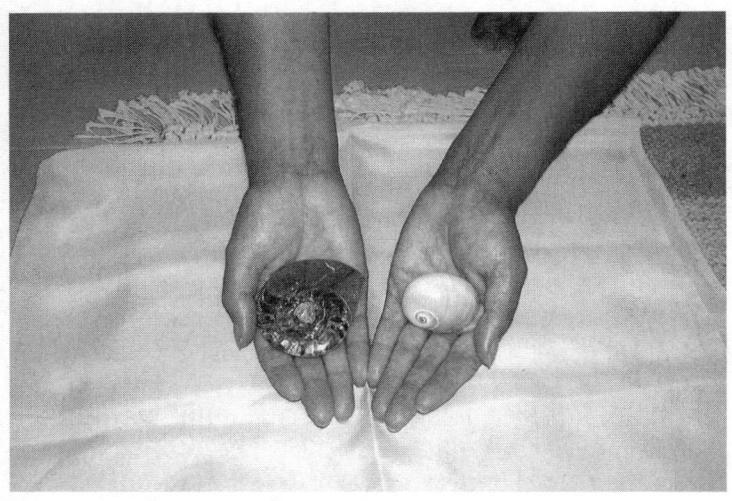

treffen, formen wir ein vereinigtes Gruppenenergiefeld und übermitteln diese strahlende, universale Energie, die die Schwingung (Qualität) von Frieden hat. Jeder Tag Ihres Lebens ist eine Gelegenheit dazu, zu dienen, Radiant Kraft auf der Ebene der Erde aufzubauen, zu stabilisieren und auszudehnen. Jedesmal wenn Sie bewußt teilnehmen, helfen Sie, ihn zu verankern und den Weg des Lichtes in das neue Zeitalter der Menschheit auf der Erde zu klären. Erinnern Sie sich: Indem wir unser Netzwerk aufbauen und vergrößern, wird eine Kontinuität dieser Friedensenergie über Wochen, Monate und Jahre erreichbar sein.

Wenn wir als eine Gruppe zusammenarbeiten und die Radiant Energie der gleichen Frequenz mit den gleichen Intentionen und zur gleichen Zeit ausrichten, können wir tatsächlich ein zusammenhängendes Gruppenenergiefeld übermitteln. Wenn 200 von uns unsere Energie ausrichten, quadriert sich die Kraft dadurch auf die Kraft von 40 000 Menschen.«

Mit diesem Artikel rief Dr. Ray ein internationales Radiant Friedensnetzwerk ins Leben, an dem Menschen auf der ganzen Welt teilnehmen, indem sie jeden Mittag mit der TRT für den

Frieden meditieren und so dieses vereinigte Gruppenenergiefeld ständig vergrößern. Sie können daran teilhaben, sooft und solange Sie wollen – von ein paar Minuten bis zu mehr als einer halben Stunde, jeden Tag oder einige Male in der Woche.

Wir unterstützen damit uns selbst und alle lebenden Wesen, das Mineralreich, das Pflanzenreich, das Tierreich und die Menschheit. Alles ist miteinander verbunden und bedingt sich gegenseitig! Unser Planet Erde ist Teil unseres Sonnensystems, unserer Milchstraße – Teil des gesamten Universums! Wir können bewußt zu Bürgern des Universums werden.

Am Anfang, 1985, war diese Vorstellung für mich noch sehr fremd. Ich hatte mich in vielen Demonstrationen für den Frieden und eine bessere Umwelt eingesetzt. Da ich gleichzeitig in meinen Beziehungen sehr viel Unfrieden erlebte, entschied ich, mich aus der demonstrierenden Friedensbewegung zu lösen und zunächst einmal etwas für mich zu tun. Mir war dabei bewußt, wenn ich mich verändere, tue ich etwas für die ganze Welt, denn wir sind alle miteinander verbunden! Die Chaosforschung, die sich beispielsweise mit dem Phänomen beschäftigt, daß selbst ein Flügelschlag eines Schmetterlings in China bei uns einen Sturm auslösen kann, geht von diesen Vernetzungen und Wechselwirkungen aus.

In der Zeit ist mir auch die TRT begegnet. Ich wollte mich damals aufgrund meiner Erfahrungen nicht auf größere Friedensprojekte einlassen, obwohl mein Seminarleiter uns durch die Verteilung von Postkarten vom Brandenburger Tor als Symbol für den Ost-West-Konflikt ermutigte, innerhalb des Radiant Friedensnetzwerkes etwas für die Veränderung der Energie in dem »kalten Krieg« zu tun. Erstens verstand ich damals noch nicht vollständig, was er meinte, und außerdem hatte ich mich entschieden, mit mir selbst zu beginnen. Ich meditierte im Rahmen des Friedensnetzwerkes über den Frieden in mir und entdeckte dabei, welcher Kampf in mir stattfand, und trug mit der TRT zu seiner Umwandlung bei. Ich schuf mehr Frieden in mir selbst, und damit vermehrte ich auch die Energie des Friedens auf der Erde.

Als dann im November 1989 die Mauer am Brandenburger Tor ohne Gewalt fiel, wußte ich plötzlich, was damit gemeint ist, daß wir die Qualität von Frieden durch die Anwendung der TRT in der Welt vermehren können. Ich wußte, die Friedensmeditationen von vielen Menschen mit den unterschiedlichsten Methoden wie auch das Radiant Friedensnetzwerk, haben mit dazu beigetragen, daß die Mauer zwischen Ost und West friedlich fallen konnte. Seit dieser Erfahrung begann ich meine Arbeit im Friedensnetzwerk auszudehnen.

Gleichzeitig arbeitete ich weiter mit meinen Mustern in mir selbst und bewegte mich in Richtung Gleichgewicht. Je klarer ich innerlich wurde, desto mehr Friedensprojekte wurden für mich sichtbar.

Inzwischen gibt es in Zusammenhang mit The Radiance Technik International Ass. Inc., Der Radiance Technik Gesellschaft e.V. und anderen Vereinen regelmäßige Friedensspaziergänge in verschiedenen Ländern. In England werden diverse Wanderungen angeboten: nach Stonehedge, um sich mit diesem alten Energieplatz zu verbinden, und in den Londoner Zoo, um sowohl die dort lebenden Tiere als auch das ganze Tierreich zu unterstützen.

In Berlin gibt es Wanderungen in den Botanischen Garten, die die Möglichkeit bieten, mit unseren Füßen symbolisch über die ganze Erde zu gehen und mit unseren Radiant Händen, universalen Symbolen und weiteren Werkzeugen der TRT das Licht auf der Erde zu vermehren. Auf den Wanderungen an der Berliner Mauer und dem Mauerstreifen außerhalb der Stadt können wir etwas für die Umwandlung der Energien der Polarität zwischen Ost und West beitragen. Zusätzlich arbeiten wir dabei mit der Mauer in uns und um uns herum. An jedem Ort, egal, wo Sie wohnen, gibt es Gelegenheiten für Friedenswanderungen, die Sie allein oder mit anderen unternehmen können.

Besonders am Herzen liegen mir persönlich die Fahrten zu verschiedenen Konzentrationslagern. Meinen ersten Besuch des KZ Sachsenhausen werde ich nie vergessen. Wie gesagt weiß ich seit der Zeit, daß ich keine Schuld habe, aber daß ich verantwortlich bin für die Energie, in der ich lebe. Wir können mit der TRT einen entscheidenden Beitrag leisten, die Energie von Schuld zu transformieren. Das KZ Sachsenhausen zeigt außerdem sehr deutlich die mißbräuchliche Verwendung von alten Symbolen. Es ist gebaut in einem nahezu gleichschenkligen Dreieck. Der Inspektionsplatz bildet einen Halbkreis. Um den Halbkreis herum waren die Baracken angeordnet mit dem Eingang zum Platz. Über den Eingangstoren hingen große Schilder mit den Worten wie Opfersinn, Liebe, Freiheit, Frieden ... Es sind alles Symbole und Worte, die eine ganzheitliche Bedeutung haben und dort zu Manipulation, Kontrolle und Gewalt verwendet wurden.

Wir können uns mit der TRT auf den inneren Ebenen mit den Menschen, die dort gelebt haben und zum großen Teil dort gestorben sind, verbinden. Es ist ein unglaubliches Erlebnis, wieviel Licht und gleichzeitig Dunkelheit dort zu finden ist. Für mich haben sich Tore geöffnet zu mehr Frieden und Wissen in mir. Mit mehreren Radiant Menschen dorthin zu gehen, in der Stille mit dem universalen Werkzeug zu arbeiten, ist eine Unterstützung für jeden einzelnen, für unser Land und alle Länder der Erde, denn das KZ Sachsenhausen ist nicht der einzige Platz auf der Erde, an dem Grausames geschehen ist. Wir können solche Orte auswählen, um auf den äußeren und inneren Ebenen mit ihnen zu arbeiten, stellvertretend für die vielen verschiedenen Plätze auf der Erde, an denen Vergleichbares geschieht.

Es gibt zahlreiche Möglichkeiten, an Friedensprojekten teilzunehmen – für sich allein, mit anderen zusammen, als innerer stiller Dienst in Meditationen und als äußerer Dienst in der unterschiedlichen, liebevollen Hilfe für andere. Egal, für was Sie sich entscheiden, es ist in erster Linie immer eine Unterstützung für Sie selbst und gleichzeitig ein Dienst an der gesamten Menschheit.

Teil III

Die Geschichte
Der Radiance Technik,
des Authentischen Reiki

Wer könnte besser von der Geschichte der TRT berichten als Dr. Barbara Ray selbst? Sie schreibt im 6. Kapitel TAR, »Historische Aspekte des Authentischen Reiki«: »Die Menschheit hatte immer ein Wissenssystem, oft zeitlose Weisheit genannt, das von Lehrern, Priestern, Helden und anderen Individuen mündlich überliefert wurde. In der späteren Entwicklung der Menschen wurde dieses innere Wissen, welches die Mysterien des Lebens erklärt und die sogenannten ›Geheimnisse‹ der universalen Gesetze enthüllt, in vielen Formen niedergeschrieben und aufbewahrt. Ein komplexes System aus Symbolen, Farben und Klängen entwickelte sich. Als die Jahrhunderte vergingen, lenkte der Mensch immer mehr Aufmerksamkeit auf sein Ego und die materielle Welt. Um Machtmißbrauch zu verhindern, wurden die Weisheitslehren sorgfältig in verschleierter und schwerverständlicher Sprache verborgen.

Während seiner langen Geschichte wurde das Wissen darüber, was in der heutigen Zeit Die Radiance Technik genannt wird, vom Lehrer zum Schüler mündlich weitergegeben. Die Ursprünge der TRT können viele, viele tausend Jahre in das alte Ägypten und nach Tibet zurückverfolgt werden. Die alten Ägypter und Tibeter hatten ein Wissen und Verständnis über das Wesen von Materie und Energie, welches sich erst jetzt in den Entdeckungen der neuen Physik widerspiegelt. Als Einstein selbst mit der Formel $E = m \cdot c^2$ verkündete, daß Licht und Materie untereinander austauschbar sind, entdeckte er wieder, was Mystiker schon jahrhundertelang zu wissen schienen. Nun wird der Wissenschaftler zum Mystiker. Einstein enthüllt dem aufmerksamen Ohr seinen Prozeß mit seinen Worten: ›Zu meinem Verständnis der grundlegenden Gesetze des Universums bin ich nicht durch meinen rationalen Verstand gelangt.‹ Es sieht so aus, als wäre dieses Wissen, wie man sich an universale Lebensenergie anschließt, schließlich von Tibet nach Indien gelangt. Von Indien aus wurde es in vielen äußeren Formen in den Westen verbreitet, durch Ägypten, Griechenland und Rom. Die alten Mysterienschulen bewachten und beschützten dieses innere Wissen. Der Zugang zu diesem Wissen war auf die besonderes Auserwählten, die Elite und die privilegierte Klasse beschränkt. Moderne Gelehrte treffen oft auf dieses innere Wissen, interpretieren es jedoch falsch, weil es in Geheimsprachen und Symbolen verhüllt war, entworfen, um ihm doppelte Bedeutung zu geben.

Im Osten wurde dieses Wissen nach China und Japan getragen und auch in viele andere Formen gebracht, in Symbolen verborgen und in alte unklare Sprachen vergraben.

Woher die Menschheit diese Informationen ursprünglich bekam, bleibt noch ein Geheimnis. In *Das Sirius-Rätsel* gibt der Astronom Robert Temple einen wissenschaftlichen, aufrichtigen, jedoch vorsichtigen Bericht einer anthropologischen Studie des Dogon-Stammes in Afrika, der ein unglaubliches Wissen über den Sirius hat, der als Hundsstern bekannt ist. Gab es in unserer ferneren Vergangenheit eine Begegnung mit Wesen von höherer Intelligenz und Bewußtsein, die dieses Wissen um die Aktivierung höherer Bereiche auf Menschen übertragen haben? In der Tat gibt es sicherlich starke Hinweise auf diesem Planeten, daß irgendeine Art von Begegnung stattfand.

Jeder hat bis zu einem gewissen Grad die Fähigkeit, sich an universale Energie anzuschließen. Für jeden, der auf dieser Ebene lebt, ist es offensichtlich, daß wir alle über unseren Atem mit Lebensenergie in Berührung sind. Zusätzlich sind wir auch fähig, einander Lebensenergie durch die Kraft der Berührung zu übertragen. Manche Menschen können anderen Energie als Gedankenformen schicken. In früheren Zeiten waren Schlüssel bekannt, um diese natürliche Energie in uns zu aktivieren und einzustimmen und unser Bewußtsein in einen höheren Bereich anzuheben.

Ungefähr Mitte des neunzehnten Jahrhunderts entdeckte Dr. Mikao Usui in alten Texten die Schlüssel wieder, die als Katalysator für die Freisetzung dieser natürlichen Energie fungieren. In seinem späteren Leben beschrieb er diese präzise Technik, kosmische Energie zu aktivieren und sich an sie anzuschließen, und die wissenschaftliche Methode, diese Energie anzuwenden oder auszurichten.

Die Geschichte der Suche von Dr. Usui nach diesem Wissen

kann man am besten als eine Legende bezeichnen. Wie es oft so in unserem sich entfaltenden Lebensprozeß und bei Ereignissen in der Vergangenheit ist, wurden keine genauen Aufzeichnungen gemacht. Die Essenz von Dr. Usuis Geschichte jedoch ist die einer Person, die wie so viele heutzutage nach Verbindung mit innerer Wahrheit und Erleuchtung sucht.

Der Legende nach war Dr. Usui ein Gelehrter und unterrichtete in Kyoto, Japan. Sowohl er als auch seine Studenten hatten gelernt, daß in der Vergangenheit Heilung durch den Gebrauch der Kraft in den Händen geschehen konnte. Aber Dr. Usui hatte kein Wissen, um diese Technik zu unterrichten. Nach tiefer innerer Suche nahm er Abschied von der Schule und könnte nach Amerika gereist sein, in der Hoffnung, das Wissen zu finden, das ihm fehlte. Später reiste er nach Indien und lernte, Sanskrit zu lesen, eine alte indische Sprache, die heute relativ wenig Menschen beherrschen. Durch seine Suche und seine persönliche Hingabe an diese Mission hat er schließlich die Schlüssel zu diesem besonderen Wissen gefunden, bewahrt als Formel in Sanskrit. Diese Formel basiert auf einer Reihe von kosmischen Symbolen, die, wenn sie in Bewegung gesetzt sind, universale Energie aktivieren und zugänglich machen. Es sollte für uns gewiß keine Überraschung sein, daß dieses Wissen wiedergewonnen werden konnte, da es Tausende von Jahren lang in verschiedenen Formen bekannt war. Es war der große Verlust des modernen Menschen, den Kontakt mit diesem Wissen und dieser Verbindung verloren zu haben.

Ein Vergleich mit Einsteins neuer Formel kann bezogen werden, welche die grundlegende wissenschaftliche Entdeckung enthüllt, daß Materie und Energie austauschbar sind. Er schrieb diese Formel in symbolischer Sprache nieder – $E = m \cdot c^2$ – und hinterließ seine Instruktionen, wie dieses Wissen genutzt und weiterentwickelt werden kann.

Es trifft sich, daß $E = m \cdot c^2$ ebenfalls eine Formel ist, um universale Energie anzuzapfen, ebenso wie die Formel, die Dr. Usui wiederentdeckte. Die Anweisungen, die er entdeckte, beinhalten

Richtlinien darüber, wie diese Lebensenergie für alle Teile unseres lebenden Wesens angewendet werden kann. Tatsächlich geben uns diese Anweisungen eine präzise wissenschaftliche Methode an die Hand, die durch den Gebrauch natürlicher Energie für Heilung und Ganzwerden bei sich selbst und/oder zur Aktivierung höherer Bereiche des Bewußtseins angewendet werden kann. Um eine höhere Ebene natürlicher Energie durch den Gebrauch der TRT-Formel zu aktivieren, benötigt man lediglich einen lebenden Sender und einen lebenden Empfänger. Das bedeutet, die Übertragung oder Einstimmung wird aktiviert durch eine Person mit einer anderen Person. Der Mensch, welcher die Übertragung vornimmt, ist ausgebildet in dem bewahrten Wissen, in der präzisen Formel, wiederentdeckt von Dr. Usui. In seinen letzten Lebensjahren vermittelte Dr. Usui sein Wissen verschiedenen Personen in Japan. Die Methode des Lernens und des Bewahrens wurde vom Lehrer zum Schüler mündlich weitergegeben. Zu dieser Zeit hatte ein wahrer Meister dieser universalen Energie eine Reihe von Übertragungen erhalten und war in der Lage, diese Energie in anderen zu aktivieren.

Mitte der dreißiger Jahre reiste eine Amerikanerin japanischen Ursprungs, die 1900 auf den Inseln Hawaiis geboren war, nach Japan. Ihr Name war Hawayo Takata. Sie war Witwe mit zwei kleinen Töchtern. Ihre Gesundheit hatte sich zu einem ernsthaft geschwächten Zustand verschlechtert. Sie kehrte zurück nach Hause zu ihren Eltern, um sich auf den Tod vorzubereiten und ihre Töchter der Obhut ihrer Familie zu überlassen.

Während der Wochen und Monate, die sie in Japan verbrachte, erfuhr sie von einer Naturheilklinik in Tokio, die diese Methode anwendete. Sie fand die Klinik und begann sofort mit einer Reihe von Behandlungen, die sieben oder acht Monate andauerten. Sie ging täglich zu dieser Klinik und erhielt die präzisen Behandlungen, ausgeführt von zwei Praktikern. Nach ungefähr acht Monaten war Frau Takatas Gesundheit wiederhergestellt, und ihre Lebensenergie war erneuert.

Diese Erfahrung war der Wendepunkt in ihrem Leben. Sie

war nicht nur geheilt worden, sondern auch mit einer tiefgreifenden und wirklich natürlichen Energiequelle in Berührung gekommen, die sie physisch, emotional, mental und spirituell transformiert hatte. Mit der Anwendung dieser universalen Energie war ihr Leben gerettet worden, ohne Operationen. Ihr Wunsch war nun, diese Methode selbst zu lernen, so daß sie anderen helfen konnte, das Leiden zu erleichtern, und ihnen die Gelegenheit geben konnte, die Weisheit zu erlangen, die man mit der Anwendung dieser tiefgreifenden Technik gewinnt. Während der Jahre, die sie in Japan blieb, wurde Frau Takata in dieser Radiant Energietechnik unterrichtet. Sie sammelte Erfahrungen, indem sie in der Klinik mit Menschen arbeitete. In den späteren dreißiger Jahren kehrte sie nach Hause nach Hawaii zurück und begann einen neuen Abschnitt ihres Lebens.

Dies ist eine einfache, aber dramatische Geschichte über die Bestimmung einer Frau, in dem Prozeß bei der Heilung von anderen zu helfen. Einige Monate später wurde sie Lehrerin dieser tiefgreifenden und wunderbaren Technik – die Erfüllung ihres Traumes.

Während der nächsten Jahre lehrte Takata diese Technik meistens im abgelegenen Inneren der Inseln von Hawaii. Sie hatte über die Grundschule hinaus keine Ausbildung, sie vertraute auf eine natürliche Intelligenz, um ihr Wissen zu erweitern. Intuitiv wußte sie um die grundlegende Tiefe dieser Radiant, kosmischen Methode, auch wenn ihr die wissenschaftlichen und akademischen Kenntnisse fehlten. Erst ungefähr 1975, als sie fünfundsiebzig war, unterrichtete sie andere in dem Wissen, wie diese Energie einer höheren Ordnung aktiviert werden kann. 1980 starb Hawayo Takata.

Frau Takata erzählte mir die Einzelheiten der Legende von Dr. Usui. Sie selbst hatte Dr. Usui jedoch nie getroffen, da er, viele Jahre bevor sie nach Japan ging und in diese Heilungstechnik eingeführt wurde, gestorben war. Ihre Nacherzählung der Geschichte war lang und verwickelt, mit dramatischen Höhepunkten, eine etwas spekulative Darstellung aus dritter oder vierter Hand. Um bei dem Zweck dieses Buches zu bleiben, habe ich einen Überblick davon gegeben, was anscheinend einige der Ereignisse bei der Wiederentdeckung dieser tiefgreifenden alten Technik waren. Das wichtigste Ereignis ist, daß diese einzigartige Methode wiederentdeckt wurde und bis zum heutigen Tag intakt blieb als Die Radiance Technik.

Frau Takata war eine Brücke, die im Westen ein verlorenes Wissen, eine Heilkunst und Wissenschaft verfügbar machte, die jetzt als neues Werkzeug wiederaufgetaucht war. Dr. Usui war der Katalysator, ohne den die Wiederentdeckung dieses Wissens zu der Zeit nicht hätte geschehen können.

Mein eigener akademischer Hintergrund, Spezialisierung auf klassische Zivilisationen und Sprachen, einschließlich der Studien des alten Ägypten und der Zivilisationen im Nahen Osten, befähigte mich zu erkennen, was TRT in ihrer Essenz wirklich ist. Das Wissen machte es mir möglich, TRT als eine Wissenschaft transzendentaler, universaler Licht-Energie zu erkennen und diese Information mit anderen zu teilen, welche die Vergangenheit der Menschheit vielleicht nicht so detailliert studiert haben, und diese Information in eine zeitgenössische Perspektive, frei von äußeren Ausschmückungen eines begrenzten Dogmas, zu rücken. Wie ich früher erwähnt habe, kann dieses Wissen Tausende von Jahren nach Ägypten und Tibet zurückverfolgt werden. Es ist jetzt wieder an die Oberfläche gekommen in Form Der Radiance Technik und kann von uns allen für unser Fortschreiten in das neue Zeitalter der Menschheit bei der Erneuerung unserer Kraft und beim Lernen, uns selbst zu heilen und ganzzumachen, in Anspruch genommen werden.«

Nachwort

Mit großer Freude habe ich auf den Augenblick gewartet, dieses spezielle Buch über *Die Radiance Technik – Das Authentische Reiki* veröffentlicht und in Ihren Händen zu sehen. Es ist mit großer Klarheit und Liebe von Ulrike Wolf vorbereitet worden, die während des Schreibens den Inhalt des Manuskriptes mit mir teilte.

Im April 1998 hatte ich auch die Ehre, mit ihr und Hunderten von anderen deutschsprachigen Studierenden in Berlin zu sein. Wir trafen uns in unseren Herzen in dieser alten und wunderschönen Stadt, die von Frühlingsblumen und Sonnenschein belebt war. Die Teilnehmer kamen zu den von mir angebotenen Seminaren, um mehr über Die Radiance Technik, das Authentische Reiki, zu lernen. Unsere gemeinsamen Momente erfuhren wir als zeitlos und ewig; mehr als 200 Studierende waren bei den Seminaren anwesend und meditierten zusammen in der Schwingung des Radiant TRT Herz Zuerst Ashrams Der Radiance Technik. In der Energie waren wir 40 000 Menschen, die kraftvoll ein dynamisches und heilendes, ganzmachendes Energiefeld des Radiant Lichts erzeugten und den Frieden auf der Erde ausdehnten (siehe dazu auch das Kapitel »Die Radiance Technik und Friedensprojekte« in Teil II diese Buches).

Diese Seminare waren ein Teil einer Reise, die im April in London begann und sich im Mai in Athen fortsetzte. Ich teilte Studierenden aus vielen Ländern einige Bereiche des tieferen Wissens über Die Radiance Technik und ihrer Geschichte mit. An dieser Stelle möchte ich Sie daran teilhaben lassen. In meinen Büchern bin ich einigen der wichtigsten Aspekte der Geschichte Der Radiance Technik, des Authentischen Reiki, der Bezeichnung »*Reiki*« und der Bedeutung des »›Reiki‹ Faktor in

Der Radiance Technik« nachgegangen. Dazu habe ich Informationen über besondere Anwendungsmöglichkeiten der TRT und eine breite Auswahl von Erfahrungen bei der Anwendung der TRT und beim Experimentieren mit dieser einzigartigen Technik im täglichen Leben gegeben.

Bei der Betrachtung der Entwicklung des Authentischen Reiki sollte man zunächst berücksichtigen, daß die Bezeichnung »Rei-ki« aus zwei verschiedenen japanischen Wörtern zusammengefügt ist. Sie beschreibt die kosmische Wissenschaft, die von Dr. Mikao Usui in alten Texten wiederentdeckt wurde. Es gibt allerdings keinen tatsächlichen Beweis, lediglich eine Legende, daß Dr. Usui diese Wissenschaft »Reiki« genannt hat. Er lebte lange vor Frau Hawayo Takata (siehe auch Teil III dieses Buches). Wie auch immer, »Reiki« ist die Bezeichnung, die Frau Takata verwendete. Sie erklärte mir, daß sich »rei« auf kosmische, universale Energie und »ki« auf die Lebensenergie der physischen, äußeren Körper (der drei äußeren Ebenen) beziehe. Durch die Verbindung dieser beiden Wörter übermittelte die Bezeichnung »Reiki« das Konzept der Energie des »Ganzen« und die Ausrichtung des Teiles (»ki«) auf das Ganze, Kosmische, Universale (»rei«) in einem sich immer weiter ausdehnenden Prinzip dynamischer Interaktion und Entwicklung.

Im Jahre 1983 veröffentlichte ich das *erste* Buch über diese Wissenschaft transzendentaler Energie, *The Authentic Reiki – Der ›Reiki‹ Faktor in Der Radiance Technik.* In diesem Buch wurde das Wort »Reiki« als Verb, als Adjektiv und als Substantiv, sowohl als Name für diese Wissenschaft wie auch in bezug auf die Anwendung der Technik verwendet. Das Wort *»Reiki«* ist jedoch seit dieser Zeit in solch verallgemeinernder, verschwommener und unkorrekter Weise verwendet worden, daß die Notwendigkeit entstand, die *authentische,* intakte Wissenschaft und Technik zu schützen und zu kennzeichnen. Deshalb werden dafür jetzt neue Begriffe verwendet, die bereits in vielen Ländern registriert sind. Als einfache generische Bezeichnung kann *»Reiki«* von jedem für *alles* verwendet werden; es war nicht möglich, den Begriff zu registrieren (das wäre Frau Takata vor vielen Jahren noch gelungen). Doch die Radiant Kraft dieser Wissenschaft wird durch ihr innerlich verbundenes System von universalen Symbolen und Einstimmungsprozessen zugänglich und übertragen, nicht durch das Aussprechen des Wortes »Reiki« oder irgendeines anderen Begriffes. »Die Radiance Technik«, »Authentisches Reiki« und »Echtes Reiki« sind die Hauptbezeichnungen, die jetzt aus der Notwendigkeit heraus registriert sind, die intakte und vollständige kosmische Energie-Wissenschaft, wiederentdeckt von Dr. Usui, zu kennzeichnen und von »irgendwelchen Reiki-Dingen« zu unterscheiden.

Das vollständige System wurde *intakt* weitergegeben von Usui über Hyashi an Takata und dann im Jahre 1979 an mich. Seit dieser Zeit hat die Anwendung der Technik zugenommen, sie hat sich weltweit ausgebreitet und umrundet den Erdball.

In meinem Buch *The Authentic Reiki – Der ›Reiki‹ Faktor in Der Radiance Technik* habe ich den Ausdruck »der ›Reiki‹ Faktor« verwendet und gebrauche das Wort »*Reiki*« nicht, um das System selbst zu kennzeichnen, da dies aufgrund seines weitverbreiteten Mißbrauchs nicht mehr möglich ist, sondern ich verwende es in einem Ausdruck, der sich auf den *Faktor, den Bestandteil* der Radiant transzendentalen, reinen Licht-Energie bezieht, die das *innere* Wesen dieser Wissenschaft ist. »Der ›Reiki‹Faktor« ist der Faktor der Schwingung von Radiant transzendentalem Licht, *ist das, was direkt zugänglich wird* mittels der einzigartigen Wechselwirkung des Inneren der Bestandteile, die *innerhalb* dieses Systems wirken. Die vollständige Wissenschaft ist in der *Sprache* universaler Symbole geschrieben, die durch *Schwingung* »Wissen« aus den transzendentalen Ebenen übertragen. Die verschiedenen Einstimmungsprozesse innerhalb dieser Energie-Wissenschaft sind aus diesen Symbolen zusammengesetzt, die selbst *Schwingungs*aspekte der Ganzheit sind. Alle diese Teile werden vom Inneren des Ganzen geformt, und das Innere des Ganzen ist größer als die Summe der einzelnen Teile. Jeder Aspekt dieser Wissenschaft ist innerlich verbunden, wechselseitig verbunden mit dem *ganzen, intakten* System. Die inneren Teile leiten ihre besonderen Funktionen vom Ganzen ab, *nicht* von anderen Teilen.

Jeder der sieben Grade Der Radiance Technik ist ein Untersystem innerhalb eines Ganzen. Wenn irgendeiner der Teile getrennt von der inneren Verbindung mit dem ganzen System verwendet wird, dann wird das, was *immer* es ist, eine bloße Imitation ohne die Fähigkeit, direkten Zugang zu der Radiant transzendentalen Energie zu vermitteln, was der *innewohnende* Sinn dieses von Dr. Usui wiederentdeckten Systems ist. Wenn Sie die *intakten* Einstimmungen bekommen, wird transzendentale Energie in Ihnen aktiviert, und wenn Sie diese Technik anwenden, bringen Sie diesen »›Reiki‹ Faktor« zu jeder Zeit, an jedem Ort in Ihr tägliches Leben. Er ist universale, Radiant Licht-Energie, die *ihrem Wesen nach* harmlos und wohltuend ist, sich *immer* in Spiralen in Richtung Ganzwerden/Heilen auf allen Ebenen Ihres Seins bewegt und auf die einzigartigen inneren Bedürfnisse eines jeden Individuums eingeht.

Seit dem Tod von Frau Takata im Jahr 1980 sind weitreichende Fragmentierungen, Fehlinterpretationen, Verwirrungen und Mangel an richtiger Information und korrektem Wissen aufgetreten, und es ist ein verfälschtes, unverbundenes und partielles »Etwas namens Reiki« entstanden. Menschen, die keinen Zugang zu dem vollständigen System haben und die nicht einmal über das *Wissen* von dem korrekten Einstimmungsprozeß verfügen, haben wahllos »Lehrer und sogenannte Reiki-Meister gemacht«. Die Verwendung von Teilen, die nicht mit dem ganzen, intakten System verbunden sind, und die Erfindung von Formeln und Methoden, die *niemals* mit dem korrekten Prozeß der Aktivierung und des Zugangs zu universaler Energie innerhalb dieses Systems in Beziehung standen, ist eine fehlgeleitete, unbegründete, verantwortungslose Praxis, die *keinerlei Beziehung oder Verbindung zu dem von Dr. Usui wiederentdeckten System* hat, egal, wie sie genannt wird. Worum auch immer es sich bei diesen Imitationen handelt, manchmal werden sie auf

»Reiki« zurückgeführt, oft werden andere beschreibende Worte hinzugefügt, und sie werden von Menschen angeboten, die *nichts* von der kosmischen Wissenschaft Der Radiance Technik, des Authentischen Reiki, wissen. Die ganzen, intakten Schlüssel zu dieser kosmischen Wissenschaft der Radiant universalen Energie erhielt Frau Takata von Dr. Hyashi, dieser wiederum von Dr. Usui. Es gibt keine anderen Versionen des *originalen Reiki*, und es fand keine »Abspaltung« statt, aus der andere Gruppen entstanden ... das ist einfach nicht möglich. Die Imitationen sind wie gesagt Teile und Bruchstücke, und Teile sind *nicht das Ganze*. In der Tat *mißachten* diese »Reiki-Dinge« an-sich *völlig* die Integrität der Weitergabe der echten, intakten Schlüssel durch Dr. Usui.

Fast die Hälfte ihres achtzig Jahre währenden Lebens hielt Frau Takata ihr vollständiges Wissen über diese Wissenschaft vor den Augen der Öffentlichkeit verborgen. Sie schützte es absichtlich in Verschwiegenheit und Stille. Man muß die damalige Situation in der Welt berücksichtigen, um dieses Verhalten zu verstehen: Den größten Teil ihres Erwachsenenlebens währte eine der schwierigsten, unangenehmsten und verheerendsten Zeitabschnitte der Geschichte Amerikas und der Welt, nämlich die Jahre vor, während und nach dem Zweiten Weltkrieg. Infolge der ungewöhnlichen Zusammenhänge und der ungünstigen Umstände in ihrem Leben erkannte sie sich als die *lebende Beschützerin* dieser universalen Energie-Wissenschaft in einem Umfeld, das Geheimhaltung und Verschwiegenheit darüber notwendig machte. Sie lebte in einer Zeit sehr intensiver Ost-West-Gegensätze, und *sowohl* durch ihre Natur und ihr japanisch-östliches Erbe *als auch* wegen der vorherrschenden Strömungen von Zwietracht, Feindseligkeiten und Vorurteilen, die sie in ihrem *gesamten* Leben umgaben, war sie in ihrem Entschluß und in ihrer Verpflichtung gefestigt, ihr Wissen über diese kosmische Wissenschaft in Zurückgezogenheit, Stille und in nichtöffentlicher Verfügbarkeit zu wahren.

Was ich über Hawayo Takata weiß, erfuhr ich aus *erster*

Hand, ist direktes Wissen von ihr. Während der letzten Jahre ihres Lebens hatte ich das Privileg, mit ihr zusammen *viele Wochen* intensiven Studiums und Trainings in der Abgeschiedenheit ihres eigenen Hauses in einer kleinen Stadt in Iowa zu verbringen, und im August 1980 hatte ich die besondere Ehre, sie länger als einen Monat lang als Gast und Lehrerin in meinem Haus in Atlanta zu haben. Während dieser Zeiten erzählte sie mir vertraulich die Geschichte ihres ganzen Lebens und enthüllte die Tiefe ihrer eigenen persönlichen Prüfungen und Kämpfe als »ungebildete« Frau, die schon früh in ihrem Leben Witwe und Hauptenährerin einer jungen Familie wurde. Viel von dem, was sie mir erzählte, war sehr persönlich und vertraulich, und das wird es für mich auch bleiben.

Von dem *ersten Moment* an, da wir uns in die Augen sahen, existierte eine tiefe und bleibende, besondere Verbindung zwischen uns. Diese unmittelbare Verbindung des Herzens entflammte zwischen uns in genau diesem Moment und ist *seit der Zeit stets* unsere immerwährende Verbindung gewesen. Diese Verbindung in Radiant Liebe strahlte von innen her und umgab uns mit einem stillen und wissenden Vertrauen. Und es geschah in dieser intensiven und erleuchtenden Radiance, daß sie mir die vollständige Wissenschaft enthüllte, mich in alle Stufen einweihte, sorgfältig ausbildete und mir die vollständigen Schlüssel des intakten, ganzen Systems übergab. Sie nannte diese transzendentale Energie-Wissenschaft »Reiki« und sagte, daß sie ihr mit diesem Namen von Dr. Hyashi übergeben worden sei. Doch wie gesagt ist sie Dr. Usui niemals begegnet, weil er viele Jahre vor ihr lebte.

Frau Takata hatte in den späten dreißiger Jahren unseres Jahrhunderts alle Schlüssel ganz und intakt von Dr. Hyashi erhalten. Sie war *kein* Mitglied seiner Familie, war *nicht* in Japan geboren, *noch* hatte sie eine höhere Bildung; sie war die *erste Frau,* die jemals die vollständigen Schlüssel zu den sieben Graden des authentischen Usui-Systems empfangen hatte. Bis Anfang oder Mitte der siebziger Jahre war sie der einzige Mensch, der jemanden in einen Grad dieser kosmischen Wissenschaft initiieren konnte. 1900 geboren, war sie zu dieser Zeit bereits Anfang oder Mitte der Siebzig. In den wenigen Jahren vor ihrem Tod erlaubte sie einigen ihrer Schüler, den Ersten Grad zu unterrichten. Doch getreu ihrer Tradition, zum Schutz des Ganzen Stillschweigen zu bewahren, gab sie die Einzelheiten des gesamten Usui-Systems bis zu meinen Studien bei ihr niemandem bekannt. Wenn sie jemanden im Ersten Grad unterrichtete, erwähnte sie häufig gar nicht, daß es einen Zweiten Grad gab. Außerdem bat sie mich zu Beginn meiner Ausbildung, nichts zu erörtern oder zu drucken, was das ganze System betraf, und keine Lehrer auszubilden, solange sie lebte. Ich habe ihre Bitten immer geachtet und achtete *sie* als die Autorität und die Meister-Initiatorin.

Neunzehn Jahre sind nun seit Frau Takatas Tod im Jahr 1980 vergangen! Sie hat mir die Schlüssel zu dieser transzendentalen, kosmischen Energie-Wissenschaft in ihrer *Gesamtheit* übergeben, um die *Kontinuität* zu erhalten, diese wertvolle Wissenschaft in einem neuen Zyklus und in einem neuen Zusammenhang verfügbar zu machen und dieses einzigartige Wissen weiterhin zu schützen, zu bewahren und *ganz* und *intakt* zu erhalten. Dies habe ich im Laufe der Jahre getan.

Frau Takata und ich haben dann begonnen, eine Gesellschaft zu planen, die 1980 auch gegründet wurde ... Frau Takata war in Atlanta bei dem ersten öffentlichen Treffen von The Reiki Association als erster und sehr geehrter »Gast« anwesend. Sie sprach zu der ganzen Gruppe und nahm sich dann viel Zeit, wohlwollend fast allen der über 200 Teilnehmer persönlich zu begegnen. Diese Gesellschaft besteht heute weiter als The Radiance Technique International Association, Inc. (TRTIA).

Frau Takata verbrachte auch viele Tage in dem Reiki-Zentrum, das ich 1978 eröffnet hatte, wie auch bei mir zu Hause, wo sie weitere Menschen traf und zwei andere als Lehrer ausbildete. Sie und ich hatten mit dem langen Prozeß begonnen, für die Notwendigkeit der Ausbildung und Autorisierung von

Menschen zu sorgen, die diese kosmische Wissenschaft in den zukünftigen Jahren unterrichten, und die Ausbildung wird mit fortwährenden Verbesserungen weitergeführt.

Wir leben heute in einer Welt, die sich sehr von derjenigen Frau Takatas unterscheidet; ebenso unterschied sich ihre von der Dr. Hyashis oder Dr. Usuis. Jeder von uns, der diese Schlüssel hält, hat eine Rolle in einem Zyklus, der sich von den Vorangegangenen unterscheidet, doch sind wir tief und für immer verbunden. Jeder von uns und jene, die folgen, ist zuerst und vorrangig Beschützer und Wächter dieser intakten Wissenschaft. Jeder von uns muß die Verantwortung dafür akzeptieren, sie ganz und intakt zu erhalten. Dabei haben wir alle mit vielen schwierigen Problemen zu kämpfen, einschließlich deren, diese kosmische Energie-Wissenschaft verfügbar zu machen und die sie umgebende *Integrität* zu erhalten.

Meine Rolle bestand bis jetzt hauptsächlich darin, andere für das Unterrichten auszubilden, die tranzendentale Wissenschaft und ihre Verbindung zu anderen, ähnlichen Systemen zu identifizieren, die auf unserem Planeten aus alten Zeiten bekannt sind, darüber zu schreiben, in vielen Ländern Vorträge zu halten und sowohl Gruppen- als auch Einzelunterricht zu geben. Außerdem haben in den letzten neunzehn Jahren immer mehr Menschen die Möglichkeit erhalten, den Ersten und Zweiten Grad der TRT zu erlernen, und das wird sich weiterentwickeln. Ebenso ist das Tor zu der Möglichkeit, alle sieben Grade der TRT zu studieren, geöffnet worden – der Beginn eines weiteren Zyklus. Natürlich gibt es da viele Schwierigkeiten, viel Unbekanntes und viele komplexe Überlegungen in diesem sich entfaltenden und ausdehnenden Prozeß, der viel Zeit für Gedanken, Reflexionen und am meisten für Meditationen benötigt ... Es gibt keine leichten, schnellen oder oberflächlichen Antworten ... Bei der Vermittlung dieser Wissenschaft wurde kein »Wie-geht-es«-Buch mit Patentrezepten übergeben, sondern nur die Schlüssel ... es gibt Dinge, die manchmal funktionieren und ein andermal nicht.

Es bedarf einer fortwährenden Widmung, um zu experimentieren und aus dem zu lernen, was getan worden ist, zu wissen, wann loszulassen und wann und wie wieder anzufangen ist: Es existiert einfach *kein Weg* für mich oder für sonst jemanden, *alle* Bedürfnisse, Anforderungen und Vorschläge eines jeden von uns zufriedenzustellen, und es gibt keinen Weg, überall, in jedem Land, in dieser Zeit und in einem Leben »alles zu tun«! Was es allerdings gibt, das sind Menschen – und es wird immer mehr geben –, die helfen, in den kommenden Jahren weiterzumachen und die fortwährende Kontinuität und Integrität Der Radiance Technik im Dritten Jahrtausend zu sichern.

Bei der Stabilisierung und Verbreitung Der Radiance Technik in jedem Land ist es außerordentlich wichtig, korrekte Informationen über diese Wissenschaft mündlich oder schriftlich zu verbreiten und andere richtig und sorgfältig auszubilden, damit sie das Authentische Reiki übertragen und lehren können. Dabei gehen wir einen Schritt nach dem anderen, um sicherzustellen, daß die Grundlage beständig und stark ist. Dies erinnert mich an das alte chinesische Sprichwort »Eine Reise von tausend Meilen beginnt mit dem ersten Schritt«. Ebenso kann man sagen, daß die Reise Der Randiance Technik in die nächsten Jahrhunderte hinein mit dem ersten Schritt beginnt.

Ich verwende in meinen Büchern häufig die Bezeichnung »TRT«, um Die Radiance Technik zu kennzeichnen. TRT ist in vielen Ländern als Warenzeichen eingetragen, so daß es in jeder Sprache *bekannt werden* kann. Es steht wie gesagt für das intakte, vollständige, originale, ursprüngliche und autorisierte System: Die Radiance Technik, das Authentische Reiki, entdeckt von Dr. Usui und weitergegeben an Dr. Hayashi, dann an Frau Takata und von ihr direkt an mich.

Wenn Sie Ihr Herz für die Erfahrungen und Berichte geöffnet haben, die in diesem Buch enthüllt wurden, nehmen Sie sich Zeit, gründlich über die Freude und Liebe nachzudenken, die hier zum Ausdruck gebracht wurden. In Deutschland, Europa und der ganzen Welt nutzen Studierende Die Radiance Technik, die für Sie und andere intakt erhalten worden ist, damit sie sie erlernen und in ihrem Alltag nutzen können.

Ich fühle mich sehr geehrt, mit Ihnen durch dieses liebevolle Band tiefgehend in der Gegenwart verbunden zu sein, während wir das Authentische Reiki mit in das nächste Jahrhundert nehmen. Indem wir in das sich entfaltende 21. Jahrtausend expandieren, verbinde ich mich mit Ihnen und erwarte Sie im Radiant TRT Herz Zuerst Ashram. Ich halte Sie für immer in meinem universalen Herzen.

In immerwährender Liebe
Dr. Barbara Ray

Anhang

Ausbildungsmöglichkeiten

Jeder, der Die Radiance Technik erlernen möchte, hat dazu die Möglichkeit. Achten Sie bei der Auswahl eines Lehrers oder Seminarleiters darauf, daß er oder sie auch wirklich Die Radiance Technik unterrichtet. Fragen Sie nach der Art seiner/ihrer Ausbildung und bei wem die Ausbildung gemacht wurde. Jeder Lehrer der TRT ist autorisiert von der Radiance Stress Management International Inc. (RSMI), und persönlich von Dr. Barbara Ray ausgebildet. Wenn Sie unsicher sind, bin ich gern bereit zu helfen. Außerdem können Sie bei der RSMI Adressen von Lehrern bekommen, die möglicherweise in Ihrer Nähe Kurse zum Ersten und/oder Zweiten Grad der TRT leiten.

Falls Sie fortgeschrittene Grade ab dem Dritten Grad machen wollen oder sich für die Lehrerausbildung interessieren, können Sie sich schriftlich an das Radiance Zentrum in Berlin (siehe unten) wenden. Von dort wird Ihre Anfrage weitergeleitet zur RSMI, oder Sie schreiben direkt an:

Radiance Stress Management International Inc. (RSMI)
P.O. Box 86425
St. Petersburg, FL 33738, USA

Das Radiance Zentrum mit seinem vielfältigen Angebot bietet Ihnen weitere Möglichkeiten, mit der TRT zu lernen und sie mit anderen Methoden zu kombinieren. Das Angebot reicht von individueller Beratung über Prozeßbegleitung, Information sowie Seminare zum Ersten bis Dritten Grad der TRT, die Sehschule und Sehtherapie bis hin zu Seminaren zur Streßbewältigung in

Berlin und anderen Städten Deutschlands und in europäischen
Ländern:

Radiance Zentrum Ulrike Wolf
Willmanndamm 12
D-10827 Berlin
Tel.-Fax: 0 30/7 82 93 74

Kontakte

Äußere Kontakte:
der internationale Verein und nationale Vereine

Im Jahre 1980 gründete Dr. Barbara Ray gemeinsam mit Frau
Hawayo Takata den Verein Reiki Association Inc. Bei der
Gründungsfeier waren über 200 Menschen anwesend, die Frau
Takata nahezu alle persönlich begrüßt hat. Dieser Verein besteht
nun seit mehr als achtzehn Jahren und ist jetzt umbenannt in
The Radiance Technique International Association, Inc. (TRTIA).
Er widmet sich besonders dem Radiant Frieden auf der Erde,
unterstützt die weltweite Verbreitung der TRT, treibt Forschung,
trägt zum Schutz und Erhalt dieses Systems bei und publiziert
Zeitschriften, Artikel und gibt Informationen. Jeder, der möchte,
kann Mitglied werden und so zum einen von der Arbeit des Ver-
eins durch die vielen Newsletter, Journals und Veranstaltungen
profitieren und zum anderen die Arbeit mit seinem Mitglieds-
beitrag unterstützen. Wenden Sie sich per Brief, Fax oder E-Mail
an:

The Radiance Technique International Association, Inc. (TRTAI)
P. O. Box 4 05 70
St. Petersburg, FL 33743-0570, USA
Tel./Fax: 0 01/727-3 47 21 06
E-Mail: TRTPeace@aol.com

Siehe auch im Internet:
http://www.trtia.org
http://www.members.aol/TRTTeacher

Seit einigen Jahren gibt es in verschiedenen Ländern nationale Vereine, so auch in Deutschland – Die Radiance Technik Gesellschaft e. V. Die nationalen Vereine arbeiten eng mit dem internationalen zusammen. Die Radiance Technik Gesellschaft e.V. veröffentlicht mehrmals jährlich kleine Zeitungen mit den neuesten Informationen und bringt in größeren Abschnitten eine Zeitschrift heraus mit verschiedenen Artikeln und Erfahrungsberichten. Außerdem veranstaltet sie Friedenswanderungen, Treffen und vieles mehr. Werden Sie Mitglied! Informationen bekommen Sie hier:

Die Radiance Technik Gesellschaft e. V.
Willmanndamm 12
D-10827 Berlin

Innere Kontakte: das Radiant Friedensnetzwerk, und Der Radiant TRT Herz Zuerst Ashram

In dem Kapitel über Die Radiance Technik und Friedensprojekte habe ich Ihnen das Radiant Friedensnetzwerk vorgestellt. Das ist das erste Projekt, initiiert von Dr. Barbara Ray, wodurch ein »Energieort« auf den inneren Ebenen entstanden ist, an dem wir uns treffen können und ein Gruppenenergiefeld bilden. Das zweite Projekt dieser Art ist die Gründung Des Radiant TRT Herz Zuerst Ashrams im Jahre 1995. Dieser Ashram ist kein äußerer Ort, zu dem wir hinreisen können, um dort einige Wochen zu verbringen. Er ist ein innerer Ort – ein Gruppenenergiefeld, das von Dr. Barbara Ray gemeinsam mit vielen anderen gebildet wird –, an den wir uns zu jeder Zeit und an jedem Ort durch einfache Meditation anschließen können. Wir legen lediglich für einige Zeit unsere Radiant Hände auf unser Herzzentrum und verbinden uns so mit Dem Radiant TRT Herz Zuerst Ashram.

Für mich ist es ein einzigartiges Geschenk. Einer meiner Wünsche war, für ein paar Monate in einem Ashram zu leben. Bisher war mir das nicht möglich. Jetzt kann ich hier mitten in Berlin leben, meinen beruflichen und privaten Anforderungen nachkommen und gleichzeitig in einem Ashram sein.

Von Anfang an meditierte ich jeden Tag eine gewisse Zeit im Rahmen Des Radiant TRT Herz Zuerst Ashrams. Nach einiger Zeit hatte ich ein richtiges Aha-Erlebnis. Ich überquerte in Berlin als Fußgängerin eine große, sehr stark befahrene Kreuzung. Plötzlich erinnerte ich mich: Auch hier kann ich in dem Ashram sein! Er ist nicht nur da, wo ich meditiere. Ich kann mich an jedem Ort, in jeder Situation an diesen inneren Energieort begeben und dort leben! Eine tiefe unsagbare Freude erfüllte mich in diesem zeitlosen Moment.

Ein weiterer unschätzbarer Gewinn dieses Radiant TRT Herz Zuerst Ashrams ist die Healing/Wholing-Seite im Internet. Auf dieser Seite kann jeder, der Hilfe und Unterstützung braucht, um Hilfe bitten. Die Nachfragen werden auf diese Seite gesetzt, und viele Menschen auf der ganzen Erde arbeiten mit der TRT mit diesen Menschen und den Projekten. Einige arbeiten mit allen Menschen und Situationen, andere wählen sich Projekte aus. Wenn Sie einen Online-Zugang haben, schauen Sie mal herein.

Eine lichtvolle Seite im Internet! Schauen Sie unter: http://www.trtia.org

Verzeichnis der Übungen

Bildnachweis

Abkürzungsverzeichnis

Exp. R. M. Dr. Barbara Ray: *The Expanded Reference Manual of The Radiance Technique*®
HB d TRT Dr. Barbara Ray: *Das Offizielle Handbuch Der Radiance Technik*®
RSMI Radiance Stress Management International, Inc.
TAR Dr. Barbara Ray: *The Authentic Reiki*® – *Der ›Reiki‹ Faktor in Der Radiance Technik*®
TRT The Radiance Technique®

Literatur

Bücher über Die Radiance Technik

Dr. Barbara Ray: *The Authentic Reiki*® – *Der ›Reiki‹ Faktor in Der Radiance Technik*®, 1995
–, *The Radiance Technique*® *and Managing Stress*, 1994
–, *The Expanded Reference Manual of The Radiance Technique*®, 1987
–, *Das Offizielle Handbuch Der Radiance Technik*®, 1986
–, *The ›Reiki‹ Faktor in The Radiance Technique*®, 1983
Van R. Ault: *Hypnotherapy and The Radiance Technique*®, 1992
–, *The Radiance Technique*® *and Aids*, 1996
Anne Keltie: *The Radiance Technique*® *and Death and Dying*, 1995
Katherine Lenel: *The Radiance Technique*® *and Cancer*, 1994
Marvelle Lightfields: *The Radiance Technique*® *and The Animal Kingdom*, 1992
Fred W. Wright: *The Radiance Technique*® *on the Job* 1992
Radiance Associates, P. O. Box 8 64 25, St. Petersburg, FL

33738, USA
The Authentic Reiki® – Der ›Reiki‹ Faktor in Der Radiance Technik® wird vertrieben von:
Radiance Verlag, Willmanndamm 12, 10827 Berlin

Weitere ausgewählte Literatur

Meher Baba: *Darlegungen über das Leben in Liebe und Wahrheit,* München, O. W. Barth Verlag 1991

Alice Baily: *Esoterisches Heilen,* Genf, Lucis Verlag 1962

–, *Serving Humanity,* New York, Lucis Press 1972

Fritjof Capra: *Das Tao der Physik,* München, Scherz Verlag 1984

–, *Wendezeit,* München, DTV Verlag 1991

Larry Dossey: *Die Medizin von Raum und Zeit,* Reinbek, Rowohlt Verlag 1987

Anya Foos-Garber: *Deathing,* München, Knaur Verlag 1991

Wolfgang Hätscher-Rosenbauer: *Augenschule für gesundes Sehen,* München, Südwest Verlag 1996

Jon Kabat-Zinn: *Stark aus eigener Kraft,* München, O.W. Barth Verlag 1995

Ken Keyes: *Das Handbuch zum höheren Bewußtsein,* München, Goldmann Verlag 1990

Elisabeth Kübler-Ross: *Interviews mit Sterbenden,* Stuttgart, Kreuz Verlag 1971

Klaus Lange: *Herz, was sagst du mir,* Stuttgart, Kreuz Verlag 1989

–, *Bevor du sterben willst, lebe,* Stuttgart, Kreuz Verlag 1996

Frederick Leboyer: *Geburt ohne Gewalt,* München, Kösel Verlag 1988

Joseph Pearce: *Die magische Welt des Kindes,* Düsseldorf, Diederichs Verlag 1978

Dr. Wolfgang Schultz-Zehden: *Das Auge – Spiegel der Seele,* München, Artemis Verlag 1992

E.F. Schumacher: *Rat für die Ratlosen,* Interlaken, Reinbek, Rowohlt 1986

Hans Seyle: *Streß, Bewältigung und Lebensgewinn,* München, Piper Verlag 1974

John Stevens: *Die Kunst der Wahrnehmung,* München, Chr. Kaiser Verlag 1975

Elke Werkmeister: *Auf dem Weg in die Klarheit,* München, Knaur Verlag 1995

Marion Woodmann: *Heilung und Erfüllung durch die Große Mutter,* Ansata Verlag, 1988

Stichwortverzeichnis